本著作出版获海南热带海洋学院民族学学科建设经费资助

三亚迈话调查报告

Sanya Maihua Diaocha Baogao

欧阳觉亚　江荻　邹嘉彦　著

中央民族大学出版社
China Minzu University Press

图书在版编目（CIP）数据

三亚迈话调查报告 / 欧阳觉亚，江荻，邹嘉彦著 .—北京：中央民族大学出版社，2019.12

ISBN 978-7-5660-1761-1

Ⅰ.①三…　Ⅱ.①欧…　②江…　③邹…　Ⅲ.①闽语—方言调查—调查报告—三亚市　Ⅳ.①H177

中国版本图书馆 CIP 数据核字（2019）第 240644 号

三亚迈话调查报告

著　　者　欧阳觉亚　江　荻　邹嘉彦
责任编辑　买买提江·艾山
责任校对　赵　静
封面设计　舒刚卫
出 版 者　中央民族大学出版社
　　　　　北京市海淀区中关村南大街 27 号　　　邮编：100081
　　　　　电话：（010）68472815（发行部）　　传真：（010）68933757（发行部）
　　　　　　　　（010）68932218（总编室）　　　　　（010）68932447（办公室）
发 行 者　全国各地新华书店
印 刷 厂　北京君升印刷有限公司
开　　本　787 × 1092　1/16　印张：19.75
字　　数　268 千字
版　　次　2019 年 12 月第 1 版　2019 年 12 月第 1 次印刷
书　　号　ISBN 978-7-5660-1761-1
定　　价　90.00 元

前言

海南岛是个多语种多方言的地区，岛上除了原住民黎族以外，还有苗族、临高人、儋州人、闽语人（海南话人）、村语人、回辉话人（古占人后裔）、军话人、迈话人和疍家人等等，他们来海南都有悠久的历史，都是世居海南的族群。这些族群保存至今的语言或方言都是我国珍贵的文化遗产。记录、保存这些语言或方言是我们这一代语言学工作者义不容辞的责任。

自20世纪50年代以来，国家对国内众多的语言和主要方言曾做过大量的调查研究工作，出版了各种相应的调查成果和读物。20世纪80年代开始，学者们针对一些使用人口较少、过去鲜为人知的语言或方言以“新发现”语言（或方言）的名义进行调查研究，成绩斐然。

迈话人和迈话在海南岛历史悠久，据明代正德年间（1506—1521）的《正德琼台志》记载：“迈人、客人俱在崖州，乃唐宋以来仕宦商寓之裔。迈居附郭二三里及三亚、田寮、椰根，三村在州治东一百里，其言谓之迈话，声音略与广州相似。”据羊栏村黎姓续修的《黎氏族谱》叙述，黎姓的渡琼定居始祖君用公生于广东新会县，时为宋太祖建隆元年（960），后来由政府派遣渡琼任职，其后世子孙有一部分居住在三亚的仍保持原有的语言，史称迈话。可见迈话在海南已有一千多年的历史。它与周边的语言黎语、回辉话的关系怎么样？它与广州话和客家话的关系怎么样？这些疑问都需要我们进行探讨。本书的目的是，通过提供迈话的有关资料，揭示迈话的特征，初步提出对迈话来源的看法，供语言学、历史学、民族学学者们参考。

迈话作为一种独立方言展开研究的历史不长，主要也限于语音词汇本体记录和方言分区归属讨论。梁猷刚《广东省海南岛汉语方言的分类》一文中提出，迈话属于粤语系统。但从文章的描述来看，似乎与另一种疍家话相混，“粤语系统的迈话是水上渔民讲的方言，据说是从珠江流域移居本岛西南沿海的。迈话与广州话相近。讲迈话的居民散居于三亚市（原崖县）、乐东等县沿海渔村和岛屿”。[①] 其后，黄谷甘和李如龙开展了对迈话的调查，详细描述了它的语音系统并列出部分同音字表，他们归纳出迈话的数十条语音特点，并最终认为：“迈话既有粤方言的成分，也有同客赣方言及海南闽语相同的地方，可以说是一种混合型方言。”[②] 可是，在1987年版的《中国语言地图集》B12闽语（琼文区）图中，迈话划归粤语。这显然是依据了梁猷刚等学者的较早的观点。

1986年出版的《儋州村话——海南岛方言调查报告之一》一书中，作者丁邦新提出，儋州村话读音跟粤语类似，而说话音是一种早期赣客语类型，“它是介于赣语和客家话之间的另一种大方言”。[③] 虽然，《中国语言地图集》（1987年版）B12把儋州话归入粤语，矛盾的是，该版A1则将其列为“未分区的非官话”方言。黄谷甘（1991年）认为：“在语感上，儋州村话和迈话无论在语音和词汇上都是最为接近的方言。”并列出数个例词加以比较。黄谷甘的言下之意是，既然儋州话是未分区的非官话，如此相似的迈话又何尝不是。到了《中国语言地图集》（2012年版），撰写者（张惠英）在B2-7仍坚持1987年版的观点，她的理由是：“儋州话白话音声母有前喉塞音（内爆音）ʔb[ɓ]，ʔd[ɗ]，这是海南闽语琼文片的典型特征；声

---

① 梁猷刚：《广东省海南岛汉语方言的分类》，载《方言》，1984年第4期。

② 黄谷甘、李如龙：《海南岛的“迈话”——一种混合型方言》，载《广东民族学院学报》，1986年第1期。

③ 丁邦新：《儋州村话——海南岛方言调查报告之一》，台北：“中央研究院”历史语言研究所，1986年。

调6个，和周边客家话相似；韵母和粤语客家话相近，很难判定它到底属哪一大类方言”。至于迈话,《中国语言地图》(2012年版)针对上文梁猷刚、黄谷甘等学者的争讼，一方面承认迈话的确混入了闽、客赣的特点，另一方面则“考虑到边缘地带方言都是混合周边方言的一些特点，也就是说都有某种程度的混合性，所以仍从原图归入粤语。”

迄今，有关迈话分区和分类的讨论并未完结。李如龙在《论混合型方言——兼谈湘粤桂土语群的性质中》坚持了20世纪80年代的观点：“经过30项语音特征的比较，我们把它认定为‘混合了海南闽语、粤语和客赣方言的一些特点而形成的混合型方言。’”① 徐荣(2012年)的博士论文《汉语方言深度接触研究》(复旦大学)从多种语音特征入手展开迈话与粤语、客家语、闽语的比较，得出结论：“迈话符合我们对深度接触的定义，属于粤语、客家话和闽语的深度接触方言。”

本世纪初始（2004年），学界的视角再次转向三亚迈话。本书由多位作者合作调查迈话而完成，研究范围从语言本体到语言的社会应用。主要有：海南省三亚市迈话音系，三亚迈话的归属问题，三亚迈话族群的语言使用状况，从海南岛三亚迈话探索粤语“动补”结构的发展。此外，陈海伦、林亦主编《粤语平话土话方音字汇》(广西大学出版社，2009年出版)也收入这次调查字汇。我们期望这本调查报告的出版能够为后续研究提供材料的支撑和初步研究的思路，使得迈话的研究持续下去，并取得深层次的进展。我们相信，关于迈话的分区划片问题在可预期的未来会再次取得进展。

欧阳觉亚　江荻

2018年11月

---

① 李如龙:《论混合型方言——兼谈湘粤桂土语群的性质》，载《云南师范大学学报》，2012年第5期。

目 录

第一章

迈话综论

第一节　迈话人的过去和现状

三亚市位于海南岛最南端，陆地总面积约1919平方公里。地跨东经108°56'30"—109°48'28"，北纬18°09'34"—18°37'27"。三亚市下辖10个镇3个乡以及市区，人口约46万人，其中市区人口约16万人。

三亚市的语言很复杂，当地使用的语言或方言有闽语海南话、军话、迈话、儋州话、疍家话、黎语、苗语、回辉话（占语）。

迈人族群，分布在市区附近凤凰镇的羊栏村、妙林村、林家村（人口约有5000人）及崖城镇的水南村（人口约8000人）。① 两处共有1万余居民使用“迈话”，说这种话的人为汉族。当地人称他们为“迈人”，他们也自称为“迈人”（$mai^{13}n\mathrm{ɔ}n^{55}$）。据明代正德年间（1506—1521）的《正德琼台志》记载：“迈人、客人俱在崖州，乃唐宋以来仕宦商寓之裔。迈居附郭二三里及三亚、田寮、椰根，三村在州治东一百里，其言谓之迈话，声音略与广州相似。”又《定安县志》记载：“又崖州有迈语，与广州相似，要皆商贾遗裔也。”一直到后来，人们都沿袭这种说法，把迈话看作与广州话相似，或者属于粤语系统的一种汉语南方方言。

羊栏村黎姓的《黎氏族谱》，详细地叙述黎姓祖公来海南开基和迁徙的经过。黎姓的渡琼定居始祖君用公生于广东新会县，时为宋太祖建隆元年（960年）。宋真宗（998—1022）时渡琼任文邑教谕，升任琼州教授。其后世子孙多在文昌、定安、乐会、琼海、万宁、陵水、崖县等地居住。据了

---

① 因我们的调查在2004—2008年间进行，文中地名区划与现今有所不同，现今三亚市分为四区：天涯区、崖州区、吉阳区及海棠区，文中所写的凤凰镇现归为天涯区，崖州镇归为崖州区，调查点凤凰镇羊栏村为今天涯区羊新社区。文中地名仍采用当时的区划地名。

解，君用公的后裔除了居住在崖县（今三亚崖城和羊栏）的仍保留使用迈话以外，居住在其他地区的都转用当地大部分人所使用的海南话（海南闽语）。君用公的祖辈世居福建兴化府莆田县，后移籍岭南新会。君用公的第十九、第二十世孙中的一小支迁徙到崖城居住（时间应为16世纪初）。又过了若干代人，其中一支迁徙到羊栏村，在羊栏又传了十一二代。已经在新会居住了三四代，他们原来所使用的前赣客方言很可能在这个时候逐渐地受当地的粤语新会土话的影响，开始发生某些变化，不断吸收粤语的成分。

海南省三亚市的汉语方言分布具有典型的地域状态。往内陆纵深基本都是黎族分布地区，而在沿海地带则主要是说不同方言的汉族居民。三亚市的西部使用海南闽方言中的保港话；沿着海边的梅山、崖城、天涯，东面的林旺、藤桥均使用海南话；三亚市区则通用海南话和普通话。

除了作为通用方言的海南闽方言，三亚市的其他汉语方言大多属于特定的汉语方言。军话族群分布在崖城镇的日升村、遵导村和西关村等几个村子，人口近万人。疍家话族群分布在三亚城区的榆港、南海以及藤桥渔村，人口约2500人。儋州话族群分布在三亚市的儋州村以及凤凰镇的海波村，人口约3000人，其中相当一部分是近年来从儋州等地迁入的群体。

尽管海南闽方言是三亚市乃至整个海南省汉语的主流方言或强势方言，但是，其他方言族群受海南话的影响并不是特别显著。主要原因是三亚操闽方言的居民人口相对较少，居住比较分散，人口所占比例不算很大。它对其他汉语方言的影响远不如海南东部地区那样大，以至三亚内的其他汉语方言仍有较大的活动空间，没有被海南闽方言所取代。

就海南闽方言形成的原因来看，它有两个重要背景：一方面，20世纪50年代以来，随着地方行政管理的发展，一批批具有海南闽语背景的管理干部偕同家属进入三亚，形成以海南闽语为核心的地方行政语言。另一方面，海南首府海口市以及经济、文化在全岛处于发达水平的文昌等地都以海南闽语为母语，逐渐形成全岛的权威性方言地位。政府各级行政会议、商务活动、教育教学、广播电台都采用海南闽语。在这样的形势下，三亚的各级政府机构以及社群和周边其他族群都向权威方言靠拢，采用权威方言交际，最终导致海南闽语在整个三亚市成为地方各族群的共同语。

但是，三亚地区的其他汉语方言族群因为长久的历史等原因，分别形成较为牢固的族群文化意识和族群语言意识。如疍家人族群迁移至三亚已有200多年的历史，迈人族群有近千年（到崖县只有五六百年）的历史，他们在长期的生存中意识到保存自身文化的重要性，因此具有强烈的保存语言文化的传统。

不过，自20世纪50年代以来，随着国家语言文字政策的推广，普通话在三亚市的政府工作、学校教育、电视文化传播各方面都呈现强势作用，并深刻地影响了居民的社会生活。20世纪60年代以后，中国各地来三亚的人员不断，而从大陆部分省份移民至此或来三亚经商的普通话群体也不少，这对整个三亚市的语言发展产生一定的影响，并对海南闽方言的地方权威地位构成挑战。

第二节　迈话人的语言使用状况

羊栏村是三亚市凤凰镇三个迈话村庄中人口最多的一个村。该村有三个大姓，黎姓、林姓和王姓。从这三个姓族群的家谱来看，都自称祖上来自福建，如黎姓来自福建兴化府莆田县二十七都坎头村。大约在宋太祖建隆元年（960年）时候，黎姓祖先来到琼州东部地区，并在此繁衍生息。令人称奇的是，迈人族群来海南数百年后，部分人迁移到崖州，不同族姓汇聚在一起生活，顽强地保留（当然也发展）了迈人自己的语言，形成认同感很强的迈话族群。而留居在东部地区各县的迈话族群，则逐渐被人口占多数的闽语人所同化。

如果说几十年前在社会文化、经济发展相对缓慢的状况下，三亚迈人族群能在聚居、人口数量较多的有利条件下保持自己的语言，那么，在社会节奏加快，物质文化条件改善，交通日益发达，以及地区共同语和全民共同语逐渐普及的情况下，迈人能否保留自己的语言特色呢？为了了解这方面的实际情况，我们对迈人族群的语言使用状况做了针对性的调查，调查内容包括语言态度以及多语能力。

考虑到迈人族群居住地周边其他语言或方言对其的影响，我们设计的调查项目包括了军话、儋州话、粤方言、黎语、回辉话，以及社会普遍使用的海南闽方言和普通话。调查指标分三个层次："1""懂"，指能说能听；"2""半懂"，指能简单对话，说出基本数词、人体部位名称或者常用动作词语；"3""不懂"，指不能说也听不懂。以下是几个案例。

表 1　三亚迈话族群语言能力抽样调查表（2005 年）

姓名	性别	年龄	文化程度	职业	迈	闽	普	军	儋	粤	黎	回	备注
符气刚	男	70	初中	会计	1	1	1	3	2	3	1	3	曾在黎村工作
章赞锦	男	67	中专	教工	1	1	1	3	1	3	3	3	妻为儋州人
林国伟	男	50	初中	农民	1	1	1	3	3	3	3	3	
王文学	男	48	初中	农民	1	1	1	2	2	1	3	3	妻是广西荔浦人
廖家琼	男	32	初中	农民	1	1	1	2	3	2	2	3	
黎赞晶	女	35	初中	农民	1	1	1	3	3	3	3	3	
黎祖亮	男	29	高中	农民	1	1	1	3	3	2	3	3	在广东当兵3年
黎祖瑶	女	15	初中	学生	1	1	1	3	3	3	3	3	

调查样本63份，各个年龄阶段均有分布。大致上15—30岁13人，31—60岁23人，61以上27人。但考虑到中国社会在20世纪80年代逐步进入开放型社会的状态，45岁以下年龄段的人员受到现代社会影响较大，45—70岁人员的语言稳定性较大，71岁以上人员外出接触社会较少，我

们调整了统计数据的分段状态，把15—45岁看成一个年龄段，46—70岁看作中间层年龄段，71岁以上看作老年年龄段。具体数据参见表2。

表 2-1　三亚迈话族群语言能力分年龄统计表

年龄段	人数	普通话				闽方言			
		懂 / 半 / 不	%	%	%	懂 / 半 / 不	%	%	%
15—45	24	24	100	0.0		24	100	0.0	0.0
46—70	24	24	100	0.0		24	100	0.0	0.0
71—83	15	11 / 1 / 3	73.3	6.7	20.0	15	100	0.0	0.0
总数	63		93.7	1.6	4.8		100	0.0	0.0

从统计数据来看，70岁以下迈人除懂迈话、海南闽方言外，基本都懂普通话，比例高达100%。完全不懂普通话的都是70岁以上的女性村民。由于抽样的原因，61—70岁年龄段没有女性，71岁以上女性只有5人，因此这个年龄段女性不懂普通话比例高达60%。而从我们实地了解的情况来看，实际数据可能还要高，包括61—70岁的女性村民。另外，数据显示，海南话（闽方言）在当地通行度要高于普通话，因为所有年龄段男性和女性都能听、说海南话。

表 2-2　三亚迈话族群语言能力分年龄统计表

年龄段	军话				儋州话				粤方言			
	懂/半/不	%	%	%	懂/半/不	%	%	%	懂/半/不	%	%	%
15—45	0/2/22	0.0	8.3	91.7	0/0/24	0.0	0.0	100	0/2/22	0.0	8.3	91.7
46—70	2/7/15	8.3	29.2	62.5	3/4/17	12.5	16.7	70.8	5/0/19	20.8	0.0	79.2
71—83	2/4/9	13.3	26.7	60.0	2/1/12	13.3	6.7	80.0	2/2/11	13.3	13.3	73.3
总数		6.4	20.6	73.0		7.9	7.9	84.1		11.1	6.4	82.5

军话使用者分布在距羊栏村几十公里的崖城，但由于崖城迈人族群大多都懂军话，且两地迈人相互通婚，有文化经济上的联系，因此也列为审检范围。不过，数据显示，懂或半懂军话的羊栏村迈人很少，仅为25%左右。从年龄层看，懂军话的迈人集中在45岁以上两个年龄段，年龄越高，概率越大。我们的调查发音人现年58岁，他的妻子就是崖城军话人。而45岁以下的人完全不懂军话，也说明这两个族群之间的联系已经减少了。

三亚儋州话使用者集中在羊栏村相邻的海波村（市内的儋州村人已基本转用海南话），两村有一定来往。然而，懂得儋州话的迈人实际很少，只占调查数据的16%，其中45岁以下的完全不懂儋州话。这个现象正好验证了中国古话所说“老死不相往来”的农耕民族习俗。不过我们还有更深一层的看法，即族群认同感在海南这个方言岛地区具有很强的惯性，这也是“老死不相往来”的社会根源，尽管现代社会的发展正在逐渐消除这种观念。

20世纪40年代末，当海南闽方言未曾兴起之前，广东省省会曾迁至海口，粤方言曾一度在海口乃至三亚地区有一定势力。到20世纪50年代初三亚街上仍然可以使用粤方言。不过，这倒不是说迈话族群与粤方言族群有什么密切来往，因为现在三亚地区的疍家人（语言与粤方言接近的渔民）与迈人就没有任何来往，相互也不通婚。这里附近的人，如回族人、迈话人过去有的还初通粤语。初通粤语的主要原因是社会经历，如外出念书，在三亚街或粤语地区做生意，当兵，或者工作需要与说粤语人接触等。这些都是间接的关系。

表 2–3　三亚迈话族群语言能力分年龄统计表

年龄段	人数		黎语				回辉话		
		懂 / 半 / 不	%	%	%	懂 / 半 / 不	%	%	%
15 — 45	24	0/ 1 / 23	0.0	4.2	95.8	0 / 0 /24	0.0	0.0	100
46 — 70	24	2/ 1 /21	8.3	4.2	87.5	2 / 0 /22	8.3	0.0	91.7
71 — 83	15	1/ 1 /13	6.7	6.7	86.7	5 / 0 /10	33.3	0.0	66.7
总数	63		4.8	4.8	90.5		11.1	0.0	88.9

迈人中有一些人曾经因为工作原因在黎族地区待过相当一段时间，如从事教师、会计等，因此在45岁以上年龄层有少量迈人懂或半懂黎语，这也是社会原因造成的。至于迈人懂得回辉话的原因则比较明了，因为两个族群的村子基本相邻，现在村子边缘已呈交错状况。大约在20世纪80年代，由于两个族群之间发生过纠纷，相互往来减少，因此45岁以下迈人基本不懂回辉话，71岁以上迈人懂回辉话的比例则比较高，达到33.3%。

总体来说，迈人族群的语言使用能力随社会的变化而变化，并从年龄层次上表现出来，其中最值得重视的是迈人对迈话的语言态度。在调查过程中，我们深切感受到迈人对使用迈话的积极态度。尽管大多数迈人均能用海南话或者普通话交际，但只要在有两个迈人的场合，他们总是使用迈话。而在村子和家庭里，他们基本只用迈话交流。村子里开会，或者村内商贸交易也都采用迈话。我们还注意到，凡长期在迈人村子务工的黎族人、儋州人或者海南人都采用迈话与迈人交流。一个有趣的现象是，在羊栏村里还居住着数十户海南闽话人，他们在该村已经居住了近百年，但是他们与迈人交际用迈话，在家里则用海南话。

尽管迈人有着保存迈话的传统，但普通话的强势作用已经逐步显露出来，并且对迈话和海南话产生了很大的影响。在羊栏村的小学和中学里，所有课程以及课间交流都采用普通话。近10年来，父母对学龄前儿童普遍采用普通话交流。即迈人家庭不是被动地等待儿童进入学校开始学习普通话，而是自觉地从孩子幼儿期就开始教学普通话。如果加上电视等媒体的作用，则有可能在两三代人之后，普通话将逐步取代迈话或海南话成为迈人的交际语言。所以我们认为，迈人保存迈话的态度实际非常矛盾，45岁以下迈人面对社会的发展，可能不得不放弃传统语言文化而选择更具生存发展能力的交流手段。这个现象我们在下一节的词语调查项目中可以看得更清楚。

第二章

语音

第一节 迈话语音系统

2004年3月我们在羊栏村实地调查迈话时，协助我们调查的是羊栏小学的王运华老师。根据所获取的材料我们对迈话的语音进行了初步的分析，制作出迈话的语音系统。2005年，我们又两次前往实地做补充调查，这次协助我们工作的是村民黎祖辉先生。现在根据两位合作人的语音整理出羊栏迈话的语音系统。

一、声母

迈话有18个声母，声母及例字如下：

	ʔb疤坝拜班	ph爬怕败办	m麻马买慢		v话费凡万
t蔗债暂早	ʔd打带斗单	th太大头豆	n耐纽南你		l拉流兰辣
ts乍炸真借		tsh差车猜秋		θ沙蛇修三	z椰夜有引
k加该九间		kh卡概求可	ŋ牙哑碍牛		
ʔ亚爱鸭因				h下夏开好	

声母说明：

1. ʔb、ʔd是带喉塞的浊塞音声母，有人叫内爆破音，也有人叫吸气音，我们采用国内普遍的叫法——带喉塞的浊塞音。这两个声母发音时双唇闭合或舌尖与上腭接触的同时，喉头也闭塞起来，b与ʔ或d与ʔ同时发出。这两个声母在海南岛很普遍，属闽南方言的海南话以及黎语、村语、临高语中都有。ʔb、ʔd常常省作b、d，ʔ作声母时也常省略不标。

2. ph th kh tsh kh是送气音声母。

3. θ是齿间舌尖清擦音；z是舌尖浊擦音。

4. ʔ是喉塞音声母；h是喉擦音。

二、韵母

迈话由a、ɔ、o、ɛ、e、i、u 7个元音，-n、-ŋ 2个鼻音韵尾，-t、-k、-ʔ 3个塞音韵尾和 -i-，-u- 两个介音构成如下38个韵母：

a	ia	ua	ɔ	（o）	ɛ	（e）	i	u
ai		uai	ɔi			ei		ui
au	iau			ou	ɛu		iu	
an		uan	ɔn			en		un
	iaŋ	uaŋ	ɔŋ		ɛŋ		iŋ	uŋ
		uat	ɔt			et		ut
aʔ	iaʔ	uaʔ	ɔʔ		ɛʔ			uk

韵母例子：

a	马虾打蛇	ɔn	贫问云真
ia	射佳虾霞	en	边远点见
ua	磨锁螺瓦	un	门村本群
ɔ	波哥左罗	iaŋ	饼听命声
ɛ	写者野茄	uaŋ	方光糖窗
i	皮四是居	ɔŋ	崩能明赢
u	布五胡苦	ɛŋ	横冷争讲
ai	买鞋晒该	iŋ	良江唱香
uai	胎筷鳃怪	uŋ	棚农中聋
ɔi	米泥低礼	uat	夺活割活

ei	在	ɔt	笔日立咳
ui	背尾对鱼	et	别力跌月
au	雨酒斗旧	ut	突骨卒核
iau	猫掉鸟搅	aʔ	八发杀一
ou	抱早某草	iaʔ	壁踢弱吃
ɛu	包闹找咬	uaʔ	捉
iu	表腰飘烧	ɔʔ	薄肉福恶
an	板慢单三	ɛʔ	北黑敌克
uan	半汉满安	uk	木哭谷屋

韵母说明：

1.迈话有a、ɔ、o、ɛ、e、i、u 7个元音，其中a、ɔ、ɛ、i、u 5个元音可以单独作韵母。o 只出现在ou 这个韵母里。元音o 、e 不单独作韵母。

2.ɔt、et、ut三个韵母发音时，元音与韵尾之间有一个微弱的元音 i，实际读音是[ɔit][eit][uit]；iŋ 发音时，元音与韵尾之间有一个微弱的 u，实际读音是[iuŋ]。

3.韵母uaŋ 的发音近似[uɔŋ]。

4.韵母ei 只出现 $tshei^{21}$ 一个音节，是“在”“尚未”“还要”等意思。据观察，$tshei^{21}$可能是$tshɔi^{21}$ 的变音。由于它经常读作$tshei^{21}$，我们只好用这个韵母来表示。

三、声调

有四个舒声调和三个促声调（不包括轻声）：

调类	调值	例字
阴平	13	迈（迈话）猜 开 沟 班 三 间 多 哥
阳平	55	麻 蛇 牙 排 埋 鞋 头 球 牛 谈 南

上声	33	古 展 纸 走 短 比 口 买 雨 懒
去声	21	罢 夜 坐 下 大 害 漏 受 个 战 胜
阴入	5	笔 湿 一 出 激 急 虱 竹 福 墨 匹
中入	3	八 发 塔 木 杀 落 约 各 恶 确 壳
阳入	1	拔 罚 踏 杂 佛 实 十 服 薄 读 熟

第二节　迈话同音字表

同音字表以韵母为纲，每行的左边是声母，然后按声调次序（舒声13、55、33、21，入声5、3、1）排列。凡字前打了“*”号的是词的读音，而不是字音。如“头”字音读thau^{55}，但“*头”则读thɔʔ^{5}，是“头颅”的意思。

ʔb 13巴疤坝霸*伯父，姨父*上髎（ŋa^{55}ʔba^{13}）33爸（阿爸）把 21罢靶

ph 55 爬*下巴（hau^{21}pha^{55}）33 怕帕

m 13 *抓取 55 麻吗 33 马妈

v 21 话

t 33 蔗

ʔd 55 *荡秋千（ʔda^{21}ʔda^{55}zau^{13}）33 打

n 33 毑（母的）*祖母（阿 na^{33}）

l 33 拉 21 垃（圾）*花生（la^{21}θɛŋ^{13}）

θ 13 沙借 55 蛇 33 舍*鬼师（θa^{33}bɛ^{33}uŋ^{13} 三伯公）21 耍

ts 13 乍拃（一拃长）55 诈 33 炸

tsh 13 叉差岔车 55 茶搽查*番石榴（fan^{13}tsha^{55}）*管，理会 33 错

z 13 *父亲 55 椰 33 野 21 夜

k 13 加家 *蜥蜴（山 $ka^{13}ʔda^{33}$）33 贾价假（真假，放假）架嫁

kh 21 卡

ŋ 55 牙芽 33 哑 21 雅

ʔ 13 丫（树丫）鸦 33 阿（阿爸）亚哑

h 13 虾 *哮喘病（抽虾 $tshau^{13}ha^{13}$）21 下（下山）夏 *全部（$ha^{21}ʔba^{21}lɔŋ^{21}$）

ai

ʔb 55 *瘸 33 拜 *涮 21 摆

ph 55 排牌 21 败 *坏了

m 13 迈（迈话，迈人）55 埋 33 买 21 卖

v 33 费

t 55 斋 33 债宰

ʔd 33 带贷待代戴

th 55 泰 33 太态 21 大

n 21 乃耐

l 13 *汗斑（$phɛʔ^{21}$ lai^{13}）55 萤火虫（lai^{55} niu^{21} $tshuŋ^{55}$）*小便失禁（$lai^{55}niu^{21}$）21 *癣（$lai^{21}θen^{33}$）

θ 55 柴 33 晒

tsh 13 猜

k 13 该皆街 33 改解盖介界

kh 13 *擤 33 概

ŋ 21 艾碍

ʔ 13 挨 *山坳 33 爱哀挨

h 13 开 55 鞋 33 海 21 孩害蟹

au

m 55 贸 33 亩某*母亲（a^{33}mau^{33}）

v 33 雨 21 *妇（新妇）*芋头（vau^{21} θi^{55}）21 否

t 13 糟周邹 33 酒走

ʔd 13 *舀*盛（饭）55（肚）兜 33 斗*桌子*抽屉（ʔdau^{33}ŋi^{55}）*笼火（ʔdau^{33} hua^{33}）

th 13 偷 55 头萄陶*蟾蜍（thau^{55}pi^{55}kua^{21}）33 到 21 豆

n 33 纽（纽扣）扭

l 13 *从（从东到西）55 流刘留榴柳楼 33 佬 21 漏

θ 13 修收 33 手首瘦嗽 21 受寿袖绣兽

tsh 13 秋抽 55 愁仇绸筹 33 臭 21 柱就凑*刚才（tshau^{21}tshau^{21}）*积攒

z 13 幽*荡秋千（ʔda^{21}ʔda^{55}zau^{13}）55 由油柔 33 有 21 摇友又右绕

k 13 沟勾钩*脖铃（ŋau^{55} kau^{13}）55 *告化（kau^{55}hua ^{55}，乞丐）33 九久救 狗糕（糟糕）韭 21 够

kh 13 丘*搂抱 55 求球囚 33 烤数（动词）21 旧究

ŋ 55 牛熬（粥）21 偶藕

ʔ 13 袄鸥欧 33 熬（酒）呕沤

h 13 休 55 喉侯 33 好口 21 厚后候

an

ʔb 13 班冰*麻疹（出 ʔban^{13}）33 板贩 21 版

ph 13 攀 33 潘 21 办扮

m 21 慢蛮漫

v 13 翻番帆 55 凡烦还犯范 33 反碗 *（小孩）闹 21 万饭范

t 55 *盘子 33 渐暂赞盏曾（姓）沾粘

ʔd 13 单担旦毡 33 胆担（挑担）

th 13 贪滩 55 谈弹毯谭坦 33 探炭 21 但淡

n 55 南男难 21 验

l 55 蓝兰栏篮滥 *爬行（pha^{55}lan^{55}）33 懒 21 览烂

θ 13 三山衫 55 *口水（θan^{55}θui^{33}）33 散伞斩

tsh 13 参掺 55 蚕缠蝉 33 餐产铲残惨 21 赚

k 13 间艰 55 干（部）33 减检拣感简

ŋ 55 雁 *刚好（ŋan^{55}ŋan^{55}tshiaʔ^{1} 啱啱着）33 眼

h 55 含衔咸闲 33 喊 21 限

aʔ

ʔb 3 八

ph 1 拔

v 3 发法乏袜罚 1 滑佛 *直 *竖

t 3 扎眨（眼）掷

ʔd 3 答搭达 *背心（thaʔ^{1} ŋi^{55}）

th 3 塔塌獭 1 踏叠 *梯子（thaʔ^{1} θiŋ^{21} 踏上）

n 3 纳

l 3 辣腊蜡猎 *跨（kha^{55}laʔ^{3}）

θ 3 杀圾（垃圾）撒

tsh 3 擦察插 1 杂 *蟑螂（ʔbui^{21} tshaʔ^{1}）

z 5 入

k 5 急 3 甲

kh 5 *垮（khaʔ^{5}laʔ^{3}）*鱼篓（khaʔ^{5} lau^{13}）1 *巧（手巧）

ʔ 5 一*将要*还是（aʔ^{5}θi^{21}）3 压鸭押*闸

ɔ

ʔb 13 波玻播 33 簸

ph 13 坡 55 婆剖（开）33 破

m 13 魔摸摩 55 磨（磨刀）21 蘑（菇）*露水

t 33 左阻

ʔd 13 多*这些（ku^{55}ʔdɔ^{13}）

th 13 拖*穿（鞋）55 舵

n 55 挪 21 *语气词（呢）

l 55 罗萝 33 罗（嗦）21 *寻找*娶

θ 13 梳 33 所

tsh 13 初*聪明（tshɔ^{13}mɔŋ^{55}）55*怎样（tshɔ^{55} ziŋ^{21}） 33 错挫搓*刷*擦

z 33 惹

k 13 哥 55 *那（个）33 *那么，这样（ku^{55}kɔ^{33}）21个

kh 33 可

ŋ 55 鹅讹 33 我 21 饿

h 13*哈（气）55 河何禾荷 21 贺

ɔi

ʔb 13 卑*抹*糊（泥墙）55 *女阴 33 闭*睡

p 13批*削（皮）

m 55 妹*鼻涕（phɔt^{1} mɔi^{55}）33 米

v 13 非匪*龅牙（vɔi^{13} ŋa^{55}） 33 费肺废 21 违吠

t 13 *跰子 33 济祭*咒骂

ʔd 13 低 33 抵帝底*耐用（ʔdoi^{33}zuŋ^{33}）

th 55 题提蹄堤啼 33 体替剃 21 弟袋

n 55 泥

l 55 黎犁来丽 33 礼 21 例

θ 13 西筛 33 世细（小）势 21 誓

tsh 13 妻 55 齐 33 菜 21 在（变读 tshei^{21}）

k 13 鸡 33 计继 *上吊（kɔi^{33}kiaŋ^{33}）

ŋ 13 *打瞌睡（ŋɔi^{13} ŋan^{33} kɔi^{13}）*啃 21 艺

ou

ʔb 55 抱 33 保宝报播（广播）

ph 21 暴

m 55 谋毛矛 21 帽貌

t 13 遭 55 *木杵（tou^{55}mɛʔ^{1}）33 早蚤枣灶奏

ʔd 13 刀 33 倒岛捣斗抖盗*舂（米）

th 55 桃逃讨淘陶 33 套倒透 21 道导肚

n 33 脑恼 *秤纽

l 13 *拌（捞）55 劳牢*肮脏（i^{33}lou^{55}）*萝卜（lou^{55} phɛʔ^{1}） 33 老*疥疮（kai^{33} lou^{33}）

θ 33 嫂扫

tsh 55 槽 33 草糙 21 造

k 13 高膏 33 告稿

kh 13 敲（门）*砸，磕 33 扣靠

ŋ 55 熬*摇（头）

h 55 毫豪 21 猴（猴孙）号

ɔn

ʔb 13 冰宾 33 辫子

ph 13 *洒（水）55 贫 33 品评 21 笨

m 13 *掀起，揭开 55 民敏蚊 21 问

v 13 分*给 55 文闻纹云坟 33 粉粪芬*喷嚏（vɔn³³thɔi³³）21 运份愤忿

t 13 真针珍贞诊砧斟*缝（衣）33 进浸展震*肩胛骨（hau²¹ tɔn³³ kut³）21（麻）疹

ʔd 13 *挣（挣断绳）

th 13 吞 21 *踩（踩脚）

n 55 人 33 忍捻*轧（车轧人）*染（布）21 认

l 55 林淋邻鳞陵*穿山甲（khɔn⁵⁵ lɔn⁵⁵）33 *鸡胗（kɔi¹³tshɔn¹³lɔn³³）*伸（舌）*递

θ 13 心新森身深渗辛 55 晨唇神巡*噚（一庹）33 信榫审讯迅笋

ts 13 真 55 镇

tsh 13 针*鸡胗（kɔi¹³tshɔn¹³lɔn³³）55 陈沉寻趁衬 21 战阵尽甚蘸（酱油）

z 55 檐匀 33 引瘾尹掩*唆使 21 运闰润任孕泳

k 13 坚今斤跟根甘金筋*现在（ki⁵⁵今）33 紧禁*淬火

kh 55 芹勤琴禽*穿山甲（khɔn⁵⁵ lɔn⁵⁵）21 近揿仅

ŋ 55 银 33 *蹲

ʔ 13 因音恩阴殷鸳（鸳鸯）33 印*米汤（mɔi³³ ɔn³³）

h 13 看 55 痕含寒 21 很恨

ɔŋ

ʔb 13 崩

ph 55 凭朋

m 55 明鸣 21 命

t 13 精睛增蒸晶罾赠 33 正政证整 * 右手（tɔŋ^{33}θau^{33}）

ʔd 13 登灯丁钉 * 焦 * 锅巴（van^{21} ʔdɔŋ^{13} 饭焦）33 等顶鼎

th 55 腾亭廷庭艇 21 定订

n 55 能

l 55 灵朗 21 另令

θ 13 升 55 绳乘承塍（田塍）33 省醒僧肾 21 胜善

tsh 13 清苍称 * 晴朗 * 呻吟 55 情层晴程 33 秤（秤子）称（称米）21 郑静

z 55 蝇赢 33 影

k 13 经京更 33 境敬镜 * 玻璃 21 更（更加）

kh 55 琼 33 庆 * 硌（硌脚）* 抠挖

ŋ 55 * 晕

ʔ 13 应英 33 应（答应）

h 13 兄（兄弟）55 形型 33 肯 21 兴（兴趣）献宪幸项杏

ɔt

ʔb 5 笔必逼 * 麻将，麻雀（ma^{55} ʔbɔt^{5}）1 * 饶舌（ʔbɔt^{1} ʔbɔ^{13}）

ph 5 匹 3 拨撇 1 拔鼻（phɔt^{1}ŋi^{55} 鼻儿）* 拔 * 瘪 * 稗子

m 5 密蜜秘 1 * 微笑（θiu^{33} mɔt^{1}）

v 5 物 * 摇（手）* 甩 * 抖 1 佛

t 5 汁集积（积极）

n 5 日 1 * 韧 * 皱纹（nɔt^{1} ŋɛʔ^{3}）* 鼻涕虫（lɔi^{55} mi^{13} nɔt^{1}）

l 5 立笠 * 套头汗衫（lɔt^{5} θan^{13} 笠衫）

θ 5 湿失膝虱适 1 十拾实习辍

tsh 5 出七漆＊像 1 侄＊赶

z 5 入

k 5 击激急吉级极吸橘隔＊扣（扣子）＊蜷缩（kɔt⁵ lɔt⁵）＊火帽

kh 5 咳＊盖＊牛鼻环（ŋau⁵⁵ khɔt¹）1 及刻（立刻）

ŋ 1＊点头（ŋɔt¹thɔʔ⁵）＊啃（啮）＊够＊蛀＊扣（扣扳机）

h 5 乞（饭）1＊嘶（马叫）

ɔʔ

ʔb 5 博 3 膊驳

ph 5 扑伏＊发霉（vaʔ³ phɔʔ⁵）1 薄

m 5 莫目牧默

v 5 覆复 1 服伏袱缚（绑）

t 5 竹卓捉作粥

ʔd 5 督笃＊剔（剔牙）

th 5＊头 3 托＊船桨，橹 1 读特＊拄（拐杖）

n 5 肉 1＊按住＊嫉妒（ɔʔ³nɔʔ¹）

l 5 六陆洛 3 落乐

θ 5 叔肃粟速淑缩索续 1 熟俗

ts 5 蜀逐

tsh 5 触畜浊 1 族凿

z 5 若辱育狱 3 约岳

k 5 谷（稻子）＊瓶子＊焗＊的（他的家）＊淤血（kɔʔ⁵ het³）3 各阁郭角

kh 3 确

ŋ 5 鳄

ʔ 5 握 3 恶＊难（ɔʔ³tu³³ 难做）＊嫉妒（ɔʔ³ nɔʔ¹）

h 5 渴赫鹤获 3 喝壳或 1 学 * 聊天（$hɔʔ^{1}va^{21}$ 学话）

ɛ

ʔb 13 * 凹 55 爬（树）

ph 13 * 跛

m 13 * 奶，乳 33 * 背（背孩子）* 吗（语气词）

ʔd 55 * 祖父（$a^{33}ʔdɛ^{55}$）* 舅父（$a^{33}ʔdɛ^{55}$）

l 55 * 腋下（$khɛ^{55}lɛ^{55}tsɛ^{13}$）33 * 舌头（$lɛ^{33}θet^{1}$）

θ 55 斜邪 33 写 12 社谢麝 * 侧

ts 13 渣 55 这（这是——）姐（对称）33 姐（引称）借遮籍（籍贯）21 者

tsh 33 扯 21 且

z 21 也野

k 21 假

kh 55 茄 腋下（$khɛ^{55}lɛ^{55}tsɛ^{13}$）* 打滚（$khɛ^{55}lɛu^{55}$）21 * 哽

ʔ 13 屙（大小便）21 而

ɛu

ʔb 13 包胞 33 饱

ph 13 抛泡（灯泡）55 跑刨 33 泡（泡沫）豹炮鳔 * 雹子

m 55 茅 21 冒貌

t 13 抓（痒痒）33 找罩 * 喉结（$tɛu^{33}tsi^{33}$）

n 21 闹 * 骂

l 55 * 打滚（$khɛ^{55}lɛu^{55}$）

θ 13 筲 * 肋骨（$lɛʔ^{5}$ $θɛu^{13}$）33 哨（口哨）

ts 55 赵

tsh 13 抄操超 * 短裤（tshɛu^{13} hu^{33}）* 牛用角顶人 33 吵炒 21 曹

z 21 饶

k 13 交胶饺（饺子）33 校教较觉（睡觉）21 搞

kh 33 考烤

ŋ 33 咬 21 傲 * 娇气

ʔ 33 拗（折）

h 55 姣（淫荡）33 效酵孝

ɛŋ

ʔb 13 * 睁眼（ʔbɛŋ^{13}ŋan^{33}）* 张（嘴）* 巴不得（ʔbɛŋ^{13}mu^{55}ʔdɛʔ^{5}）21 * 壁虎（ʔbɛŋ^{21}lɛŋ^{21}tshiaʔ^{5}）

m 55 盲（tshiaŋ^{13} mɛŋ^{55} 青盲，瞎子）33 蜢 * 快

v 55 横

t 13 争筝

n 33 腩（牛腩）

l 55 铃零 33 冷 21 狼 * 壁虎（ʔbɛŋ^{21}lɛŋ^{21}tshiaʔ^{5}）* 舔（khɛ^{21}lɛŋ^{21}）

θ 13 生甥牲 * 花生（la^{21}θɛŋ^{13}）* 黄牛（θɛŋ^{13}ŋau^{55}）

tsh 13 撑铛（锅） 55 乘畅

k 13 粳更（打更）庚耕 33 讲降

ŋ 21 硬

h 55 行（行走）* 檩条

ɛʔ

ʔb 5 北迫 3 百剥 * 闪电（ʔbɛʔ^{3}θet^{3}）* 掰，撕

ph 3 拍 1 白卜（萝卜）

m 5 墨 * 躲藏 * 辫子（ziŋ^{55}mɛʔ^{5}）3 麦

脉 1 * 稻子 * 小舌（tou^{55}mɛʔ^{1}ŋi^{55}）

v 1 画划

t 5 积绩织责夕集节聚 3 摘

ʔd 5 得 1 滴

th 5 * 弹（棉花）1 敌笛

n 5 曾孙（nɛʔ^{5}nui^{13}）

l 5 肋勒力烈簕（刺）

θ 5 识色塞息悉式泽涩 3 涉 1 食（猪食）

ts 3 则责执（固执）

tsh 5 测厕赤 3 切册策撤插惜拆 1 贼

z 5 翼粤 1 * 小青蛙（zɛʔ^{1}ŋi^{55}）

k 5 激（激动）3 杰革格甲 * 戒（戒烟）1 夹 * 窄 * 箍（紧）

kh 5 克刻 * 砍 * 疙瘩（结子）3 客 * 掐（用指甲）1 极 * 后来，终于（khɛʔ^{1}hau^{21}）

* 舔（khɛʔ^{1}lɛŋ^{21}）* 鲠

ŋ 5 逆 3 额

ʔ 5 益溢 * 看（hau^{33}ɛʔ^{5}好看）*（打）嗝 1 * 毛毛虫（tsi^{13}ŋi^{55}ɛʔ^{1}）* 反刍（翻 ɛʔ^{1}）

h 5 黑 3 吓 1 协 * 山谷（山 ɛʔ^{1}）* 金环蛇（簸箕 hɛʔ^{1}）* 太阳穴（hɛʔ^{1}mun^{55}）* 睾丸（hɛʔ^{1}tsi^{33}）

ei

tsh 21 在 尚未，还（要）* 等于（ʔdɔŋ^{33} tshei^{21}）

（注：“在”字原读作 tshɔi^{21}，但口语经常变读 tshei^{21} 。）

en

ʔb 13 边奔 55 乒（乒乓球）33 变 21 扁丙贬

ph 13 聘 55 便（便宜）33 骗遍偏片篇 21 便（方便）拼（拼合）辩并

m 55 明（年）棉眠 33 免勉 21 敏面 *脸

v 33 远 21 园（菜园）院

ʔd 13 癫颠点（头）踮（脚）*挺（胸）*抬 55 邓 33 点丁 21 电（视）

th 55 天添 55 甜田填 21 电店垫淀殿

n 13 *桃金娘（$\theta i^{55}nen^{13}$）55 年粘（稠）*跟 *沿着 21 念验

l 55 连莲廉联怜镰恋灵临吝 21 练炼链

θ 13 先仙宣鲜 55 船 33 线扇选癣 21 旋（旋风）鳝闪（闪腰）

ts 13 尖砖侵煎 33 转剪 *次，回

tsh 13 千亲穿签迁 *楔子 55 全钱前传寻挦歼 33 浅串 21 贱

z 55 延然燃元丸缘圆盐燕饮染铅芫萤原源宴仍 21 *发旋

k 33 见建健剑枧（肥皂）俭卷 21 警

kh 13 圈兼倾 55 权拳勤钳 *缠（$ken^{55}len^{13}$）*卷（袖子）33 劝犬 21 件

ŋ 55 严言研 *伯母，姨妈（$a^{33}\eta en^{55}$）33 软染（传染）21 愿砚 *蚯蚓

ʔ 13 冤烟 33 淹腌怨厌（讨厌）*腻

h 13 牵献（捐献）55 嫌弦 33 欠险掀显陷 21 玄现县幸贤

et

ʔb 5 毕逼迫

ph 3 撇劈 1 别

m 3 篾蔑灭

v 3 越 11 *将要，就要

ʔd 3 跌 1 *一点儿（$a\text{ʔ}^{5}\text{ʔ}det^{1}\eta i^{55}$）

th　3 铁贴碟　1 叠

n　3 捏

l　5 律力　3 粒劣列历裂

θ　5 术述息熄　3 说设雪锡薛 * 打闪（$ʔbɛʔ^{3}θet^{3}$）　1 舌折蚀

ts　5 质即　3 节接折哲浙直（一直）值殖

tsh　5 戚　3 窃切彻撤铡　1 绝

z　5 释译　3 叶 * 伸（伸懒腰）* 拉（拉绳）* 拔（拔刀）* 扳

k　3 揭结决给

kh　3 缺　1 * 稠

ŋ　3 月热业 * 蚂蚁（$ŋet^{3}tsi^{33}$）

ʔ　3 乙 * 腌

h　3 歇血

i

ʔb　13 滗 * 翘（翘拇指）55 * 哨子　33 比　21 脾

ph　13 披　55 皮疲脾　33 屁　21 彼鄙币被备篦

m　13 * 妻子　55 微迷 * 什么（$mi^{55}ʔdi^{33}$）* 外祖母（$a^{33}mi^{55}$）33 尾 * 不（了不起 $liau^{33}mi^{33}hi^{33}$）21 味（气味）昧

v　13 飞　55 肥围啤（啤酒）33 痱　21 为位胃卫

t　13 丝　55 迪 * 喇叭（$ti^{55}ta^{21}$）33 死　21 是

ʔd　33 * 什么（$mi^{55}ʔdi^{33}$）的（我的）

th　21 第地

n　55 呢　33 女你 * 母鸡（$ni^{33}kɔi^{13}$）21 尼腻

l　55 离篱梨　33 吕旅里李理铝　21 利隶丽励虑滤

θ　13 书输竖师施诗思资须丝尸试　55 时薯匙始　33 鼠屎四死　21 是事树此暑豉示视士市室

ts 13 之芝支枝猪朱珠智 *鸟（$tsi^{13}tsia?^{1}$）55 *奶 33 主煮止指纸只子知（知识）志*蛋

tsh 13 次 55 迟脐除徐寺恃 33 处取娶思（意思）齿*那里（$tshi^{33}lu^{21}$）21 挤自字治注驻储*昨天（$tshi^{21}n\mathrm{ɔ}t^{5}$）*刚刚（$tshi^{21}tshau^{21}$）*筷子（箸）

z 55 宜姨遗易（交易）余亿 33 以已 21 易（容易）娱玉异亦遇

k 13 基机饥居举既痣技纪 55 渠（佢）*现在（$ki^{55}k\mathrm{ɔ}n^{13}$）记（书记）33 几已寄记句距拒锯季

kh 13 区期 *1 蜻蜓（$th\mathrm{ɔŋ}^{55}khi^{13}$）55 其棋奇旗气（气死）*八哥（$khi^{55}liau^{13}$）33 汽（车）岂 21 启趣据巨忌*站（企）*住

ŋ 55 疑宜儿 33 耳蚁 21 议二

ʔ 13 医 *肮脏（$i^{13}lou^{55}$）55 亿 33 意椅

h 13 希稀虚 33 气去戏许起喜 21 溪牺

iu

ʔb 13 标彪 33 表

ph 13 飘漂 55 瓢

m 21 庙

ʔd 13 雕*聪明，精灵

th 55 条跳调 33 *蝎子（$thiu^{33}mi^{33}$）21 吊钓调

n 21 鸟尿

l 55 聊柳疗 33 了 21 料

θ 13 烧消硝绍 55 秀 33 少（多少）少（少年）笑 21 袖

ts 13 招召焦蕉椒 55 轴（车轴）33 照

tsh 55 朝潮

z 55 由 33 要舀 21 鹞

k 13 娇*乖 55 灸*台球

kh 55 桥侨 21 撬巧轿

ʔ 13 忧腰要（要求） 33 要

iŋ

ph 55 *平（便宜）

v 55 *女人（viŋ^{55}nɔn^{55}）

l 55 良凉梁亮量（商量）33 两 21 量（分量）

θ 13 商相镶伤箱 55 常偿尝 33 想像相 21 上（上面）

ts 13 张将浆章 33 长（生长）涨帐账掌酱

tsh 13 昌（文昌）55 长场常（经常）详肠 33 唱抢 21 丈象橡

z 55 羊洋扬阳 33 养痒 21 样

k 13 江姜刚

kh 13 腔 55 强 21 降（降级）

ŋ 55 *稀（稀稠）*树胶（muk^{3}kɔn^{13}ŋiŋ^{55}）*汗垢 33 仰 21 让

ʔ 13 央秧阉（阉鸡）55 扬

h 13 香 55 雄 33 向凶享响 21 熊

u

ʔb 33 布补瀑（瀑布）

ph 13 夫肤敷铺 55 葡蒲捕布（瀑布） 33 普谱铺辅 21 步部孵

m 13 磨 55 模（模子）*谁（mu^{55}nɔn^{55}）*不是（mu^{55}θi^{21}）33 舞 21 暮幕雾

v 55 扶符浮胡 33 富府斧武副 21 付务腐敷附负父（外父）

t 13 租 33 祖做

ʔd 13 都（成都）55 杜 33 赌

th 55 徒 33 土吐陡兔 21 肚度渡

n 55 奴 *那个（nu^{55}kɔ^{21}） 21 怒努

l 55 炉驴鲁 *都（都是） 21 路露 *地方，处 *这里（ku^{55}lu^{21}）

θ 13 苏 33 数（名）数（动）

tsh 13 粗 33 醋楚

k 13 姑孤 55 *柚子（ku^{55}ʔbuŋ^{21}）*这个（ku^{55}kɔ^{21}）*才 33 古鼓估故顾*谜语 21 股

kh 13 箍 55 *线轴（tsha^{13}khu^{55}lu^{55} 车轱辘）

ŋ 33 五午 21 误

ʔ 13 乌污

h 55 胡湖糊 33 苦裤虎许（姓）戽 21 互户护

ui

ʔb 13 悲碑辈杯 33 背贝 21 *蟑螂（ʔbui^{21}tshaʔ^{1}）

ph 55 赔 33 配*棉花（phui^{33}men^{55}） 21 培佩 *拿着*把（介词）*左（左手）

m 55 霉梅媒 33 每美 *树叶（mui^{33}zet^{3}）

v 55 回为伟卫唯维魏 33 喂畏 21 尾伪

t 13 追 33 嘴醉

ʔd 13 堆 33 对队兑

th 13 推 33 腿退

n 13 *曾孙（nεʔ^{5}nui^{13}） 21 内

l 13 *推 55 雷*铜圆（lui^{55}ŋi^{55}） 21 泪类累*垂下

θ 13 虽追 55 随谁垂 33 水税岁碎

ts 33 嘴

tsh 13 吹催 55 锤捶 33 脆翠 21 罪

k 13 规归龟 *老人（lou^{33}kui^{13}）* 姑母（kui^{13}na^{33}） 33 贵桂鬼 21 轨

kh 21 跪柜葵

ŋ 55 危鱼

ʔ 13 威 *软烂 33 喂 *细委

h 13 灰亏 55 回彗（彗星）慧惠 33 辉毁 21 会悔贿汇

un

ʔb 13 锛 33 本

ph 55 盆

m 55 门 33 闷

t 13 尊遵 33 准

th 21 纯顿炖

n 21 嫩

l 55 轮 21 论

θ 13 孙（猢狲）55 俊 33 损 21 顺驯

tsh 13 春村 55 存 *剩（剩饭）33 蠢寸喘 *丑

k 55 *我们（$ŋɔ^{33}kun^{55}$）33 滚棍

kh 55 群裙坤菌 33 捆

ŋ 13 *我们（$ŋun^{13}$是$ŋɔ^{33}kun^{55}$的合音）

ʔ 13 温瘟 33 稳 *圈（关禁）

h 13 昏婚勋熏混 55 魂 33 困 *累 *气短（$hun^{33}hi^{33}$）

uŋ

ʔb 55 乓（乒乓）33 *凸 *柚子（$ku^{55}buŋ^{21}$）

ph 13 蓬（蓬松）55 棚朋篷 33 碰捧 21 膨（膨胀）彭

m 55 盟 33 猛 *疯（疯狗）21 梦忘孟蒙

v 13 风疯丰封蜂峰 55 冯逢 21 缝（裂缝）凤奉

t 13 中钟终宗盅踪仲 33 总种众肿粽怂

ʔd 13 东冬冻（冷）55* 打水桶 33 懂董（古董）21 董（董事）

th 13 通 * 如 果（thuŋ¹³kua³³）55 同 铜 筒 33 痛 疼 桶 21 动 * 同（与，帮）

n 55 农脓 * 浑（水）33 * 钻（出来）* 拱（拱土）21 * 孩子

l 13 窿（窟 窿）* 糠 心（luŋ¹³θɔn¹³） 55 龙 笼 聋 33 * 密 箩 筐（kuaŋ⁵⁵luŋ³³）21 弄

轰 * 引诱

θ 13 松 33 送颂讼 * 菜（餸，饭菜）

tsh 13 聪冲充 55 从丛重（重复）虫 33 铳（枪）21 重崇

z 55 容溶荣永允（允许）慂绒茸 33 勇 21 用

k 13 工公 33 贡 * 起来，起床（kuŋ³³ 身）* 钻（钻进）

kh 55 穷 * 驼子（kuŋ⁵⁵luŋ⁵⁵）21 供孔共恐

ʔ 13 翁拥 55 * 弯 33 瓮蕹（蕹菜）21 * 同，帮

h 13 胸空 55 红洪鸿 21 恒衡宏

ut

ʔb 1 蜗牛（生牛 ʔbut¹）* 烟斗（烟筒 ʔbut¹）

t 5 卒（兵卒）

th 5 突 1 * 疙瘩（thut¹ŋi⁵⁵）

θ 5 * 屁股

tsh 1 * 男阴

k 3 骨 * 茎

kh 1* 段（段，截）* 内裤（裤 khut¹）* 秃（短秃）

ʔ 3 * 细小

h 5 忽 3 核

uk

ph 1 * 爆炸

m 3 木

v 5 福

t 3 祝烛嘱竹（腐竹）足

ʔd 33 独

th 3 毒 1 独（独立）特

l 3 鹿辘碌陆禄绿 * 捞 * 牛脖铃（牛 $khuk^{3}luk^{3}$）

k 3 谷

kh 3 * 牛脖铃（牛 $khuk^{3}luk^{3}$）

ʔ 3 屋

h 3 哭或获

ia

k 5 佳

h 13 虾 21 霞

iau

m 13 猫妙 33 * 不，无 21 秒苗瞄

ʔd 33 掉

n 21 鸟

l 13 鹩（八哥儿）（$khi^{55}liau^{13}$）* 盘腿（$khi^{55}liau^{13}$ 脚）21 聊

tsh 13 锹

k 33 搅 * 碾（碾米）绞狡

h 55 哮（哮喘）

iaŋ

ʔb 13 兵 33 饼柄

ph 55 平瓶秤 21 病

m 55 名明（明日）盲 * 捂住（miaŋ^{55}tshiaʔ^{1}）* 蒙盖 * 遮 21 命

ʔd 13 钉 * 马蜂（ʔdiaŋ^{13}lɔ^{55}）33 * 扔 21 顶（一顶帽）

th 13 听厅

n 55 娘 33 * 妓女（老 niaŋ^{33}）* 蒂（niaŋ^{33} 鸡）

l 55 凉零伶铃（马铃薯）* 蟋蟀（θan^{13}liaŋ^{55}）33 领岭

θ 13 声星腥猩 55 成城生（生孩子）33 性姓 * 铁锈（鉎）

ts 13 张正（正月）* 后枕（后 tsiaŋ^{13}）33 井账将仗（炮仗）21 奖蒋

tsh 13 青 55 墙 * 怎样（tshiaŋ^{55}tshɔ^{55}）33 请 21 净

z 55 赢演

k 13 惊姜 * 麂子（vuaŋ^{55}kiaŋ^{13} 黄猄）55 降 33 颈 * 比较

kh 13 轻腔 * 平均（phiaŋ^{55}khiaŋ^{13}）33 * 提篮（khiaŋ^{33}ŋi^{55}）

ŋ 55 营迎

ʔ 13 罂鸯（鸳鸯）33 影

iaʔ

ʔb 3 壁

ph 3 避 * 蔽 1 * 捧（捧大腿）

th 3 踢 1 唢呐（笛）

n 3 弱疟

l 3 略

θ 3 削 1 石 * 射（射箭）

ts 3 只脊迹着（着衫）炙 1 *鸟（$tsi^{13}tsiaʔ^{1}$）

tsh 5 鹊（喜鹊）3 尺 * 结（结网） 1 着席嚼雀（孔雀）

z 3 药

k 3 脚

kh 5 剧曲 3 觉却 * 崎岖 * 雀套 1 屐 * 玩耍（$ŋuan^{55}khiaʔ^{1}$）

ʔ 3 约 * 秃（秃山）

h 3 吃食（粮食）

ua

m 21 磨

t 13 抓爪

ʔd 33 剁朵

th 55 砣

n 21 糯

l 55 螺

θ 13 臊（尿臊）33 锁

tsh 21 搓坐座

k 13 瓜 33 过果寡挂 21 * 癞蛤蟆（$thau^{55}phi^{55}kua^{21}$）

kh 13 夸科课 33 颗

ŋ 33 瓦 21 卧

ʔ 13 窝涡 * 老鹰（$lau^{21}ua^{13}$） 33 * 沾（沾手）

h 13 花 55 华和 33 化火货 21 祸

uai

t 13 灾载 33 再

th 13 胎 55 台（台风）苔

l 13 *洗

θ 13 衰（倒霉）腮鳃 55 帅赛

tsh 55 才财材 33 采彩蔡 *歪

k 13 乖 33 怪乖（又读）拐（拐弯）

ŋ 21 外

ʔ 13 歪

h 33 快筷块 21 坏

uan

ʔb 33 半般

ph 55 盘 *方桌 33 判拚（拚命） 21 伴（相伴）

m 33 满瞒

v 21 换

t 33 钻（钻孔）

ʔd 13 端 33 短

th 55 团 21 断锻段

n 33 暖援

l 21 乱卵

θ 13 酸栓闩 33 算蒜

tsh 13 川 55 泉串 33 喘

k 13 干甘肝杆关官冠奸 55 干（干部）冠（冠军） 33 管惯秆赶敢 21 灌

kh 33 款 21 槛

ŋ 55 完玩

ʔ 13 安鞍按案 33 暗晚碗湾弯腕

h 13 欢 55 寒还（还要）唤患 33 岸汉 21 旱焊汗换痪患苋鼾（鼾睡）

uaŋ

ʔb 13 帮

ph 55 旁

m 55 莽亡忙芒 33 网 21 望

v 13 方 55 房妨防访纺王往忘黄皇 33 放 21 旺

t 13 庄装桩 33 葬

ʔd 13 当档（大排档）裆 33 党

th 13 汤烫 *劏（宰杀）55 糖塘堂

n 55 囊 * 耳垂（ŋi³³nuaŋ⁵⁵）

l 55 狼郎 21 浪 * 晾晒

θ 13 双桑霜丧 55 床 * 凳子 33 双 21 状

ts 33 壮

tsh 13 窗仓苍疮 55 藏 33 厂创 21 撞

k 13 光缸扛刚纲肛 55 * 箩筐（kuaŋ⁵⁵luŋ³³）33 钢港广

kh 13 康筐 55 狂 33 况坑抗矿 * 厕所（屎 khuaŋ³³）

ŋ 55 戆（傻）

ʔ 55* 弯（弯腰）汪

h 13 糠荒慌 55 行（银行）巷 33 谎航 * 哄（小孩）21 项（项骨，脖子）

uat

ph 3 泼

m 3 末膜没 1 * 瘊子 * 甲状腺肿

ʔd 3 夺啄 * 戳 * 撞

th 3 脱

θ　3 *吻（吮）

tsh　3 撮（撮箕）*扎

z　5 悦

k　5 菊局橘　3 割刮国鸽括掘（掘头）隔

kh　5 屈 *卷（卷席子）*折叠 *绕（绕线）

ʔ　3 挖

h　3 活阔　1 合盒核 *白鹭（白 huat¹）*拼（拼合）

uaʔ

ʔb 汤圆（ʔbuaʔ¹thɔ³³ŋi⁵⁵）

k　1 *蟾蜍（头皮 kuaʔ¹）

第三节　迈话与中古汉语语音的对应

一、声母的对应

中古声母	迈话声母	例字
帮	ʔb	波把布贝拜摆闭背杯报板
	ph	鄙彼扮逼
滂	ph	坡破怕普派批配泡盼篇
	v	喷
并	ph	爬步葡捕败排币倍培备鼻办拔别
	ʔb	抱辫
明	m	磨麻骂暮埋卖迷梅帽棉蒙

非	v	废飞痱非匪富否法乏翻反发方风
	ph	夫肤
敷	v	肺费芬纺访妨芳蜂丰
	ph	孵捧
奉	v	符附肥妇负浮范帆烦饭佛房复
微	v	武尾味万袜文闻忘物
	m	务舞微问亡望网
	0	晚
端	ʔd	多赌戴低对倒岛刁点懂冻
	th	肚堤到钓店顿
透	th	拖妥土太体退滔跳添踏天桶
	ʔd	贷
定	th	大途杜度台第题地逃道甜谈田断筒动独
	ʔd	待代兑队盗掉跌邓
泥（娘）	n	糯拿怒女耐奶泥内脑难农
来	l	罗路吕来例黎雷老兰弄
知	t	罩沾粘展转珍桩中竹
	ts	猪致智展（展览）哲镇账张长（长大）
	tsh	站筑
	θ	追
澈	tsh	超抽撤趁畅畜
	t	侦
澄	tsh	茶厨除柱治池朝（朝代）潮赵稠赚传丈长
精	t	左姐祖做宰灾再际醉灶早走卒踪
	ts	子蔗椒酒尖接箭剪津将则即
	tsh	挤躁歼

	θ	资俊
清	tsh	搓错且醋粗娶菜猜妻催千聪
	ts	侵
	k	趣
从	tsh	坐在才塞（边塞）脐齐罪瓷自槽渐钱泉族
	t	暂集赠
心	θ	锁写苏须腮赛（比赛）西岁四扫松
	tsh	碎
邪	θ	邪谢序续饲随袖习旬像俗
	tsh	徐寻详
庄	t	渣斋债爪找邹斩盏庄捉
	ts	诈抓壮侧
初	tsh	差（差别）初驻抄插铲察疮窗测
崇	tsh	助巢愁铡崇
	θ	柴事士床状
	ts	炸
生	θ	沙洒梳数晒师衰瘦衫杀双
	tsh	产
章	t	周舟针斟汁诊振准证蒸织种众祝
	ts	遮主煮枝志招照渐专质章
	tsh	制（制度）战
	θ	真职识
昌	tsh	车扯处齿 吹臭串喘川出蠢唱厂充触
船	θ	蛇示舌船神实顺术赎
	tsh	乘
	t	射

书	θ	舍鼠输书世税施水少烧湿式叔
禅	θ	社竖树匙视时是谁垂寿涉十晨上常
	tsh	酬仇甚蝉
	ts	值
日	z	惹饶绕柔任入燃仁日若仍茸
	ŋ	儿二耳染热软让
	n	弱忍日（又读）人认肉
	0	而
见	k	歌过家古句盖佳计乖高给
	kh	据概绞究纠兼觉
溪	kh	可课区启欺棋靠考巧扣款犬控孔
	h	苦裤去开溪快起亏口欠看阔渴空哭
群	kh	巨忌奇旗柜葵跪轿旧求钳及件共穷
	k	具俭健极局
疑	ŋ	我牙五疑鱼艾外艺危傲咬牛验严
	z	愚遇宜原元岳狱
	v	伪魏
	h	岸
晓	h	货火虾虎许海灰希挥好休险汉胸
	kh	况
	k	吸
	tsh	畜（畜牧）
匣	h	河祸下胡孩鞋会坏惠号厚旱活红
	v	话画还滑黄皇换
	ŋ	完
	z	丸

	kh	降（投降）
影	0	窝亚乌鸦恶爱意委威喂妖欧优安
	z	幼掩饮
	ŋ	哑宴燕
	v	畏
云	v	雨卫伟为胃位违院远越云王往
	z	于又右有邮员运
	h	雄熊
	n	援
以	z	野夜也榆余锐姨摇盐叶延铅缘悦
	v	维惟

二、韵母的对应

中古韵母	迈话韵母	例字
果开一	ɔ	罗我挪可何个
果合一	ɔ	婆禾坡玻波破妥
	ua	过课窝卧祸坐科锁果货磨
	u	磨（磨刀）
假开二	a	怕爬架价雅下家茶拿麻牙差
	ia	虾霞
	ɛ	下（下山）假（真假）渣
假开三	a	蛇野夜车舍
	ɛ	写邪借遮社扯者也姐
	ɔ	惹
	ia	射

假合一	u	谱普铺暮布步胡怒路午祖都
遇合三	u	符武扶付许夫数楚务舞
	ui	鱼
	i	鼠竖需输书厨徐除树序猪朱句女去主煮娱娶区巨
	au	柱雨
	ɔ	阻助梳所
蟹开一	ai	太开猜宰耐艾改海戴
	ɔi	来菜在
	ei	在（白读）
	uai	灾载再才采腮胎
	ui	贝
蟹开二	ai	拜败排埋卖迈界鞋解柴奶债
	ɔi	筛矮
	ia	佳
蟹开三	ɔi	祭例世誓
	i	币剃
蟹开四	ɔi	计妻西细批低黎题体抵弟鸡礼泥米闭齐
蟹合	ui	会回催内雷退倍对梅配每背杯腿罪
	ɔi	妹
	uai	外
蟹合二	uai	拐乖歪坏快块怪
	ua	挂
	a	话
蟹合三	ui	脆岁锐桂卫税
	ɔi	废艺肺

蟹合四	ui	惠
止开三	i	被疑记起医已四自时是李利迟儿皮你地
	ui	悲碑美
	ɔi	卑
	ɔt	鼻秘
止合三	ui	虽翠醉泪吹规归委伪威柜亏嘴类水鬼贵跪危
	i	胃味遗季肥围飞微
	ɔi	非匪违费
	uai	衰帅
效开一	ou	高靠扫造早灶劳倒逃脑恼帽岛报暴桃保老草毛刀道
	au	好熬导槽糟到
效开二	ɛu	校孝教交罩抄抛茅咬饱闹包
	iu	巧
	iau	绞猫
	ua	爪抓
	ou	敲
效开三	iu	妖消侨桥疗蕉骄漂少笑表朝扰烧庙照
	iau	妙秒苗
	ɛu	饶兆超
	au	摇绕
效开四	iu	条料钓刁调挑了尿鸟跳
	iau	聊掉
流开一	au	沤斗某亩漏走口厚勾狗侯后欧藕豆偷头楼
	ou	抖扣奏透

流开三	au	有又兽手臭仇旧球就久刘纽邹舟牛救受收修流抽秋休酒九丘妇
	iu	邮优袖秀纠彪柳
	u	负富浮
	ou	茅谋否
咸开一	an	喊感担篮南男探谈参淡贪胆三暗
	uan	甘柑敢砍坎
咸开一入	uat	合盒鸽
	aʔ	答塌腊踏塔纳杂
咸开二	an	赚站衫斩减含
	ɛn	馅淹
咸开二入	aʔ	鸭压甲插
	ɛʔ	夹
咸开三	ɛn	厌腌盐险钳俭剑黏尖染欠验廉严
	an	沾检
	ɔn	掩渐
咸开三入	et	接叶业
	aʔ	猎
	ɛʔ	涉
咸开四	en	兼甜添店念点
	an	帆范犯
咸开四入	et	贴蝶
	aʔ	乏法
	ɛʔ	协
深开三	ɔn	心森林淋品任婶甚针深沉禁今金琴音
	en	饮临寻侵

深开三入	ɔt	湿入吸级习十及汁立
	et	给粒
	ɛʔ	集
	aʔ	急
山开一	an	餐残伞单但滩弹坦炭难懒赞干（部）烂散
	uan	按安旱汗寒赶肝汉岸
	ɔn	看
山开一入	aʔ	辣达
	uat	割
山开二	an	间慢办山眼限蛮攀板扮班产铲盏简艰闲颜
	uan	奸苋
山开二入	aʔ	扎察八杀
	ɔt	拔
	ɛʔ	铡
山开三	en	癣浅仙鲜钱建健迁件箭便（宜）骗眠面边煎联连变贱言然线掀
	an	蝉缠毡
	ɔn	战
	ɔŋ	宪善
山开三入	et	列设薛折舌撤浙哲折热灭歇别
	ɛʔ	杰
山开四	en	宴显研燕现贤前遍扁练田辫电殿颠怜年莲片天见牵烟先
	ɔn	坚
山开四入	et	洁跌捏撇切铁节
山合一	uan	般端断段团暖钻算玩完灌款欢伴半判瞒乱换碗盘短

	an	潘慢
	en	丸
山合一入	uat	阔括泼抹末脱活夺
	ɔʔ	渴
山合二	uan	闩惯患弯顽关
	an	还
山合二入	uat	刮挖
	uaʔ	刷
	aʔ	滑
山合三	en	传圈泉宽员圆原铅元园院怨劝专转选愿恋船权拳全泉软远
	an	万凡翻反饭
	uan	串援喘川穿转晚
山合三入	et	越绝雪说月
	aʔ	发罚伐袜
	uat	悦阅
山合四	en	玄县悬犬
山合四入	et	决缺血
臻开一	ɔn	很恨根恳恩吞
臻开三	ɔn	因民鳞进尽斤信勤辛银忍身神臣趁阵震陈宾新真人贫近引印认紧
	en	敏津劲亲欣仁
臻开三入	ɔt	实虱失侄必笔日匹密七吉
	et	质毕乙
	aʔ	一

臻合一	un	盾村存损昏婚困瘟棍稳闷盆嫩顿论孙滚门魂本
	ɔn	喷笨
	en	奔
臻合一入	ut	骨忽突卒
	uat	核没
臻合三	ɔn	旬尹迅匀润笋文粉奋分问云闻运
	un	轮蠢纯裙群菌俊君熏顺春训
臻合三入	ɔt	出物
	ɔʔ	莫
	uat	橘屈
	et	术律
	aʔ	佛
宕开一	uaŋ	行（银行）抗糠钢刚当丧藏郎堂唐旁忙浪汤党仓
	aŋ	桑
宕开一入	ɔʔ	凿乐落各阁博莫托洛薄恶索
宕开三	iŋ	将账长掌相强抢相箱商香详长场像象想响羊洋阳仰养样央唱上常凉良亮张两让
	iaŋ	奖姜向墙娘
	uaŋ	爽床装庄状疮霜壮厂
	ɛŋ	畅昌
宕开三入	iaʔ	着脚嚼削略弱却药
	ɔʔ	若
宕合一	uaŋ	汪黄皇荒慌谎广扩光
宕合一入	uk	获
	ɔʔ	郭

宕合三	uaŋ	况 亡 王忘纺妨房往望旺放筐方网狂
	ɛŋ	芳
江开二	uaŋ	双窗桩巷肛港
	iŋ	江腔降（投降）
	ɔŋ	邦项
	iaŋ	降（下降）
	ɛŋ	讲
江开二入	ɔʔ	驳角浊握学乐确
	ɛʔ	剥
	iaʔ	觉
	uaʔ	捉
曾开一	ɔŋ	灯增赠能腾肯等僧崩
	uŋ	恒层朋
曾开一入	ɛʔ	肋勒塞克刻墨北得则贼黑
	uk	特
曾开三	ɔŋ	陵兴（高兴）应蝇应（答应）证称承胜升凭蒸
	ɔn	冰孕
	ɛŋ	乘
	en	仍
曾开三入	ɛʔ	职识式色测侧力织
	et	值即息
	ɔt	逼极
	iaʔ	吃
曾合一	uŋ	宏
曾合一入	uat	国

	uk	或
梗开二	ɛŋ	行耕横生牲撑争筝冷硬
	ɔŋ	杏幸更庚省
	uŋ	衡孟猛彭
	en	鹦
	uaŋ	坑
梗开二入	ɛʔ	脉麦拆拍白摘百
	ut	核
梗开三	ɔŋ	精晶睛省情程庆令清青敬境静京明圣整正
	iaŋ	赢影性姓岭井平名城正（正月）迎命请轻净病饼兵声
	en	景警丙聘
	uŋ	盟
	ɔn	英贞侦
梗开三入	ɛʔ	益逆赤册策择责革额吓积格客
	iaʔ	踢剧迹脊石壁只席尺
	et	译释迫
	ɔt	适
梗开四	ɔŋ	形庭停艇订定顶丁醒郑经
	iaŋ	腥星瓶萍厅钉听
	en	并挺灵
	ɛŋ	零铃
梗开四入	ɛʔ	绩敌滴
	iaʔ	吃
	et	锡历劈
	ɔt	激击

梗合二	uaŋ	矿
	ɛŋ	横
梗合三	ɔŋ	兄琼
	uŋ	永荣
	en	倾
	iaŋ	营
梗合四	en	萤
通合一	uŋ	红洪松丛聪公空笼聋控农脓痛桶统同铜筒 窿 东 总宋弄篷孔送动翁冯
通合一入	uk	谷独哭屋木鹿
	ɔʔ	复速族扑
通合三	uŋ	勇拥松共宫躬容绒重（重复）冲充种众重（轻重）中终钟恐龙踪梦凤逢蜂封风碰穷胸从虫
	iŋ	雄凶熊
通合三入	uk	烛祝足嘱陆录绿肉福
	ɔʔ	畜触育狱辱弱宿缩叔竹属熟俗赎服伏牧目复腹 六
	iaʔ	曲
	uat	菊局

三、声调的对应

中古调类	迈话声调	例字
阴平	13	迈（迈话）猜 开 修 沟 班 三 间 多 哥
阳平	55	麻 蛇 牙 排 埋 鞋 头 球 牛 谈 南

续表

中古调类	迈话声调	例字
阴上	33	打 斗 九 普 土 嘴 好 口
阳上	21	厚 旱 淡 眼 上 鸟 肚
阴去	33	变 怕 放 对 正 唱 世 帐
阳去	21	罢 夜 下 大 害 漏 受 旧
阴入	5	笔 湿 出 激 急 虱 竹 福
	3	八 发 塔 杀 约 各 恶 壳
阳入	1	拔 罚 踏 杂 佛 实 十 服 薄 读 熟
	3	热 月 绿 业 麦 纳 辣 罚 袜 木 独
	5	肉 目 六 若 获 育 墨 力 越 烈 突

第三章

词汇

第一节 迈话词汇的特点

迈话的词汇可以分为四部分：一是迈话自己特有的；二是来源于汉语共同语的；三是与赣客方言相同的；四是与粤语相同的。我们从粤方言及客家话内部比较一致的词里选出一百多个比较常用的词，与迈话对比，大概可以看出迈话各类词汇与粤语和客家话的异同比例。

一、迈话独有的方言词

这包括一部分古汉语词，其中有一些词汇是别的方言曾经使用过的，现在已经不使用了，大部分是迈话独有的。（下面的词选自《珠江三角洲方言词汇对照》一书，为粤语区各地比较一致的方言词。括号内的是迈话的特殊叫法。）

月亮（月翁）	闪电（ʔbɛʔ^{3}θɛt^{3}）	下雨（做雨）
稻草（谷秆草）	稻谷（mɛʔ^{1}）	玉米（番麦）
柚子（ku^{55}ʔbuŋ^{21}）	小母鸡（女鸡）	鸟儿（tshi^{13}tsiaʔ^{1}）
蜘蛛（老虎）	蜈蚣（牙公）	臭虫（壁虱）
台阶（踏上）	铁锅（铁铛）	男人（粗人）
小孩（细支儿）	男孩（粗儿）	伯母（a^{33}ŋɛn^{55}）
祖母（阿娜）	外祖母（阿眯）	妻子（老米）
乳房（mɛ^{13}）	屁股（θut^{5}）	女阴（ʔbai^{55}）
镯子（手箍）	饭（粥）	起床（拱身）

回家（回归）	睡觉（闭眼）	欺负（讹）
麻将（麻 ʔbɔʔ^{5}）	khau^{13}（搂住）	蹲（ŋɔn^{33}）
跨（khaʔ^{5}laʔ^{3}）	谈恋爱（走爱）	躲（mɛʔ^{5}）
找（lɔ^{21}）	生气（臭品）	煮烂（ui^{13}）
丑（蠢）	劳累（hun^{33}）	能干（ʔdiu^{13}）
吝啬（kan^{13}θɔn^{33}）	固执（古董）	桌子（斗儿）
别处（别路）	谁（乜人）	这里（ku^{55}ɬu^{21}）
那里（nu^{55}lu^{21}）	哪里（tshi^{33}lu^{21}）	tshau^{21}tshau^{21}（刚才）
不是（无是）	很好（极好）	一床被子（一番被）

二、迈话与粤语相同的词

跟语音情况一样，迈话词汇系统里的粤语成分占比较大的比例。下面是粤语区各地比较一致的常用方言词。

词义	**广州话**	**迈话**	**V: 迈 = 粤**
太阳	日头/热头	热头 ŋet^{3} thau^{55}	V
月亮	月光	月翁 ŋet^{3} uŋ^{13}	
刮风	翻风/刮风	刮风 kuat^{3} vuŋ^{13}	V
打雷	行雷	打雷 ʔda^{33} lui^{55}	
闪电	闪电/摄岭	口口 ʔbɛʔ^{33} θet^{3}	
河	河/海	河 hɔ^{55}	V
河堤	河壆	河堤 hɔ^{55} thɔi^{55}	
水坑	凼	水窿 θui^{33} luŋ^{13}	
土	泥	泥 nɔi^{55}	V
煤油	火水	水油 θui^{33} zau^{55}	

缝儿	罅 la33	裂缝 let3 vuŋ21	
历书	通书/通胜	历书	
明年	出年	明年	
去年	旧年	去年 hi33 nen55	
今天	今日	今日	V
明天	听日	明日 miaŋ55nɔt5	
昨天	琴日	tshi21nɔt5	
上午	上昼	上午	
下午	下昼	下午	
中午	晏昼	中午	
白天	日头	白日	
夜里	夜晚/夜晚黑	夜里	
傍晚	挨晚	日头	
哪一天	边一日	ma55nɔt5	
插秧	莳田	插秧	
稻草	禾秆	谷秆草	
扁担	担挑/担杆	担杆	V
稻子	禾	谷	
稻谷	谷	谷	V
玉米	粟米	番麦	
甘薯	番薯	番薯	V
马铃薯	薯仔	马铃薯	
茄子	矮瓜	茄 子	
洋白菜	椰菜	椰子菜	V
柚子	碌柚子	ku55 ʔbuŋ21	
葡萄	菩提子	葡萄	

荸荠	马蹄	—	
母鸡	鸡僆	鸡僆	V
小母鸡	鸡项	女鸡	
公鸡	鸡公/生鸡	公鸡	
阉鸡	骟鸡	阉鸡	
猴子	马骝	猴孙	
鸟	雀仔/雀	口雀 tshi13 tshiaʔ1	V
翅膀	翼	翼	V
八哥	鹩哥	鹩哥	V
野鸭	水鸭	水鸭	V
蝙蝠	飞鼠	飞鼠	V
蜘蛛	蠄蟧	老虎	
蚯蚓	黄蜎	ŋɛn21	
蜈蚣	百足	牙公	
壁虎	盐蛇	ʔban21len21tshiaʔ5	
苍蝇	乌蝇	苍蝇	
臭虫	木虱	壁虱	
跳蚤	狗虱	狗蚤	
青蛙	蛤拐/蛤僆	田鸡	
蜻蜓	塘尾	thaŋ55khi13	
蟾蜍	蠄蟝	厚皮 kua21	
房子	屋	屋	V
狗窝	狗窦	狗窝	
猪圈	猪陆	猪栏	
台阶	石级	踏上	
屋檐	瓦檐	屋檐	

毛巾	手巾	手帕/面帕	
肥皂	碱（枧）	番鬼枧	V
桌子	台	斗儿（台）	
抽屉	柜桶	ʔdau³³	
铁锅	镬	铁铛	
锅（煲）	煲	铛 tshɛŋ¹³	
瓶子	樽	瓶	
瓶塞	樽木只	瓶盖	
汤匙	匙羹	汤羹	
缝纫机	车/衣车	踏衫车	
伞	遮	伞	
东西	嘢	东西	
小孩	细佬哥	细支儿	
男孩	细路仔	粗儿	
女孩	细路女	口女儿 viŋ⁵⁵ni³³ŋi⁵⁵	
男人	男人/佬	粗人	
女人	女人/婆也母	口人 viŋ⁵⁵nɔn⁵⁵	
老头	伯爷公	老龟	
父亲	老豆/老窦/伯爷	爷 za¹³	
母亲	老母	阿姆/阿母	
伯母	伯娘	阿银 a³³ŋen⁵⁵	
脖子	颈	项骨 huaŋ²¹ kut³	
祖父	阿公/阿爷	阿爹/阿翁	
祖母	阿嫲/阿婆	阿娜 a³³na³³	
外祖父	阿公/外公	阿翁 a³³uŋ³³	
外祖母	阿婆/外婆	a⁵⁵mi⁵⁵/mi⁵⁵na³³	

儿子	仔	儿ŋi^{55}	
儿媳	心抱/新抱	新妇	V
岳父	外父	阿翁 a^{33}uŋ^{55}	
岳母	外母	a^{33}mi^{55}	
舅母	舅母/妗母	老姆	
姑妈	姑妈	姑婆	
姑姑	姑姐	阿姑	
姨妈	姨妈	阿银 a^{33}ŋen^{55}	
小姨	阿姨 a^{33}yi$^{11-55}$	阿姨 a^{33}zi^{55}	V
哥哥	大佬	大哥	
弟弟	细佬	兄弟	
丈夫	老公	老翁	
妻子	老婆	老口 lou^{33}mi^{13}	
两夫妻	两公婆	两公口 liŋ^{33}uŋ^{13}mi^{13}	
两父子	两仔爷	两爷儿 liŋ^{33} za^{13}ŋi^{55}	
脖子	颈	项骨	
脸	面	面	V
眼珠	眼核	眼睛	
眼泪	眼泪/眼水	眼泪	V
吐沫	口水	涎水	
鼻子	鼻哥	鼻儿	
舌头	脷	脷舌	V
耳朵	耳仔	耳儿	
胡子	胡须	胡须	V
肩膀	膊头	膊头	V
乳房	乳年（上乳下年）	口 mɛ^{13}	

胳膊	手臂/手瓜	手	V
胳肢窝	膈肋底	khɛ^{55}lɛ^{55}tsɛ^{13}	
大拇指	手指公	指头也母	
小拇指	手指尾	指头儿	
腿	脚	腿	
大腿	大髀	大腿	
膝盖	膝头哥	脚θui^{55}thau^{55}??	
屁股	屎窟	□θut^{5}	
男阴	鸠/tshat^{1}	tshut^{1}	V
女阴	月奚 hai^{55}	口 ʔbai^{55}	
脚跟	脚踭	脚跟	
着凉	冷亲	冒冷	
癫痫	发羊吊	发羊癫	V
看病	睇医生/睇病	看病	
上火	热气	热	V
衣服	衫	衫	V
大衣	大褛/褛	大衫	
棉袄	棉衲	棉衫	
衬衣	恤衫/（笠衫）	笠衫	
缝（衣缝）	联	针衫（tɔn^{13} θan^{13}）	
穿	着	着	V
剪子	铰剪	tsɛn^{33}	
褪色	甩色 lat^{5} sik^{5}	脱色	
脱	除/脱	脱	
晾	浪（晾）	晾 luaŋ^{21}	V
扣子	纽	衫扭	V

木鞋	木屐	屐子	V
手套	手袜	手袜	V
镯子	鈪	手箍	
菜	餸/菜	菜	V
剩饭	冷饭	剩粥	
锅巴	饭焦	饭 ʔdaŋ^{13}（饭焦糊）	
猪食	猪潲	猪食	
气味	除/味	味	V
酱油	豉油/抽油	豉油	V
红糖	黄糖	黄糖	V
鸡肫	鸡肾（鸡脲）	鸡 tshɔn^{13}lɔn^{33}	
猪血	猪红	猪血	
开水	滚水	滚水	V
烧火	拥火	做火/ʔdau^{33} hua^{33}	
杀鸡	劏鸡	劏鸡	V
喝水	饮水	吃水	
吸烟	食烟	吃烟	
噎住	哽亲/哽颈	卡喉	
吃火锅	打边炉	吃烧炉	
起床	起身	拱身 kuŋ^{13}θɔn^{13}	
漱口	口浪	luai^{13} hau^{33}	
上班	翻工	上班	
下班	放工/落班	下班	
回家	翻屋企/翻归	回归	V
玩耍	玩	玩口 ŋuan^{55} khiaʔ^{1}	
洗澡	洗身	洗身	V

做梦	发梦	做梦	
小便	屙尿	屙尿	V
大便	屙屎	屙屎	V
烤火	焙火	烤火	
歇（休息）	唞	歇	
打瞌睡	瞌眼瞓	口口 ŋɔi^{13} ŋan^{33}	
睡觉	瞓觉	闭眼	
客人	人客	客人/人客	V
欺负	虾/恰	讹	
骗	呃 ŋa:k^{5}	骗	
装傻	诈戆/扮懵	诈戆	V
吵架	嗌交 ŋa:i^{33}ka:u^{55}	吵架	
打架	打交	打架	
枪毙	打靶	打靶	V
坐牢	坐监	坐牢	
上吊	吊颈	挂颈 kɔi^{33}kiaŋ^{33}	
扫墓	拜山	上坟/拜坟	
便宜	平	平宜	V
路费	水脚	路费	
走运	行运	行运	V
欠	争	欠	
赔本	蚀本	蚀本	V
吃亏	蚀抵	吃亏	
钞票	银纸	钱/毫纸	
红包	利市/利是	利市	V
乞丐	乞儿	告化	

小偷	贼仔	贼儿	V
妓女	老举/鸡	娘/老娘	
上学	翻学	去学/上学堂	
上课	上堂	上堂	V
风筝	纸鹞	纸鹞	V
猜拳	猜枚	猜拳	
下棋	捉棋	走棋	
翻跟头	打关斗	打跟斗	
鞭炮	炮仗	炮仗	V
麻将	麻雀	ma^{55}ʔbɔʔ^{5}/打麻雀	V
打赌	输赌	打赌	
点头	岌头 ŋap^{2}thau^{1}	岌头 ŋɔt^{5}thɔʔ^{5}	V
抬头	担高头	点头??	
睁眼	擘大眼	ʔbɛŋ^{13}ŋan^{33}	
闭眼	眯埋眼	闭眼	
哭	喊	哭	
盖（扣）	冚 kham^{35}/扱 khap^{5}	khɔt^{5}（＝粤 khap^{5}）	V
捂住	揞住	盲着	
折断	拗断	拗断	V
拔草	搣	口 phaʔ^{1}	
戳	督	督 ʔduaʔ^{3}	V
搂住	揽	抱/khau^{13}	
哄	言探	谎	
喂	饩/喂	喂 ui^{33}	V
舀	毕/舀	舀 ziu^{33}	V
爬	躝	爬躝 pha^{55} lan^{55}	V

跺脚	踸	踸脚 thɔn^{21} kiaʔ^{3}	V
挺胸	演胸	ʔden^{13}hoŋ^{13}	
喊	嗌	喊	
蹲	踎 mau^{55}	口 ŋɔn^{33}	
跨	足览 lam^{33}	khaʔ^{5} laʔ^{3}	
扔	掉/掟	掟 diaŋ^{33}	V
站立	企	企	V
走	行	行/走	V
跑	走	跑/	
骂	闹	闹	V
谈恋爱	拍拖	走爱	
巴结	托大脚	捧大脚	V
掺水	抠	冲/掺杂	
选择	拣	拣	V
拾起	执	拾	
躲	匿	口 mɛʔ^{5}	
找	揾	lɔ^{21}	
认得	识得/认得	认识	
惊慌	惊/慌	惊	V
忘记	唔记得	口 muŋ^{21}	
讨厌	憎	讨厌/恨	
生气	嬲	生气/臭品	
疼	疼（痛）	疼	V
喜欢	中意	喜欢	
宽	阔	阔	V
小	细	细	V

粗糙	谐	粗	
软烂（肉）	脸	口 ui^{13}/烂	
美	靓	好看 hau^{33}ɛʔ^{5}	
丑	丑怪/丑样	蠢	
稠	杰/kit^{2}	黏/杰 nen^{55}/khet^{1}	V
胖	肥	肥	V
顽皮	百厌/跳皮	（跳皮）调皮	V
累	瘡	口 hun^{33}	
倒霉	衰	衰	V
能干	叻	口 ʔdiu^{13}	
年轻	后生	后生	V
吝啬	孤寒	吝钱 len^{55}tshen^{55}	
淫荡	姣 ha:u^{11}/发姣	姣/发姣 vaʔ^{3} hɛu^{55}	V
固执	硬颈	古董/固执	
闷热	焗/翳热	焗 kɔʔ^{5} ŋɛʔ^{3}	V
晚（迟）	迟/晏	迟	V
你们	你哋	你群（ni^{33} kun^{55}）	
他	佢	佢 ki^{55}	V
他们	佢哋	佢群	
这个	呢个	口口 ku^{55}kɔ^{21}	
谁	边个/乜人	乜人 mi^{55}nɔn^{55}	V
我们	我哋	我群 ŋɔ^{33}	
我的	我嘅	我的	
那个	嗰个/鲁个	噜个 nu^{55} kɔ^{21}	V
哪个	边个	口个 tshi^{33} kɔ^{21}	
这个	呢个	口个 ku^{55}kɔ^{21}	

这里	呢度	口路 ku^{55}lu^{21}	
那里	噜度	口路 lu^{55}lu^{21}	
哪里	边度	口路 tshi^{33} lu^{21}	
那些	口个啲	ku^{55}det^{1} ŋi^{55}	V
哪些	边啲	thi^{33}ʔdɔ^{13}	
什么	乜嘢	乜的 mi^{55}di^{33}	V
为什么	为乜 / 点解	为乜的	V
里面	入便 / 里便	里头	
外面	出便 / 外便 / 外出	外头	
旮旯	角落头	壁角	
别处	第道	别路	
刚好	啱啱	啱啱 ŋan^{55}ŋan^{55}	V
还	重	还要	
光（说）	净	光	
完（吃完）	晒	了（吃了）	
故意	特登	故意	
别	咪	莫 mɔʔ^{3}	
不必	唔使	莫必 mɔʔ^{3}baʔ^{5}	
不	唔	木是 mu^{55}θi^{21}	
全部	冚口棒浪	含巴郎 ha^{21}ʔba^{21} laŋ^{21}	V
反正	横掂	反正	
很	好	极 khɛʔ^{1}	
也	亦 / 亦都	lu^{55}	
和	同	同	V
在家	喺	在 tshei^{21}	
一块钱	一文 / 一个银钱	一个银	V

一所房	一间屋	一间房	V
多少	几多	几多	V

上列成表共有299个词，其中迈话跟广州话相同的有94个词，相同的占33.1%左右。

我们用《广西汉语方言研究》一书提供的有关粤语和平话的词汇材料来统计，得出的结果略有差别，但仍可以看出迈话与粤语地区各个地点在词汇上的差别是最大的（详见第六章“迈话的归属问题”）。

三、迈话与客家话相同的词

迈话与客家话也有不少相同的词，但比与粤语相同的少。值得注意的是，有相当一部分词是迈话同时与粤语和客家话相同的。下面分列出来，彼此异同情况可见一斑。

迈话与客家话相同的：父亲（爷）、母亲（阿姆）、便宜（平宜）、叫唤（喊）、给（分）、别（莫）。

迈话与粤语相同的：母鸡（鸡乸），翅膀（翼），野鸭（水鸭），胳膊（手），男阴（tshut^{1}），杀鸡（劏鸡），装傻（诈戆），跺脚（thɔn^{21}脚），扔，投掷（掟），跑（走），骂（闹），挑选（拣）。

迈话与客家话和粤语都相同的：土（泥），今天（今日），担杆（扁担），稻谷（谷），甘薯（番薯），大青蛙（田鸡），房子（屋），肥皂（番枧），脸（面），上衣（衫），红包（利市），客人（人客），穿（着），大小便（屙），走运（行运），覆盖、扣（扱khap5，盖），弯折、撅（拗），戳（督），掰（擘），窜（标），潜水（昧水），麂子（黄猄），交媾（吊），胡子鲇（塘虱），汉子（佬），窟窿（窿），晾晒（浪），嚼（噍），煤，煮（熠），多少（几多），失禁（濑），啃（啮），站（企），走（行），枪毙（打靶），宽（阔），小（细），稠（杰/结），胖（肥），倒霉（衰），淫荡（发姣），刚好（啱啱）。

第二节　迈话分类词汇表

（以下的ʔb、ʔd声母，一律省作b、d）

一、名词

1. 天地自然物

天	then^{13}
太阳	ŋet^{33} thau^{55}（热头）
月亮	ŋet^{33} uŋ^{13}（月翁）
星星	then^{13} θiaŋ^{13}
彗星	hui^{55} θiaŋ^{13}; θou^{33} kuan^{33} ba^{33} θiaŋ^{13}
天河	then^{13} hɔ^{55}
虹	kuaŋ^{33}
日晕	ŋet^{33} thau^{55} khen^{13}
月晕	ŋet^{33} ŋet^{1} uŋ^{13} khen^{13}
云（云彩）	vɔn^{55}
乌云	hɛʔ^{5} vɔn^{55}
雷（雷响）	lui^{55}
雷公（雷神）	lui^{55} uŋ^{13}
风	vuŋ^{13}

台风	thuai^{55} vuŋ^{13}
旋风	θen^{21} vuŋ^{13}
雪	θet^{5}
冰	bɔn^{13}
冰雹	bɔn^{13} phɛu^{33}
水	θui^{33}
雨	vau^{33}
毛毛雨	mau^{55} mau^{55} vau^{33}
阵雨	tshɔn^{21} vau^{33}
雾	mu^{31}
露水	mɔ^{21} θui^{33}
空气	huŋ^{13} hi^{33}
地（土地）	thi^{21}
山	θan^{13}
岭	liaŋ^{33}
山顶	θan^{13} dɔŋ^{33}
山谷	θan^{13} hɛʔ^{13}
山脚	liaŋ^{33} kiaʔ^{3}
山坡	θan^{13} phɔ^{13}
半山腰	buan^{33} θan^{13}
山坳口	liaŋ^{33} au^{13}
山洞（岩洞）	θan^{13} luŋ^{13}
钟乳石	tuŋ^{13} mɛ^{13} θiaʔ^{1}
窟窿（小的）	luŋ^{13}
坑（挖的）	luŋ^{13}（窿）
泥水坑（牛水坑）	θui^{33} luŋ^{13}（水窿）

海	hai^{33}
浪	luaŋ^{21}
沙滩	θa^{13} than^{13}
潮汐	tshiu^{55}
湖	hu^{55}
河	hɔ^{55}
河岸	hɔ^{55} thɔi^{55}（河堤）
池塘	thuaŋ^{55}
沟（水渠）	kau^{13}
小水沟	kau^{13}
水坝	θui^{33} a^{13}
瀑布	bu^{33} phu^{55}
旋涡	θen^{21} ua^{13}
潭	than^{55}
泡沫	phεu^{33}
井	tsiaŋ^{33}
泉水	tshuan^{55} θui^{33}
泥（烂泥）	nɔi^{55}
土（土块）	nɔi^{55}（泥）
土墙	biaʔ^{3}（壁）
土路	lu^{21}
尘土	tshɔn^{55}
田（水田）	then^{55}
田塍（田埂）	then^{55} θɔŋ^{55}
旱地	huan^{21} thi^{21}
荒地	huaŋ^{13} thi^{21}

平地	phiaŋ^{55} thi^{21}
石头	θiaʔ^{1} thau^{55}
鹅卵石	ŋɔ^{55} tsi^{33} θiaʔ^{1}
粗沙	tshu^{13} θa^{13}
细沙	ut^{3} θa^{13}（ut^{3}细）
金	kɔn^{13}
银	ŋɔn^{55}
铜	thuŋ^{55}
铁	thet^{3}
锡	θet^{3}
钢	kuaŋ^{33}
铅	zen^{55}
铝	zen^{55}（铅）
煤	mui^{3}
水银	θui^{33} ŋɔn^{55}
硫磺	lau^{55} vuaŋ^{55}
硝	θiu^{13}
白矾	phɛʔ^{1} van^{55}
锈（铁锈）	θiaŋ^{33}
火药	hua^{33} ziaʔ^{3}
火	hua^{33}
炭（火炭）	than^{33}
火灰	hua^{33} hui^{13}
火花（火星）	hua^{33} θiaŋ^{13}
烟（柴火烟）	en^{13}
锅烟子（锅底灰）	hua^{33} than^{55} mɛʔ^{5}

2. 方位、时间

东	duŋ^{13}
南	nan^{55}
西	θɔi^{13}
北	bɛʔ^{5}
上面	θiŋ^{21} men^{21}
下面	ha^{21} men^{21}
外面	ŋuai^{21} thau^{55}
里面	li^{33} thau^{55}
前面	men^{21} tshen^{55}
后面	hau^{21} dɔi^{33}
对面	dui^{33} men^{21}
右边	zau^{21} ben^{13}
左边	tɔ^{33} ben^{13}
旁边	phuaŋ^{55}
两头（两端）	liŋ^{53} ben^{13}
中间（中央）	tuŋ^{13} kan^{13}
中间（两树之间）	tuŋ^{13} kan^{13}
半路	buan^{33} lu^{21}
尖儿（针尖儿）	tsen^{13}
附近	vu^{21} khɔn^{21}
周围（四周）	tau^{13} vi^{55}
地方（有地方放）	thi^{21} vuaŋ^{13}
角落	biaʔ^{3} kɔʔ^{3}

界线	kai^{33} θen^{33}
从前	tshuŋ^{55} tshen^{55}；
以前（十天以前）	zi^{33} tshen^{55}
以后（十天以后）	hau^{21}
今后	kɔn^{13} hau^{21}
现在	ki^{55} kɔn^{13}
后来（后来好了）	hau^{21} lɔi^{55}，kɔn^{13} hau^{21}
近来（近来很热）	khɔn^{21} lɔi^{55}
过去	kua^{33} hi^{33}
代（两代人）	thai^{21}
平时	phiaŋ^{55} θi^{55}；θiŋ^{55} θi^{55}（常时）
时候（什么时候去）	θi^{55} hau^{21}（mi^{55} di^{33} θiŋ^{55} θi^{55}）
春	tshun^{13}
夏	ha^{21}
秋	tshau^{13}
冬	duŋ^{13}
年	nen^{55}
岁	θui^{33}
今年	kɔn^{13} nen^{55}
明年	men^{55} nen^{55}
去年	hi^{33} nen^{55}
前年	tshen^{55} nen^{55}
大前年	thai^{12} tshen^{55} nen^{55}
大大前年	nu^{55} nen^{55}
后年	hau^{21} nen^{55}
大后年	thai^{21} hau^{21} nen^{55}

往年	zi^{33} tshen^{55} 以前
节日	tset^{3} nɔt^{5}
元宵	zen^{55} θiu^{13}；nen^{55} ŋi^{55}（年儿）
清明	tshɔŋ^{13} mɔŋ^{55}
端午节	ŋu^{33} ŋet^{3} tset^{3} 五月节
中元节	tshɔt^{5} ŋet^{3} θɔt^{1} θi^{33}（七月十四）
中秋	tuŋ^{13} tshau^{13} tset^{3}
冬至	duŋ^{13} tsi^{33}
除夕	θan^{13} θɔt^{1} za^{21}（三十夜）
过年	kua^{33} nen^{55}
春节	kua^{33} nen^{55}
元旦	θɔn^{13} nen^{55}
月（月份）	ŋet^{3}
正月	tsiaŋ^{13} ŋet^{3}
二月	ŋi^{21} ŋet^{3}
三月	θan^{13} ŋet^{3}
四月	θi^{33} ŋet^{3}
五月	ŋu^{33} ŋet^{3}
六月	lɔʔ^{5} ŋet^{3}
七月	tshɔt^{5} ŋet^{3}
八月	baʔ^{3}
九月	kau^{33} ŋet^{3}
十月	θɔt^{1} ŋet^{3}
十一月	θɔt^{1} aʔ^{5} ŋet^{5}
十二月	θɔt^{1} ŋi^{21} ŋet^{5}
天（两天）	then^{13}；nɔt^{5}（日）

今天	kɔn^{13} nɔt^{5}
昨天	tshi^{21} nɔt^{5}
前天	tshi^{21} nɔt^{5}
大前天	tshan^{55} nɔt^{5}
大大前天	nu^{55} nɔt^{5}（那天）
明天	miaŋ^{55} nɔt^{5}
后天	hau^{21} nɔt^{5}
大后天	thai^{21} hau^{21} nɔt^{5}
大大后天	nu^{55} nɔt^{5}（那天）
白天	phɛʔ^{1} nɔt^{5}（白日）
夜里（夜里下雨）	za^{21} li^{33}
晚上（晚上几点睡）	za^{21} li^{33}（夜里）；lɔʔ^{3} za^{21}
半夜	buan^{33} za^{21}
中午	ŋet^{3} thau^{5} tuŋ^{13}（热头中）
上午	θiaŋ^{21} ŋu^{33}，ŋet^{3} thau^{55} an^{33}（热头晏）
下午	ha^{21} ŋu^{33}，ŋet^{3} thau^{55} ʔuan^{33}
早晨	then^{13} kuaŋ^{13} tou^{33}（天光早）
傍晚	ŋet^{3} thau^{55} uan^{33}（日头晚）
初一	tshɔ^{1} aʔ^{5}
十五	θɔt^{1} ŋu^{33}
三十	θan^{13} θɔt^{1}
甲	kaʔ^{5}
乙	et^{3}
丙	ben^{21}
丁	den^{33}
节气	hi^{33} tset^{3}

立春	lɔt^{5} tshun^{13}
雨水	vau^{33} θui^{33}
春分	tshun^{13} vɔn^{13}
清明	tshɔŋ^{13} mɔŋ^{55}
谷雨	kɔʔ^{3} vau^{33}
立夏	lɔt^{5} ha^{21}
小满	θɔi^{33} mɔn^{33}
芒种	muaŋ^{55} tuŋ^{33}
夏至	ha^{21} tsi^{33}
小暑	θɔi^{33} θi^{21}
大暑	thai^{21} θi^{21}
立秋	lɔt^{5} tshau^{13}
处暑	tshu^{33} θi^{55}
白露	phɛʔ^{1} lu^{21}
秋分	tshau^{13} vɔn^{13}
寒露	huan^{55} lu^{21}
霜降	θuaŋ^{13} kɛŋ^{33}
立冬	lɔt^{5} duŋ^{13}
小雪	θɔi^{33} θet^{3}
大雪	thai^{21} θet^{3}
冬至	duŋ^{13} tsi^{33}
小寒	θɔi^{33} huan^{55}
大寒	thai^{21} huan^{55}

3. 动物

牛	ŋau^{55}
黄牛	θɛŋ^{13} ŋau^{55}（生牛）
水牛	θui^{33} ŋau^{55}
公牛	ŋau^{55} kuŋ^{13}
母牛	ŋau^{55} na^{33}
马	ma^{33}
驴	lu^{55}
羊	ziŋ^{55}
猪	tsi^{13}
种猪	tsi^{13} kuŋ^{13}（猪公）
母猪	tsi^{13} na^{33}
狗	kau^{33}
猎狗	laʔ^{3} kau^{33}
疯狗	muŋ^{33} kau^{33}
猫	miau^{13}
野兽	zɛ^{21} θau^{21}
老虎	lou^{33} hu^{33}
豹子	phɛu^{33}
狮子	θi^{13}
大象	θiŋ^{21}
熊	hiŋ^{21}
猩猩	θiaŋ^{13} θiaŋ^{13}
猴子	θun^{13}
鹿	ma^{55} luk^{3}

麂子	kuaŋ^{55} kiaŋ^{13}（黄猄）
野猪	θan^{13} tsi^{13}（山猪）
豪猪	hou^{55} tsi^{13}
狼	lɛŋ^{21}
野猫	θan^{13} miau^{13}（山猫）
狐狸	tshau^{33} li^{55}（臭狸）
兔子	thu^{33} tsi^{33}
穿山甲	khɔn^{55} lɔn^{55}
松鼠	θuŋ^{13} θi^{33}
老鼠	lou^{33} θi^{33}
鸡	kɔi^{13}
公鸡	kuŋ^{13} kɔi^{13}
母鸡	kɔi^{13} na^{33}（鸡乸）
小母鸡	ni^{33} kɔi^{13}（女鸡）
阉鸡	iŋ^{13} kɔi^{13}
雉（野鸡）	θan^{13} kɔi^{13}（山鸡）
秧鸡	kuk^{3} kɔi^{13}（谷鸡）
鸭子	aʔ^{3}
野鸭	θui^{33} aʔ^{3}（水鸭）
旱鸭	van^{13} aʔ^{3}（番鸭）
鹅	ŋɔ^{55}
鸟	tshi^{13} tsiaʔ^{1}
白鹭	phɛʔ^{1} huat^{1}
鸳鸯	ɔn^{13} iaŋ^{13}
翠鸟	duat^{3} ŋui^{55} tsiaʔ^{1}（啄鱼雀）
鸽子	phɛʔ kuat^{3}（白鸽）

斑鸠	phɛʔ^{1} kau^{13}（白鸠）
老鹰	lau^{21} ua^{13}（老鹄）
鹞子	lau^{21} ua^{13}（老鹄）
猫头鹰	miau^{13} ŋi^{55} tsiaʔ^{1}
鹧鸪	tɛu^{33} ku^{13}
啄木鸟	duat^{3} muk^{3} tsiaʔ^{1}
喜鹊	hi^{21} tshiaʔ^{5}
乌鸦	lau^{21} ua^{13}
八哥	liau^{55} kɔ^{33}（鹩哥），khi^{55} liau^{13}
麻雀	ma^{55} bɔt^{5} ŋi^{55}
燕子	zen^{55} ŋi^{55}
孔雀	khuŋ^{21} tshiaʔ^{1}
蝙蝠	圆老鼠 zen^{55} lou^{33} θi^{33}
海鸥	hai^{33} au^{13}
龙	luŋ^{55}
蜥蜴	θau^{13} ka^{55} da^{33}
壁虎	bɛŋ^{21} lɛŋ^{21} tsiaʔ^{5}
蛇	θa^{55}
蟒蛇	nan^{55} θa^{55}
眼镜蛇	θuaŋ^{13} khen^{55} θa^{55}（双拿蛇）
金环蛇	bɔʔ^{33} ki^{13} hɛʔ^{1}（簸箕峡）
银环蛇	bɔʔ^{33} ki^{13} hɛʔ^{11}（簸箕峡）
青竹蛇	tsiaŋ^{13} θa^{55}
水蛇	θui^{3} θa^{55}
虫	tshuŋ^{55}
蝴蝶	vu^{55} thet^{1}

蜻蜓	thuaŋ^{55} khi^{13}
蜘蛛	lou^{33} hu^{33} muaŋ^{3}（老虎网），khɔn^{55} tsi^{33}
蟑螂	bui^{21} tshaʔ^{1}
蜈蚣	vuaŋ^{55} kuŋ^{13} tshuŋ^{55}（黄公虫）
蝎子	thiu^{33} mi^{33}（翘尾）
蟋蟀	θan^{13} liaŋ^{55}（山）
萤火虫	lai^{55} niu^{21} tshuŋ^{55}（濑尿虫）
蚂蚁	ŋet^{3} tsi^{33}
白蚁	phɛʔ^{1} ŋi^{33}
螳螂	dan^{13} zau^{55} iaŋ^{21}（担油罂）
蚱蜢	草蜢 tshou^{33} mɛŋ^{33}
蝗虫	vuaŋ^{55} tshuŋ^{55}
蜜蜂	mɔt^{5}
马蜂	diaŋ^{13}（钉）lɔ^{55}（锣）
蝼蛄	kau^{33} thu^{33}（狗吐）
椿象	θiaŋ^{13} kui^{13}（腥龟）
屎壳郎	kau^{33} θi^{33} tshuŋ^{55}（狗屎虫）
蝇虎	lou^{55} hu^{55}
苍蝇	tshuaŋ^{13} zɔŋ^{55}
牛虻	ma^{55} zɔŋ^{55}（麻蝇）
蚊子	mɔn^{55} tsi^{33}
墨蚊	mɔt^{1} ŋi^{55}
蚜虫	ŋa^{55} tshuŋ^{55}
毛毛虫	tsi^{13} ŋi^{55} ɛʔ^{1}
跳蚤	kau^{33} tou^{33}（狗蚤）
臭虫	biaʔ^{3} θaʔ^{5}（壁虱）

虱子	θɔt^{5}
头虱	θɔt^{5}
牛虱	θɔt^{5}
鸡虱	θɔt^{5}
蜗牛	θɛŋ^{13} ŋau^{55} mut^{1}（生牛）
鼻涕虫	lɔi^{55} mi^{13} nɔt^{1}
尺蠖	tsi^{13} ŋi^{55} ʔɛʔ^{1}（毛毛虫）
蚕	tshan^{55}
米象	mɔi^{33} tshuŋ^{55}；mɛʔ^{1} tshuŋ^{55}
蛔虫	hui^{55} tshuŋ^{55}
蚯蚓	ŋen^{21}
小蛙	zɛʔ^{1} ŋi^{55}
大青蛙	then^{55} kɔi^{13}（田鸡）
癞蛤蟆	thau^{55} phi^{55} kua^{21}
虾	ha^{13}
螃蟹	hai^{21}
蚌	hou^{55}（蚝）
螺蛳（田螺）	then^{55} lua^{55}
乌龟	kui^{13} biaʔ^{3}（龟壁）
鳖（甲鱼）	thuaŋ^{55} ŋui^{55}（塘鱼）
鱼	ŋui^{55}
鲤鱼	li^{33} ŋui^{55}
草鱼（鲩鱼）	tshou^{33} ŋui^{55}
金鱼	kɔn^{13} ŋui^{55}
胖头鱼（鳙鱼）	thai^{21} thɔʔ^{55} ŋui^{55}（大头鱼）
胡子鲇（塘虱）	thuaŋ^{55} θɔt^{5} ŋui^{55}

黑鱼（生鱼）	ban^{13} ŋui^{55}（斑鱼）
黄鳝	vuaŋ^{55} θen^{21}
泥鳅	ni^{55} nen^{21} ŋui^{55}
蚂蟥	ma^{33} vuaŋ^{55}
旱蚂蟥	θan^{13} khi^{55}（山蜞）
牛角	ŋau^{55} kɔʔ^{3}
牛筋	ŋau^{55} kɔn^{13}
马蹄	ma^{33} kiaʔ^{3}（马脚）
尾巴	mi^{33}
爪子	tua^{13}
猪血	tsi^{13} het^{3}
鱼子	ŋui^{55} tsi^{33}
毛	mou^{55}
翅膀	zɛʔ^{5}
鸡冠	kɔi^{13} kuan^{13}
鸡翎	kɔi^{13} mi^{33}（鸡尾）
鸡胗	kɔi^{13} tshɔn^{13} lɔn^{33}
鸡距	kɔi^{13} tua^{13}（鸡爪）
鸟嘴	kɔi^{13} tui^{33}
鱼鳞	ŋui^{55} lɔn^{55}
鱼鳔	ŋui^{55} phɛu^{33}
鱼鳃	ŋui^{55} θuai^{13}
鱼鳍	ŋui^{55} tshi^{33}
鱼刺	ŋui^{55} lɛʔ^{5}
蜘蛛网	lou^{33} hu^{33} muaŋ^{33}（老虎网）

4. 植物

树	muk^{3} kɔn^{13}（木根）
松树	θuŋ^{13} kɔn^{13}
松香	θuŋ^{13} hiŋ^{13}
酸豆树	θuan^{13} mui^{55} kɔn^{13}
木棉树	muk^{3} men^{55} kɔn^{13}
苦楝树	θan^{13} hu^{33} len^{21} tsi^{33} kɔn^{13}
寄生树	ki^{33} θɛŋ^{13} kɔn^{13}
树林	θen^{13} lɔn^{55}（森林）
树皮	muk^{3} kɔn^{13} phi^{55}
树梢	muk^{3} kɔn^{13} mi^{33}
树干	kut^{3}
树疙瘩	muk^{3} kɔn^{1} ŋan^{33}
树杈	na^{13}
树枝	na^{13}
树心	θai^{55} kɛʔ^{3}（紫格）
橡胶树	θiŋ^{21} kɛu^{13}
树脂	muk^{3} kɔn^{13} ŋiŋ^{55}
树兜（根部）	muk^{3} kɔn^{13} thɔʔ^{5}（树头）
树根	muk^{3} kɔn^{13} thɔʔ^{5}
茎（与叶相对）	kut^{3}
树芽	ŋa^{55}
芽（种子芽）	ŋa^{55}
叶子	zet^{3}

叶脉	zet^{3} mɛʔ^{3}
花	hua^{13}
花蕾	lua^{13} tsi^{33}
花瓣	hua^{13} zet^{3}（花叶）
蒂（瓜果蒂）	niaŋ^{33} kɔi^{33}
藤	thɔŋ^{55}
藤蔓	thɔŋ^{55}
果子	θui^{33} kua^{33}（水果）
核	hut^{3}
果仁	hut^{3} zen^{55}
种子	tuŋ^{33} tsi^{33}
葡萄	phu^{55} thau^{55}
芭蕉	ba^{13} tsiu^{13}
香蕉	ba^{13} tsiu^{13}
芭蕉心	ba^{13} tsiu^{13} θɔn^{13}
桃子	thou^{55}
李子	li^{33}
梨	li^{21}
逃军粮（nianzi）	θi^{55} nen^{13}
柚子	ku^{55} buŋ^{21}
橘子	kuat^{5} ŋi^{55}
石榴	θiaʔ^{1} lau^{55}
番石榴	van^{13} tsha^{55}；θiaʔ^{1} lau^{55}（石榴）
甘蔗	kan^{13} ta^{33}
向日葵	ŋet^{3} thau^{55} kua^{13}（日头花）
浮萍	phiu^{55} ŋi^{55}（漂儿）

水葫芦	θui^{33} phu^{55} len^{55}
金银花	kɔn^{13} ŋɔn^{55} hua^{13}
车前草	tsha^{13} tshen^{55} tshou^{33}
草	tshou^{33}
野草	tshou^{33}
茅草	mɛu^{55}（tshou^{33}）
艾草	ŋai^{21} ŋi^{55}
烟（种烟）	en^{13}
狗尾草	kau^{33} mi^{33} tshou^{33}
荷花	hɔ^{55} hua^{13}
牵牛花	ti^{55} ta^{21} hua^{13}
八角	baʔ^{3} kɔʔ^{3}
木耳	muk^{3} ŋi^{33}
香蕈（香菇）	hiŋ^{13} ku^{13}
菌子	mɔ^{21} ku^{33}
青苔	tshiaŋ^{13} tuai^{55}
棉花	（men^{55} hua^{13}）ʔbui^{33} men^{55}
黄麻	ma^{55}
苎麻	ma^{55}
蓖麻	zau^{55} tsi^{33}（油籽）
芦苇	θui^{33} ta^{33}（水蔗）
竹子	tɔʔ^{5} ŋi^{55}
竹膜	tɔʔ^{5} muat^{3}
竹笋	tɔʔ^{5} θɔn^{33}
竹壳	tɔʔ^{5} hɔʔ^{3}
竹节	tɔʔ^{5} tset^{3}

竹节芽	tɔʔ^{5} ŋa^{55}
刺竹	θan^{13} tɔʔ^{5}（山竹）
刺（植物上的刺）	lɛʔ^{5}（簕）
刺（木板上的）	lɛʔ^{5}（簕）
稻秧	kɔʔ^{5} iŋ^{13}
稻子（水稻）	mɛʔ^{1}
禾苗	iŋ^{13}
早稻	θɔi^{33} θɔʔ^{1}（细熟）
晚稻	thai^{21} θɔʔ^{1}（大熟）
旱稻	huan^{21} kuk^{3}
穗儿	let^{3}
谷芒	mɛʔ^{1} mou^{55}
谷粒	mɛʔ^{1}
稗子	phɔt^{1}
谷种	kuk^{3} tuŋ^{33}
稻草	kuk^{3} kuan^{33}（tshou^{33}）（谷秆草）
稻根（在田上的）	kuk^{3} kuan^{33} thɔʔ^{5}
玉米	van^{13} mɛʔ^{3}（番麦）
玉米轴	kut^{3}（骨）
天花	θi^{13}（须）；hua^{13} vɔn^{33}（花粉）；van^{13} mɛʔ^{3} hua^{13}（番麦花）
玉米秆	kut^{3}（骨）
麦子	mɛʔ^{3}
小麦	θɔi^{33} mɛʔ^{3}
高粱	kou^{13} kiaʔ^{3} mɛʔ^{3}
小米	kau^{33} mi^{33} tuk^{3}（狗尾粟）

豆子	thau^{21}
黄豆	vuaŋ^{55} thau^{21}
绿豆	luk^{3} thau^{21}
红豆（红小豆）	huŋ^{55} thau^{21}
豆芽	thau^{21} ŋa^{55}
绿豆芽	luk^{3} thau^{21} ŋa^{55}
大豆芽	vuaŋ^{55} thau^{21} ŋa^{55}
豆荚	thau^{21} ŋa^{55} hɔʔ^{3}
花生	la^{21} θɛŋ^{13}
芝麻	ma^{55} tsi^{33}（麻籽）
蔬菜	tshɔi^{33}
白菜	phɛʔ^{1} tshɔi^{33}
大白菜	thai^{21} phɛʔ^{1} tshɔi^{33}
芥菜（盖菜）	kai^{33} tshɔi^{33}
菠菜	bɔ^{13} tshɔi^{33}
番茄	van^{13} khɛ^{55}
茄子	khɛ^{55} tsi^{33}
苋菜	huan^{21} tshɔi^{33}
油菜（芸薹）	zau^{55} tshɔi^{33}
菜薹	tshɔi^{33} θɔn^{13}（菜心）
空心菜	uŋ^{33} tshɔi^{33}（蕹菜）
韭菜	kau^{33} tshɔi^{33}
芹菜	khɔn^{55} tshɔi^{33}
黄花菜	kɔn^{13} tɔn^{13}
葱	tshuŋ^{13}
蒜	θuan^{33}

香菜	zen^{55} θi^{13}
姜	kiŋ^{13}
辣椒	tsha^{55} tsi^{33}
胡椒	hu^{55} tsiu^{13}
腌酸菜	θuan^{13} tshɔi^{33}
瓜	kua^{13}
冬瓜	duŋ^{13} kua^{13}
南瓜	nan^{55} kua^{13}，kɔn^{13} kua^{13}
黄瓜	lɛʔ^{5} kua^{13}（刺瓜）
西瓜	θɔi^{13} kua^{13}
丝瓜	θi^{13} kua^{13}
水瓜（北方丝瓜）	θui^{33} kua^{13}
苦瓜	hu^{33} kua^{13}
瓜络	kua^{13} hɔʔ^{1}（壳）/kua^{13} thu^{21}（瓜肚）
瓜子	kua^{13} tsi^{33}
凉薯（地瓜）	θi^{55} liaŋ^{55}（大薯），kɔi^{13} tsi^{33} θi^{55}（鸡蛋薯）
甘薯	van^{13} θi^{55}（番薯）
芋头	vau^{21} θi^{55}
马铃薯	ma^{55} liaŋ^{55} θi^{55}
葫芦	hu^{55} lu^{55} kua^{13}，phu^{55} kua^{13}（蒲瓜）
藕	ŋau^{21} θi^{55}
萝卜	lou^{55} phɛʔ^{1}
洋白菜，椰子菜	za^{55} tsi^{33} tshɔi^{33}

5. 身体及生理

身体	θɔn^{13} thɔi^{33}
头	thɔʔ^{5}
头顶	thɔʔ^{5} ʔdɔŋ^{33}
额头	ŋεʔ^{3} kut^{3}
囟门	mεʔ^{3} mun^{55}（脉门）
后脑勺	ŋau^{55} kau^{13}（牛沟）（颈后沟），thɔʔ^{5} hau^{21} tsiaŋ^{13}（后枕）
头皮屑	thɔʔ^{5} phi^{55}
发髻	ŋan^{55} khɔt^{5}（牛鼻环）
辫子	ziŋ^{55} mεʔ^{5}（羊尾）
发旋	zen^{21}
脸	men^{21}（面）
太阳穴	hεʔ^{1} mun^{55}（穴门）
颧骨	men^{21} phi^{55} kut^{3}（面皮骨）
腮帮	θɔi^{13}
酒窝	tau^{33} tuŋ^{13}（酒盅）
耳朵	ŋi^{33} ŋi^{55}（耳儿）
耳垂	ŋi^{33} nuaŋ^{55}
耳屎	ŋi^{33} θi^{33}
眼睛	ŋan^{33}；ŋan^{33} taŋ^{13}
眼皮	ŋan^{33} phi^{55}
眼角	ŋan^{33} mi^{33}
瞳仁	ŋan^{33} tsi^{13}（珠）
眼球	ŋan^{33} taŋ^{13}（眼睛）

眉毛	ŋan^{33} mou^{55}
睫毛	ŋan^{33} mou^{55}
鼻子	phɔt^{1} ŋi^{55}
鼻梁	phɔt^{1} luŋ^{55}kut^{3}（鼻龙骨）
鼻孔	phɔt^{1} luŋ^{13}
人中	nɔn^{55} tuŋ^{13}
嘴巴	tui^{33}
嘴唇	tui^{33} θɔn^{55} phi^{55}
胡子	vu^{55} θi^{13}（胡须）
上颚	ŋa^{55} ba^{13}
牙齿	ŋa^{55}
臼齿	thai^{21} ŋa^{55}
犬齿	kau^{33} ŋa^{55}
门牙	mun^{55} ŋa^{55}
下巴	kau^{21} pha^{55}
舌头	lɛ^{33} θet^{31}
小舌	tou^{55} mɛʔ^{1} ŋi^{55}
舌苔	lɛ^{33} θet^{1} thuai^{55}
喉咙	hau^{55} luŋ^{55}
喉结	tɛu^{33} tsi^{33}
脖子	huaŋ^{21} kut^{3}（项骨）
后颈窝	ŋau^{55} kau^{13}（牛沟）
肩膀	bɔʔ^{3} than^{55}（膊头）
脊背	bai^{33} tsiaʔ^{3}（背脊）
胸脯	huŋ^{13} tshen^{55}（胸前）
腋下	khɛ^{55} lɛ^{55} tsɛ^{13}

乳房	mɛ^{13}
奶头	mɛ^{13} thɔʔ^{5}
腹部	thu^{21}（肚）
肚子	thu^{21}
肚脐	thu^{21} tshi^{55}
脐带	thu^{21} tshi^{55} ʔdai^{33}
腰	iu^{13}
胳膊	θau^{33}（手）
肘	kɔi^{13} ŋi^{55} kut^{3}
手	θau^{33}
手掌	θau^{33} ʔban^{33},（θau^{33} tsiŋ^{33}）
手背	θau^{33} men^{21}（手面）
手心	θau^{33} θɔn^{13}
手腕	θau^{33} uan^{33}
手纹	θau^{33} vɔn^{55}
手指	tsi^{13} than^{55} ŋi^{55}
拇指	tsi^{13} thau^{55} na^{33}（指头乸）
食指	tsi^{13} thau^{55}
中指	tsi^{13} thau^{55}
无名指	tsi^{13} thau^{55}
小指	tsi^{13} than^{55} ŋi^{55}（指头儿）
指甲	tsi^{13} kɛʔ^{3}
指纹	（tsi^{13} vɔn^{55}）θau^{33} hɔn^{55}（手痕）
箕（不圆形指纹）	tshuat^{1} ki^{13}
斗（圆形指纹）	lua^{55}
手指节	kut^{3} ŋan^{33}

虎口	hu^{33} han^{33}
拳头	khen^{55} thau^{55}
脚	kiaʔ^{3}
脚心	kiaʔ^{3} han^{21} θɔn^{13}
脚背	kiaʔ^{3} men^{21}
脚后跟	kiaʔ^{3} kɔn^{13}
脚踝子	kiaʔ^{3} ŋan^{33}
脚趾	kiaʔ^{3} tsi^{13} thau^{55}
膝盖	kiaʔ^{3} θɔt^{5} thau^{55}（脚膝头）
腿	thui^{33}
大腿	thai^{2} thui^{33}
小腿	kiaʔ^{3} nuaŋ^{55} thu^{21}；kiaʔ^{3} θɔi^{33} thui^{33}
腿肚子	kiaʔ^{3} nuaŋ^{55} thu^{21}；kiaʔ^{3} θɔi^{33} thui^{33}
屁股	θut^{5}
肛门	θut^{5} luŋ^{13} kau^{13}
阴囊	hɛʔ^{1} tsi^{55} mɔi^{55}
睾丸	hɛʔ^{1} tsi^{55}
男阴	tshut^{1}
女阴	bɔi^{55}
心	θɔn^{13}
肺	vɔi^{33}
肝	kuan^{13}
胆	dan^{33}
肾	θɔŋ^{33}
脾脏	bi^{21}
胃	vi^{21}

肠子	tshiŋ^{55}
大肠	thai^{2} tshiŋ^{55}
小肠	θɔi^{33} tshiŋ^{55}
盲肠	mɛŋ^{55} tshiŋ^{55}
膀胱	niu^{21} nuaŋ^{55}
筋	kɔn^{13}
腱子	ki^{13} nɔʔ^{5}
血	het^{3}
脉搏	mɛʔ^{3}
皮肤	phi^{55}
寒毛	mou^{55}
骨头	kut^{3} thau^{55}
骨髓	kut^{3} thau^{55} zau^{55}（骨头油）
骨节	kut^{3} ŋan^{33}
肋骨	lɛʔ^{5} θɛu^{13}
脊锥骨	luŋ^{55} kut^{3}（龙骨）
肩胛骨	hau^{21} tɔn^{33} kut^{3}
奶（奶水）	tsi^{55}
眼泪	ŋan^{33} lui^{21}
眼屎	ŋan^{33} θi^{33}
耳屎	ŋi^{33} θi^{33}
鼻涕	phɔt^{1} mɔi^{55}
口水	θan^{55}（涎）
痰	then^{55}
汗	huan^{21}

汗垢	ŋiŋ^{55}
屎	θi^{33}
尿	niu^{21}
屁	phi^{33}
痣	ki^{33}
雀斑	kau^{33} tou^{33} θi^{33}（狗蚤屎）
胎记	thuai^{13} ki^{33}
汗斑	phɛʔ^{1} lai^{13}
胞衣	i^{13} bɛu^{13}
尸体	θi^{13} θau^{33}（尸首）
茧子	tɔi^{13}
水泡	het^{3} phɛu^{33}（血泡）
鸡皮疙瘩	kɔi^{13} ŋi^{55} nɔʔ^{5}（小鸡肉）
皱纹	nɔt^{1} ŋɛʔ^{3}

6. 亲属

祖先	tu^{33} θen^{13}
后代	hau^{21} thai^{21}
曾祖父	thai^{33}uŋ^{55}（太公）
曾祖母	thai^{33} phɔ^{55}
祖父	a^{33} dɛ^{55}（阿爹），a^{33} uŋ^{55}（阿公）
祖母	a^{33} na^{33}（阿乸）
父亲	za^{13}（爷）；a^{33} ba^{33}（阿爸）
母亲	a^{33} mau^{33}（阿姆）
后母	hau^{21} na^{33}

夫妇	liŋ^{33} uŋ^{13} mi^{13}
丈夫	lou^{33} uŋ^{13}（老公）
妻子	lou^{33} mi^{13}
哥哥	thai^{21} kɔ^{13}
嫂子	a^{21} θou^{33}
弟弟	haŋ^{13} thɔi^{21}（兄弟）
弟媳	ŋi^{21} mau^{33}（二姆）
妯娌	θou^{33} mau^{33}（嫂姆）
兄弟	hɔŋ^{13} thɔi^{21}
姐妹	tsɛ^{33} mɔi^{55}
姐姐	（tsɛ^{55}）thai^{21} tsi^{33}，ŋi^{21} tsɛ^{33}（二姐） θan^{13} tsɛ^{33}（三姐）
姐夫	tsɛ^{33} vu^{13}
妹妹	mɔi^{55}
妹夫	mɔi^{55} vu^{13}
儿子	ŋi^{55}
儿媳妇	θɔn^{13} vau^{21}（新妇）
女儿	ni^{33} ŋi^{55}
两父子	liŋ^{33} za^{13} ŋi^{55}
女婿	nui^{55} luaŋ^{55}
子孙	tsi^{33} θun^{13}
孙子	θun^{13} tsi^{33}，θun^{13} ŋi^{55}
孙女	θun^{13} ni^{33}
曾孙	nɛʔ^{5} nui^{13}
伯父	a^{33} ba^{13}
伯母	a^{33} ŋen^{55}

叔父	θɔʔ^{5}，lou^{33} θɔʔ^{5}（小叔）
叔母	mau^{33}
侄子	tshɔt^{1} ŋi^{55}
侄女	tshɔt^{1} ni^{33}
姑母（父姐）	ku^{55} phɔ^{55}（姑婆）
姑父	ku^{55} uŋ^{55}（姑公）
姑母（父妹）	a^{33} ku^{55}
姑父	ku^{13} za^{13}（姑爷）
姨妈（母姐）	a^{33} ŋen^{55}
姨夫	ba^{13}
姨妈（母妹）	a^{33} zi^{55}
外祖父	a^{33}uŋ^{55}（阿公）
外祖母	a^{33} mi^{55}；mi^{55} na^{33}
舅父（母兄）	a^{33} dɛ^{55}
舅母（母兄妻）	lou^{33} mau^{33} ŋi^{55}（小的老姆）；a^{33} ŋen^{55}（大的）
舅父（母弟）	a^{33} dɛ^{55}
舅母（母弟妻）	lou^{33} mau^{33} ŋi^{55}（小的）
表兄	biu^{33} kɔ^{13}
表嫂	biu^{33} θou^{33}
表姐	biu^{33} tsɛ^{33}
表姐夫	biu^{33} tsɛ^{33} vu^{13}
外甥	ŋuai^{21} nan^{55}（外人）/ ŋuai^{21} θɛŋ^{13} ŋi^{55}
外甥女	ŋuai^{21} θɛŋ^{13} ni^{33}
外孙	ŋuai^{21} θun^{13}
外孙女	ŋuai^{21} θun^{13} ni^{33}

公公（夫之父）	a^{33} ba^{55} a^{33} dɛ^{55}（随孩子称），uŋ^{13}（公）
婆婆	phɔ^{55}，a^{33} mau^{33}（对称）
岳父	a^{33} uŋ^{55}（阿公），ŋuai^{21} vu^{21}（外父）
岳母	a^{33} mi^{55}；ŋuai^{21} mau^{33}（外母）
亲戚	tshen^{13} tshet^{5}
亲家	tshen^{13} ka^{13}

7. 人的称谓

人	nɔn^{55}
主人	tsi^{33} nɔn^{55}
客人	nɔn^{55} khɛʔ^{3}（人客）；khɛʔ^{3} nɔn^{55}
长辈	tsiŋ^{33} bui^{13}
晚辈	uan^{33} bui^{13}
平辈	phiaŋ^{55} bui^{13}
老大爷	lou^{33} kui^{13}（老龟，老大爷）
老太太	lou^{33} kui^{13} thɔʔ^{5}（老龟头）
老人	lou^{33} nɔn^{55}
大人	thai^{21} nɔn^{55}
男人	tshu^{13} nɔn^{55}（粗人）
女人	viŋ^{55} nɔn^{55}
青年（男子）	tshu^{13} ŋi^{55}（粗儿）
青年（女子）	viŋ^{55} ni^{33} ŋi^{55}（女儿）
新郎	bui^{55} luaŋ^{55}
新娘	θɔn^{13} bou^{21}（新妇）
情人	tshɔŋ^{55} nɔn^{55}

媒人	mai^{55} nɔn^{55}
单身汉	dan^{13} θɔn^{13} huan^{33}
婴儿	θɔi^{33} tsi^{13} ŋi^{55}
儿童	θɔi^{33} tsi^{13} ŋi^{55}（细支儿）
养子	ziŋ^{33} ŋi^{55}
双生子	θuaŋ^{13} bɛu^{13} thuai^{13}
私生子	tshi^{21} θɛŋ^{13} ŋi^{35}（自生儿）
鳏夫	kua^{33} kuŋ^{13}
寡妇	kua^{33} mau^{33}
孤儿	ku^{13} ŋi^{55}
邻居	lɔn^{55} θa^{33}（邻舍）
医生	i^{13} θɛŋ^{13}
老师	θen^{13} θɛŋ^{13}
先生（x先生）	θen^{13} θɛŋ^{13}
校长	kɛu^{33} tsiŋ^{33}
学生	hɔʔ^{1} θɛŋ^{13}
师父	θi^{13} za^{13}
徒弟	thu^{55} thɔi^{21}
恩人	ɔn^{13} nɔn^{55}
仇人	tshau^{55} nɔn^{55}
熟人	θɔʔ^{1} nɔn^{55}
朋友	phuŋ^{55} zau^{33}
敌人	thɛʔ^{1} nɔn^{55}
长工	tshiŋ^{55} kuŋ^{13}
工人	kuŋ^{13} nɔn^{55}
打工仔	da^{33} kuŋ^{13} ŋi^{55}

短工	duan^{33} kuŋ^{13}
雇工	ku^{33} kuŋ^{13}; hu^{33};ɛʔ^{55}
贫农	phɔn^{55} nuŋ^{55}
奴隶	nu^{55} li^{21}
地主	thi^{21} tsi^{33}
木匠	muk^{3} kuŋ^{13}
银匠	ŋɔn^{55} kuŋ^{13}
铁匠	thet^{3} kuŋ^{13}
补锅匠	bu^{33} tshɛŋ^{13}
商人	θiŋ^{13} nɔn^{55}
厨师	tshi^{55} θi^{13}
牧童	muk^{3} thuŋ^{55}
乞丐	kau^{55} hua^{55}（告化）
跛子	phɛ^{13} kiaʔ^{3}
哑巴	a^{33} lau^{33}
瞎子	tshɛŋ^{13} mɛŋ^{55}（青盲）
理发师	thɔi^{33} thau^{55} nɔn^{55}（剃头人）
妓女	niaŋ^{33}/lou^{33} niaŋ^{33}
驼子	khuŋ^{55} luŋ^{55}（khɔ^{55} luŋ^{55}）
聋子	tshiaŋ^{13} luŋ^{55}
傻子	ŋuaŋ^{55} ŋi^{55}（憨儿）
麻子	ma^{55} men^{21}
疯子	muŋ^{33}
好人	hau^{33} nɔn^{55}
坏人	huai^{21} nɔn^{55}
犯人	van^{21} nɔn^{55}

鬼师（巫师）	θa^{33} bɛ^{33} uŋ^{13}（三伯公）
巫婆	θa^{33} bɛ^{33} phɔ^{55}
道公（道士）	thou^{21} uŋ^{13}
接生婆	tset^{3} θɛŋ^{13} phɔ^{55}
土匪	thu^{33} vɔi^{13}；tshɛʔ^{1} ŋi^{55}（小偷，贼儿）
强盗	khiŋ^{55} thou^{21}
贼	tshɛʔ^{1}
骗子	phen^{33} tsi^{33}
富翁	vu^{33} uŋ^{13}
穷人	khuŋ^{55} nɔn^{55}
皇帝	vuaŋ^{55} dɔi^{33}
官	kuan^{13}
兵	biaŋ^{13}
县长	hen^{21} tsiŋ^{33}
书记	θi^{33} ki^{55}
队长	dui^{33} tsiŋ^{33}
会计	hui^{21} kɔi^{33}
司机	tsha^{13} ki^{13}（车机）
干部	kan^{55} phu^{21}
党员	duaŋ^{33} zen^{55}
团员	thuan^{55} zen^{55}
群众	khun^{55} tuŋ^{33}
老百姓	lou^{33} bɛʔ^{3} θiaŋ^{33}
人民	nɔn^{55} mɔn^{55}
代表	dai^{33} biu^{33}
政府	tɔŋ^{33} vu^{33}

机关	ki^{13} kuan^{13}
单位	dan^{13} vi^{21}
模范	mu^{55} van^{21}
英雄	ɔŋ^{13} hiŋ^{55}

8. 居住、建筑、交通

家	ka^{13}
房子，屋	uk^{3}
房间	vuaŋ^{55}
学校	hɔʔ^{1} kɛu^{33}
礼堂	lɔi^{33} thuaŋ^{55}
教室	kɛu^{33} uk^{3}
商店	θiŋ^{13} then^{21}
饭馆	van^{21} kuan^{33}
茶楼	tsha^{55} lau^{55}
药材铺	ziaʔ^{3} tsua^{55} phu^{33}
大排档	thai^{21} phai^{55} duaŋ^{13}
小摊	than^{13} ŋi^{55}
集市	tɛʔ^{55} kai^{13}
厨房	kua^{33} lu^{55}
灶	tou^{33}
烟囱	en^{13} thuŋ^{13}
茅屋	mɛu^{55} uk^{3}
棚子	phuŋ^{55}
厕所	θi^{33} khuaŋ^{33}（屎坑）

仓库	tshuaŋ^{13} hu^{33}
晒谷场	θai^{33} mɛʔ^{1} tshiŋ^{55}
菜园	tshɔi^{33} ven^{21}
篱笆	li^{55} ba^{13}
牛圈	ŋau^{55} lan^{55}
羊圈	ziŋ^{55} lan^{55}
猪圈	tsi^{13} lan^{55}（猪栏）
鸡窝	kɔi^{13} ua^{13}
鸡罩	kɔi^{13} tɛu^{33}
鸟窝	tsi^{21} tsiaʔ^{1} luŋ^{55}（雀笼）
狗窝	kau^{33} luŋ^{13}（狗窿）
蜂房	mɔt^{1} luŋ^{55}（蜜笼）
猪笼	tsi^{13} luŋ^{55}
鸟笼	tsi^{21} tsia^{21} luŋ^{55}
屋顶	uk^{3} dɔŋ^{33}
屋檐	uk^{3} zɔn^{55}
梁	liŋ^{55}
柱子	tshau^{21} ŋi^{55}
檩条	hɛŋ^{55}（桁）
椽子	kɔʔ^{3} tsi^{33}
栅栏	lan^{55}，vi^{55} lan^{55}（围栏）
楼梯	thaʔ^{1} θiŋ^{21}（踏上）
台阶	thaʔ^{1} θiŋ^{21}（踏上）
门	mun^{55}
门口	mun^{55} hau^{33}
门闩	mun^{55} θuan^{13}

门槛	mun^{55} khuan^{21}
门缝	mun^{55} vuŋ^{21}
后门	hau^{21} mun^{55}
窗户	tshuaŋ^{13}
石灰	θiaʔ^{1} hui^{13}
瓦	ŋua^{33}
砖	tsen^{13}
屋角	uk^{3} kɔʔ^{3}
墙壁	biaʔ^{3}
路	lu^{21}
土路	nɔi^{55} lu^{21}（泥路）
铁路	thet^{3} lu^{21}
公路	kuŋ^{13} lu^{21}
马路	ma^{33} lu^{21}
岔路	vɔn^{13} tsha^{13} lu^{21}（分岔路）
车子	tsha^{13}
火车	hua^{33} tsha^{13}
汽车	hi^{33} tsha^{13}
自行车	kiaʔ^{3} tsha^{13}（脚阵）
牛车	ŋau^{55} tsha^{13}
独轮车	thuk^{1} lun^{55} tsha^{13}
木板车	θai^{55} tsha^{13}（柴车）
三轮车	θan^{13} lun^{55} tsha^{13}
车轮	tsha^{13} lun^{55}
车轴	tsha^{13} tsiu^{55}
车闸	tsha^{13} aʔ^{3}

轿子	khiu^{21}
桥	khiu^{55}
船	θen^{55}
筏子	phai^{55}（竹排）
船篷	θen^{55} phuŋ^{55}
船桨	thɔʔ^{3}
橹	thɔʔ^{3}
船舵	θen^{55} thɔ^{55}
帆	phuŋ^{55}（篷）
船桅	θen^{55} kuan^{13}（船杆）
飞机	vi^{13} ki^{13}

9. 衣着和装饰

衣服	θan^{13}（衫）
上衣	θan^{13}
单衣	dan^{13} θan^{13}
夹衣	kɛʔ^{1} θan^{13}
棉袄	men^{55} θan^{13}（棉衫）
毛衣	mou^{55} θan^{13}
背心	daʔ^{3} ŋi^{55}
绒衣	zuŋ^{55} θan^{13}
棉毛衫	men^{55} θan^{13}
大衣	thai^{21} θan^{13}（大衫）
衣领	θan^{13} liaŋ^{33}
袖子	θan^{13} θau^{21}

扣子	θan^{13} nau^{33}（衫钮）
口袋	thɔi^{21}
衣缝儿	θan^{13} vuŋ^{21}
汗衫	li^{33} θan^{13}（里衫）
尿布	niu^{21} bu^{33}
裤子	hu^{33}
短裤	hu^{33} khut^{1} ； tshɛu^{13} hu^{33}
内裤	hu^{33} khut^{1}
裤腰（裤头）	hu^{33} iu^{13}
裤裆	hu^{33} duaŋ^{13}
裤脚	hu^{33} kiaʔ^{3}
开裆裤	hai^{13} duaŋ^{13} hu^{33}
裙子	khun^{55}
围裙	thu^{21} dau^{55}（肚兜）
腰带（裤带）	hu^{33} dai^{33}; hu^{33} thau^{55} θɔŋ^{55}（裤头绳）
补丁	bu^{33} luŋ^{13}（补窿）
鞋	hai^{55}
凉鞋	liŋ^{55} hai^{55}
皮鞋	phi^{55} hai^{55}
木板鞋	khiaʔ^{1} tsi^{33}（屐子）
拖鞋	thɔ^{13} hai^{33}
鞋底	hai^{55} dɔi^{33}
鞋后跟	hai^{55} tsɛŋ^{13}（鞋踭）
袜子	vaʔ^{3}
手套	θau^{33} vaʔ^{3}（手袜）
布	bu^{33}

花布	hua^{13} bu^{33}
斜纹布	hua^{13} vɔn^{55} bu^{33}
的确良	di^{33} khɔʔ^{3} liŋ^{55}
绸子	tshau^{55}
呢子	nɔi^{55} bu^{33}
花边	hua^{13} ben^{13}
珠子	tsi^{13}
被子	phi^{21}
棉被	men^{55} phi^{21}
被面	phi^{21} men^{21}
棉胎	men^{55} thuai^{13}
毯子	than^{55}；phi^{21} than^{55}
毛巾	θau^{33} pha^{33}（手帕）；men^{21} pha^{33}（面帕）
床单	θuaŋ^{55} dan^{13}
席子	tshiaʔ^{1}
枕头	then^{21} thɔʔ^{5} muk^{3}（枕头木）
蚊帐	mɔn^{55} tsi^{33} tsiŋ^{33}
帽子	mou^{21} ŋi^{55}
斗笠	tɔʔ^{5} mou^{21}
包袱	bɛu^{13} vɔʔ^{1}
背带（背婴儿用）	mɛʔ^{1} dai^{33}
首饰	tuaŋ^{13} θɛʔ^{5} phɔn^{33}（装饰品）
戒指	kai^{33} tsi^{33}
发簪	mou^{55} tshen^{13}（毛穿）
手镯	θau^{33} biu^{13}（手箍）
手表	θau^{33} biu^{13}

项圈	len^{21}（链）
耳环	ŋi^{33} khen^{55}（耳钳）

10. 生活用具、武器

碗	uan^{33}
筷子	tshi^{21}
饭勺	thuaŋ^{13} kɛŋ^{13}（汤羹）
铁锅	thet^{3} tshɛŋ^{13}（铁铛）
铝锅	tshɛŋ^{13}（铛）
沙锅	ku^{55} mu^{33}
锅铲	tshɛŋ^{13} tshan^{33}
吹火筒	hua^{33} duŋ^{55}（火筒）
柴	θai^{55}
盖子	kai^{33}; kiŋ^{33} kai^{33}
壶	hu^{55};θui^{33} hu^{55}
茶壶	tsha^{55} hu^{55}
杯子	tuŋ^{13}
塞子	kai^{33}（盖）
碟子	thet^{1}
盘子	tan^{55}
盆	phun^{55}
瓶子	phiaŋ^{55}
汤匙	thuaŋ^{13} kɛŋ^{13}
水瓢	θui^{33} phiu^{55}
坛子	uŋ^{33}（瓮）； iaŋ^{13}（罂）

缸	kuaŋ^{13}
脸盆	men^{21} phun^{55}
桶	thuŋ^{33}
箍	thuŋ^{33} khu^{13}
底	dɔi^{33}
大簸箕	bɔ^{33} ki^{13}
筛子	mɔt^{5} θɔi^{13}，θɔ^{13} θɔi^{13}（密筛，疏筛）
筲箕	θɛu^{13} ki^{13}
箩斗	lɔ^{55} dau^{33}
晒席	tɔʔ^{5} tshiaʔ^{1}
木槽	muk^{3} tshou^{55}
切菜刀	dou^{13}
尖刀	tsen^{13} dou^{13}
剃刀	thɔi^{33} thɔʔ^{5} dou^{13}
刀刃	dou^{13} nɔʔ^{5}（刀肉）
刀尖	dou^{13} mi^{33}（尾）
刀背	dou^{13} kut^{3}（刀骨）
刀把	dao^{13} biaŋ^{33}（柄）
砧板	tɔn^{13} ban^{33}（tɔm^{13} ban^{33}）
桌子	phuan^{55}（方桌）
凳子	θuaŋ^{55}
长凳	tshiŋ^{55} θuaŋ^{55}
椅子	i^{33}
梯子	thaʔ^{1} θiŋ^{21}（踏上）
床	θuaŋ^{55}
柜子	khui^{21}

抽屉	dau^{33}； dau^{33} ŋi^{55}
箱子	θiŋ^{13}
盒子	huat^{1}
箩筐	kuaŋ^{55};luŋ^{33}
提篮	khiaŋ^{33} ŋi^{55}
竹筒	tɔʔ^{5} thuŋ^{55}
扫把	θou^{33} kuan^{33} ba^{33}
竹扫帚	θou^{33} kuan^{33} ba^{33}
袋子	thɔi^{21}
麻袋	ma^{55} thɔi^{21}
镜子	kɔŋ^{33} ŋi^{55}
眼镜	ŋan^{33} kɔŋ^{33}
玻璃	kɔŋ^{33}
毛巾	men^{21} pha^{33}（面帕）
梳子	θɔ^{13}
箅子	phi^{21} θɔ^{13}
扇子	θen^{33}
雨伞	θan^{33}
刷子	tshɔ^{33}
肥皂	van^{13} kui^{33} ken^{33}（番鬼枧）
针	tɔn^{13}
线	θen^{33}
线轴	tsha^{13} khu^{55} lu^{55}（车轱辘）
麻线	ma^{55} θen^{33}
带子	bu^{33} θɔŋ^{55}（布绳）
剪子	tsen^{33}

绳子	θɔŋ^{55}
麻绳	ma^{55} θɔŋ^{55}
疙瘩	khɛʔ^{5}
死结	θi^{33} khɛʔ^{5}
活结	θuŋ^{13} khɛʔ^{5}
烟斗	en^{13} thuŋ^{55} but^{1}（短的）
水烟斗	en^{13} thuŋ^{55}；θui^{33} en^{13} thuŋ^{55}
火柴	hua^{33} tshaʔ^{3}
灯	dɔŋ^{13}
电灯	then^{21} dɔŋ^{13}
灯笼	dɔŋ^{13} luŋ^{55}
蜡烛（拜神用）	tuk^{3}
蜡烛	laʔ^{3} tuk^{3}
棍子	kun^{33}
拐杖	kɔi^{33} kun^{33}
竹竿	tɔʔ^{5} kou^{13}（竹篙）
秤	tshɔŋ^{33}
秤星	tshɔŋ^{33} θiaŋ^{13}
秤盘	tshɔŋ^{33} phuan^{55}
秤钩	tshɔŋ^{33} kau^{13}
秤砣	tshɔŋ^{33} thua^{55}
秤索	tshɔŋ^{33} khu^{13}（箍），tshɔŋ^{33} θɔŋ^{55}（绳）
戥子	tshɔŋ^{33} ŋi^{55}
锁	θua^{33}
钥匙	θua^{33} θi^{55}（锁起）
漏斗	tau^{33} lau^{21}

耳子	ŋi^{33}
把儿	biaŋ^{33}（柄）
瓷器	thau^{55}hi^{33}（陶器），tshi^{55} tsen^{13}（瓷器）
马鞍	ma^{33} nan^{13}
缰绳	θɔŋ^{55}（绳）
鞭子	ben^{13}
牛嘴笼	tui^{33} lɔt^{5}（嘴笠）
牛鼻环	ŋan^{55} khɔt^{1}（＝女人的发髻）
牛轭	lɔi^{55} thɔŋ^{55} iaʔ^{3}
弓	kuŋ^{13}
弓弦	kuŋ^{13} tsen^{33} θen^{33}
箭	tsen^{33}
矛（红缨枪）	mou^{55}
炮	phɛu^{33}
枪	tshuŋ^{33}
子弹	tsi^{33} than^{55}
鸟枪	kɔt^{5} tshuŋ^{33}
铁砂	kuaŋ^{33} θa^{13}
火帽（底火）	kɔt^{5}

11. 生产工具

犁	lɔi^{55}
犁镜	lɔi^{55} biaʔ^{3}
犁铧	lɔi^{55} thɔʔ^{5}
铁锹	tshian^{13}

铁耙（钉耙）	pha^{55}
拖拉机	thɔ^{55} la^{55} ki^{13}
锄头	kuat^{3} thau^{55}
齿锄	pha^{55} ŋi^{55}
水车（脚踏的）	θui^{33} tsha^{13}
水车（水力的）	θui^{33} tsha^{13}
打谷桶	da^{33} mɛʔ^{1} thuŋ^{33}
扁担	dan^{33} kuan^{33}（担杆）
杠子	kun^{33}
粪箕	tshuat^{3} ki^{13}
撮箕	tshuat^{3} ki^{13}
铡刀	tshet^{5} dou^{13}
菜刀	tshai^{33} dou^{13}
柴刀	θan^{13} dou^{13}
镰刀	len^{55} dou^{13}
木叉子	tsha^{13}
磨（工具）	mɔ^{21}
牛脖铃	ŋau^{55} khuk^{3} luk^{3}
戽斗	hu^{33} dau^{33}
碓（舂米用）	tou^{55} mɛʔ^{1}
臼	tshɛŋ^{13} khau^{21}
木杵	tou^{55} mɛʔ^{1}
纺车	tsha^{13} khu^{55} lu^{55}
织布机	tɛʔ^{5} bu^{33} ki^{13}
梭子	tɛʔ^{5} bu^{33} ki^{13} tshen^{13}（纤）
缝纫机	thaʔ^{1} θan^{13}t tsha^{13}（踏衫车）

鱼叉	ŋui^{55} tsha^{33}
钓鱼丝	thiu^{21} ŋui^{55} θɔŋ^{55}
钓钩	kau^{13} ŋi^{55}
鱼篓	khaʔ^{5} lau^{13}
渔网	phɛu^{13} muaŋ^{33}（抛网）
拉网	zet^{3} muaŋ^{33}
罾	tɔŋ^{13} muaŋ^{33}
鱼笼（捕鱼用）	tuaŋ^{13} ŋui^{55} luŋ^{55}（装鱼笼）
雀套	khiaʔ^{3}
斧头	vu^{33}；bun^{13}（锛）
锯子	ki^{33}
刨子	phɛu^{55}
凿子	tshɔʔ^{1}
锥子	tui^{13}
锉刀	tshɔ^{33}
木马	θai^{55} ma^{33}
磨刀石	mɔ^{55} dou^{13} θiaʔ^{1}
锤子	tshui^{5}
铁砧	thet^{3} tɔn^{13} ban^{33}
钳子	khen^{55}
钩子	kau^{13}
风箱	vuŋ^{13} θiaŋ^{13}
铁丝	then^{21} θen^{33}（电线）
钉子	diaŋ^{13} ŋi^{55}
螺丝钉	lua^{55} θi^{13} diaŋ^{13}
铁链	thet^{3} len^{21}

木头	θai^{55} thɔʔ^{5}
板子	ban^{33}
篾条	met^{3}
木屑	θai^{55} phi^{33}（柴）
刨花	θai^{55} phi^{33}
锯末	θai^{55} vɔn^{33}（柴粉）
榫子	θɔn^{33} hau^{33}（笋口）
楔子	tshen^{13}
机器	ki^{21} hi^{33}

12. 经济、文化、娱乐

集市	tɛʔ^{5} kai^{13}（集街）
街	kai^{13}
市场	kai^{13} tsiŋ^{55}，ma^{55} tshɔt^{5} kai^{13}
钱	tshen^{55}
银圆	kuaŋ^{13} ŋɔn^{55}
铜板（铜圆）	lui^{55} ŋi^{55}
铜钱	thuŋ^{55} tsen^{55}
钞票	tshen^{55}; hou^{55} tsi^{33}（毫子）
工钱	kuŋ^{13} tshen^{55}
工资	kuŋ^{13} θi^{13}
生意	θɛŋ^{13} i^{33}
路费	lu^{21} vɔi^{33}
价钱	ka^{33} tshen^{55}，ka^{55} kɛʔ^{3}（价格）
银行	ŋɔn^{55} huaŋ^{55}

利息	li^{21} θɛʔ^{5}
税	θui^{33}
钱包	tshen^{55} thɔi^{31}（钱袋），tshen^{55} bɛu^{13}
债	tai^{33}
笔	bɔt^{3}
钢笔	kuaŋ^{33} bɔt^{5}
圆珠笔	zen^{55} tsi^{33} bɔt^{5}
铅笔	zen^{55} bɔt^{1}
纸	tsi^{33}
墨水	mɛʔ^{5} θui^{33}
砚台	ŋen^{21} hua^{33}
糨糊	tsiŋ^{13} hu^{55}
字	tshi^{21}
书	θi^{13}
图画	thu^{55} vɛʔ^{1}
对联	dui^{33} len^{55}
历书（通书）	thuŋ^{13} θi^{13}
信	θɔn^{33}
图章	tsiŋ^{13}，thu^{55} tsiŋ^{13}
电话	then^{21} va^{21}
算盘	θuan^{33} phuan^{55}
尺子	tshiaʔ^{3}
旗子	khi^{55} ŋi^{55}
球	khau^{55}
篮球	lan^{55} khau^{55}
排球	phai^{55} khau^{55}

乒乓球	ben^{55} buŋ^{55} khau^{55}
台球	kiu^{55},（da^{33} khau^{55}）
气球	hi^{33} khau^{55}
橡皮箍（皮筋）	tshiu^{33} ni^{21} khu^{13} / tshaʔ^{3} ŋi^{55}（擦儿）
谜语	ku^{33}（估），tshai^{13} ku^{33}（猜谜语）
歌	kɔ^{13}（mai^{13} kɔ^{13}）
山歌	θan^{13} kɔ^{13}
电影	then^{21} iaŋ^{33}
故事	ku^{33} θi^{21}
戏	hi^{33}
扑克牌	phai^{55}（da^{33} phai^{55}）
秋千	da^{21} da^{55} zau^{13}（上下摇秋千）
风筝	tsi^{33} ziu^{21}（纸鹞）
钟（时钟）	tuŋ^{13}
钟（敲钟）	tuŋ^{13}
铃	lɛŋ^{55}
唢呐	thiaʔ^{1}
喇叭	hɔ^{21}（号）
锣	lɔ^{55}
钹	tshɛu^{33}
鼓	ku^{33}
铜鼓	thuŋ^{55} ku^{33}
二胡	ŋi^{21} hu^{55}；hen^{55}（弦）
笛子	θiu^{13} ŋi^{55}（箫）
哨子	pi^{55}（ŋi^{55}）
麻将	ma^{55} ʔbɔt^{5}

13. 行政区划、民族

世界	θɔi^{33} kai^{33}
中国	tuŋ^{13} kuat^{3}
外国	ŋuai^{21} kuat^{3}
省	θɔŋ^{33}
自治区	tshi^{33} tsi^{33} khi^{13}
县	hen^{21}
乡	hiŋ^{13}
村	tshun^{13}
城（城市）	θiaŋ^{55}
北京	bɛʔ^{5} kɔŋ^{13}
海南	hai^{33} nan^{55}
汉族	huan^{33} tshɔʔ^{1}
黎族	lɔi^{55} tshɔʔ^{1}
回族	hui^{55} tshɔʔ^{1}
苗族	miau^{21} tshɔʔ^{1}
壮族	tuaŋ^{13} tshɔʔ^{1}

14. 宗教、风俗

神	θɔn^{55}
仙人	θen^{13} nɔn^{55}
佛	vɔt^{1}
土地神	thu^{33} thi^{21} θɔn^{55}
鬼	kui^{33}

妖怪	iu^{13} kuai^{33}
魂魄	len^{55} hun^{55}（灵魂）
庙	miu^{21}
清真寺	tshɔŋ^{13} tɔn^{13} tshi^{55}
碑	bui^{13}
塔	thaʔ^{3}
坟墓	vɔn^{55}
经（念经）	kɔŋ^{13}
符	vu^{55}
棺材	kuan^{13} muk^{3}（棺木）
纸钱	tsi^{33} tshen^{55}
香	hiŋ^{13}
爆竹（鞭炮）	炮仗 phɛu^{33} tsiaŋ^{33}
风俗	vuŋ^{13} θɔʔ^{1}
生日	θɛŋ^{13} nɔt^{5}
八字	baʔ^{3} tshi^{21}

15. 疾病、医药

病	phiaŋ^{21}
疟疾	niaʔ^{3} tshɔt^{1}
痨病	vɔi^{33} lou^{55}（肺痨）
痢疾	ŋɔn^{55} thu^{21}（蹲肚）
胃病	vi^{21} phiaŋ^{21}
瘟疫	un^{13}
天花	then^{13} hua^{13}

麻疹	ma^{55} tɔn^{21}
水痘	θui^{33} thau^{21}
黄疸病	vuŋ^{55} dan^{33} phiaŋ^{21}
水肿病	θui^{33} tuŋ^{33}
流产	lɔʔ^{3} ŋi^{55}，phai^{21} θɔn^{21}（败身）
痧症	θa^{55} ban^{13}
麻风	ma^{55} vuŋ^{13}
酒疯	vaʔ^{3} tau^{33} vuŋ^{13}（发酒疯）
寒战	da^{33} lɛŋ^{33} tɔn^{33}（打冷颤）
夜盲	ŋɔi^{13} ŋɔn^{33} kɔi^{13}（ŋɔi^{13} 打磕睡）
抽筋	tshau^{33} kɔn^{13}
伤口	θiŋ^{13} hau^{33}
疤瘌	tshuaŋ^{13} hɔn^{55}；θiŋ^{13} hɔn^{55}（伤疤）
疥疮	kai^{33} lou^{33}
脓	nuŋ^{55}
癣	lai^{21} θen^{33}（lai^{21} 扩散）
痱子	vi^{13} tsi^{33}
甲状腺肿	muat^{1}
针眼	kau^{33} na^{33} bɔi^{55}（母狗尻）
瘤子	lau^{55}
瘊子	muat^{1} ŋi^{55}
鸡眼	kɔi^{13} ŋan^{33}
疙瘩	thut^{1} ŋi^{55}
龅牙	vɔi^{13} den^{33}
淤血	kɔʔ^{5} het^{3}（掬血，憋血）
非典	vɔi^{13} den^{33}

药	ziaʔ^{3}
药方	ziaʔ^{3} vuaŋ^{13}
药膏	kou^{13} ziaʔ^{13}
麝香	θɛ^{21} hiŋ^{13}

16. 食品、饲料

食物	hiaʔ^{3} vɔt^{5}
粮食	liŋ^{55} hia^{3}
米	mɔi^{33}
糙米	tshou^{33} mɔi^{33}
糯米	nua^{21} mɔi^{33}
粳米（非糯米）	kɛŋ^{13} mɔi^{33}
米粉	mɔi^{33} vɔn^{33}
米汤	mɔi^{33} ɔn^{33}
饭（米饭）	van^{21}（tɔʔ^{5}，煮饭 tsi^{33} tɔʔ^{5}）
锅巴	van^{21} ʔdɔŋ^{13}（饭焦糊）
早饭	tou^{33} tɔʔ^{5}
午饭	tɔʔ^{5}（饭）
晚饭	za^{21} li^{33} tɔʔ^{5}
夜宵	za^{21} tuŋ^{13}（吃夜宵）
粥	tɔʔ^{5}
面粉	men^{21} vɔn^{33}
面条	men^{21} thiu^{55}
包子	bɛu^{13} tsi^{33}
剩饭	tshun^{55} tɔʔ^{5}
馒头	man^{55} thau^{21}；men^{21} bɛu^{13}（面包）

糍粑（糯米做的）	buaʔ^{1}；kou^{13}（nɔ^{21} mɔi^{33} kou^{13}）
饼	biaŋ^{33}
饼干	biaŋ^{33} kɔn^{13}
粽子	kɔi^{33} tuŋ^{33}
汤圆	buaʔ^{1} thɔ^{33} ŋi^{55}
米花糖	muŋ^{55} thuaŋ^{55}
糖果	thuaŋ^{55} ŋi^{55}
油条	zau^{55} thiu^{55}
煎堆	zau^{55} biaŋ^{33}（油饼）
饺子	kɛu^{13} tsi^{33}
菜（饭菜）	tshɔi^{33} θuŋ^{33}（餸）
酸菜	θuan^{13} tshɔi^{33}
汤	thuaŋ^{13}
汤汁	tɔt^{5}（汁）
肉	nɔʔ^{5}
牛肉	ŋau^{55} nɔʔ^{5}
牛腩	ŋau^{55} nɛŋ^{33}
牛筋	ŋau^{55} kɔn^{13}
猪肉	tsi^{13} nɔʔ^{5}
五花肉	ŋu^{33} hua^{13} nɔʔ^{5}
猪蹄	tsi^{13} kiaʔ^{3}（猪脚）
腊肉	laʔ^{3} nɔʔ^{5}
肥肉	vi^{55} nɔʔ^{5}
瘦肉	θau^{33} nɔʔ^{5}
板油	ban^{33} zau^{55}
猪油	tsi^{13} zau^{55}

油渣	zau^{55} tsɛ^{13}
酱（豆瓣酱）	tsiŋ^{33}
冰棍	ban^{13} thiu^{55}（冰条）
酱油	θi^{13} zau^{55}（豉油）
生抽	θɛŋ^{13} tshau^{13}
醋	tshu^{33}
酒	tau^{33}
甜酒	then^{55} tau^{33}
酒药	ziaʔ^{3} tau^{33}
糖	thuaŋ^{55}
白糖	phɛʔ^{1} thuaŋ^{55}
红塘	vuaŋ^{55} thuaŋ^{55}（黄糖）
冰糖	bɔn^{13} thuaŋ^{55}
蜂蜜	mɔt^{5} thuaŋ^{55}
豆腐	thau^{21} vu^{21}
豆豉	thau^{21} θi^{21}
豆浆	thau^{21} tsiŋ^{33}
腐竹	vu^{21} tuk^{3}
蛋	tsi^{33}
蛋黄	kɔi^{13} tsi^{33} vuaŋ^{55}
蛋白	kɔi^{13} tsi^{33} phɛʔ^{1}
茶	tsha^{55}
烟（烟叶）	en^{13}
香烟	en^{13} ŋi^{55}
切烟	en^{13} θi^{13}
开水	kun^{33} θui^{33}（滚水）

猪食	tsi^{13} θɛʔ^{1}
泔水	thou^{55} mɔi^{33} θui^{33}（淘米水）
细糠	huaŋ^{13}
粗糠	huaŋ^{13} thau^{55} phen^{33}（糠头遍）
钓饵	ŋen^{21}（蚯蚓）

17. 抽象名词及新词汇

阳光	zuŋ^{55} kuaŋ^{13}
荫（树荫）	ɔn^{13}
影子	iaŋ^{33}
颜色	ŋan^{55} θɛʔ^{5}
花纹	hua^{13} vɔn^{55}
记号	ki^{33} hou^{21}
样子	ziŋ^{21} tsi^{33}
粪	vɔn^{33}
肥料	vi^{55} liu^{21}
垃圾	la^{21} θaʔ^{3}
壳儿	hɔʔ^{3}
渣子	tsɛ^{13}
胶（动植物胶）	kɛu^{13}
裂缝	lɛʔ^{3} hɔn^{55}
痕迹	hɔn^{55}
脚印	kiaʔ^{3} ɔn^{33}
脚步	kiaʔ^{3} phu^{21}
瓣儿（花瓣）	hua^{13} zet^{3}

霉（霉菌）	mui^{55}
话	va^{21}
耳语	θɔi^{33} θiaŋ^{13} va^{21}（细声话）
传说	tshen^{55} θet^{3}
声音	θiaŋ^{13} ɔn^{13}
回声	hui^{55} ɔn^{13}
梦	muŋ^{21}
梦话	muŋ^{21} va^{21}
姓	θiaŋ^{33}
名字	miaŋ^{55}
东西	duŋ^{13} θɔi^{13}
福气	vɔʔ^{5} hi^{33}
命运	miaŋ^{21} zɔn^{21}
性命	θiaŋ^{33} miaŋ^{21}
手艺	θau^{33} ŋɔi^{21}
工作	kuŋ^{13} tɔʔ^{5}
事情	θi^{21} tshɔŋ^{55}
道理	thou^{21} li^{33}
脾气	phi^{55} hi^{33}
习惯	θɔt^{1} kuan^{33}
气味	mi^{21}
味道	mi^{21} thou^{21}
胆量	dan^{33} liŋ^{21}
力气	hi^{33} lɛʔ^{5}
记性	ki^{33} θiaŋ^{33}
瘾（上瘾）	zɔn^{33}

头（头尾）	thɔʔ^{5}
末尾	tshɔn^{21} mi^{33}
政治	tɔŋ^{33} tshi^{21}
经济	kɔŋ^{13} tɔi^{33}
文化	vɔn^{55} hua^{33}
教育	kɛu^{33} zɔʔ^{5}
卫生	vi^{21} θɛŋ^{13}
政府	tɔŋ^{33} vu^{33}
革命	kɛʔ^{3} mɔŋ^{21}
运动	zɔn^{21} thuŋ^{21}
政策	tɔŋ^{33} tshɛʔ^{3}
和平	hua^{55} phiaŋ^{55}
农业	nuŋ^{55} ŋet^{3}
工业	kuŋ^{13} ŋet^{3}
经验	kɔŋ^{13} nen^{21}
计划	kɔi^{33} vɛʔ^{1}
意见	i^{33} ken^{33}
困难	hun^{33} nan^{55}
错误	tshɔ^{33} ŋu^{21}
缺点	khet^{3} den^{33}
优点	iu^{13} den^{33}
任务	zɔn^{21} vu^{21}
办法	phan^{21} vaʔ^{3}
报告	bou^{33} kou^{33}
思想	θi^{13} θiŋ^{33}
立场	lɔt^{5} tshiŋ^{55}

问题	mɔn^{21} thɔi^{55}
成绩	θiaŋ^{55} tɛʔ^{5}
开放	hai^{13} vuaŋ^{33}
改革	kai^{33} kɛʔ^{3}

二、动词

1. 自然现象及一般事物的活动变化

天亮	then^{13} kuaŋ^{13}（天光）
（太阳）出	tshɔt^{3}
（太阳）下山	lɔʔ^{3} θui^{33}（落水）
晒	θai^{33}
黑（天黑了）	hɛʔ^{5} lu^{21}（黑路）
晴（天晴了）	tshɔŋ^{13} then^{13}
日蚀	nɔt^{5} hiaʔ^{3} ŋet^{3} thau^{55}
月蚀	nɔt^{5} hiaʔ^{3} ŋet^{3} uŋ^{13}
打雷	da^{33} lui^{55}
雷击	lui^{55} da^{33}
打闪（闪电）	bɛʔ^{3} θet^{3}
下雨	tu^{33} vau^{33}（做雨）
（雨）潲（进来）	lɔn^{55} vau^{33}，phɔt^{3} vau^{33}（撇雨）
淋雨	lɔn^{55} vau^{33}
风吹	vuŋ^{13} tshui^{13}
刮风	vaʔ^{3} vuŋ^{13}
（河水）涨	tsiŋ^{33}

流（水流）	lau^{55}
（水）冲走	tshuŋ^{13} tau^{33}
淹	tɔn^{33}（浸）
淹死	tɔn^{33} θi^{33}
结冰	ket^{5} bɔn^{13}
（雾）散	θan^{33}（hai^{13}）
膨胀	phuŋ^{21} tsiŋ^{33}
伸长	zen^{55} tshiŋ^{55}（延长）
缩短	θɔʔ^{5} duan^{33}
渗透	θɔn^{13} thou^{33}
（堤坝）缺口	khet^{3} hau^{33}
（刀）缺口	khet^{3} hau^{33}
缺牙	khet^{3} ŋa^{55}；lɔʔ^{33} ŋa^{55}
（碗）破	bɔŋ^{13}（崩）
（墙）裂开	let^{3} hai^{13}
皲裂（皮肤裂）	（kuan^{13}）let^{3}
散开（辫子散）	θau^{33}
沾手	ua^{33} θau^{33}
（阳光）晃眼	tsiu^{33} ŋan^{33}
扎（皮肤）	tshuat^{3}
划破	tshuat^{3} kau^{13}
绊住（脚）	（duat^{3}）kau^{13}
滚下	kun^{33};van^{13} kun^{33}（翻滚）
（堤坝）垮了	det^{3}
干涸	let^{3} kuan^{13}
（工具）坏了	phai^{21}

朽（木头烂）	lan^{21}
断（树断）	thuan^{21}
断（绳子）	thuan^{21}
折了（仍然连着）	ŋɔt^{1} ha^{21}
露出（牙）	lau^{21} tshɔt^{5}
浮	phu^{55}
沉	tshɔn^{55}
掉牙	lɔʔ^{3} ŋa^{55}
掉（在地上）	lɔʔ^{3}（ha^{21} thi^{21}）
（刀把）掉了	lɔʔ^{3} ha^{21}
（地）陷下去	tshɔn^{55} ha^{21}（沉下）
（车）轧（人）	nɔn^{33}（tshiaʔ^{1}）
旋转	tsen^{33}
撞击	phuŋ^{33}；duat^{3}
（树）倒下	det^{3}
（房屋）倒	det^{3}
冒烟	mɛu^{21} en^{13}
着火	tshiaʔ^{1} hua^{33}
烧山	θiu^{13} θan^{13}
点火	den^{33} hua^{33}
熄灭	met^{3} hua^{33}，θɔt^{1} hua^{33}（失火，自灭）
响	hiŋ^{33}
爆炸	phuk^{1} tsa^{55}
（烟）熏	hun^{13}
（水）呛	tshuŋ^{21} tshɔʔ^{5}
鲠（骨头）	kɛ^{33}

哽（噎）	khɛ²¹
闪腰	θen³³
扭（脚）	nau³³
脱（头发）	thuat³
脱皮	thuat³ phi⁵⁵
秃（头、山）	iaʔ³
秃（笔）	khut¹
溢出	da³³ phuat³
漏	lau²¹
沸（水开）	kun³³
洒水	lɔn⁵⁵
（米）洒了	lɔʔ³（mɔi³³ lɔn⁵⁵）
剩下	tshun⁵⁵
凝结	ket³
溶化（盐等）	zuŋ⁵⁵
融化（蜡烛）	zuŋ⁵⁵
沉淀	tshɔn⁵⁵ then²¹
颠倒	den¹³ dou³³
震动	tɔn³³（thuŋ²¹）
动摇（牙齿动了）	θuŋ¹³
摆动	bai²¹
发霉	vaʔ³ phɔʔ⁵
发酵	vaʔ³ hɛu³³
霉烂（糟了）	vu²¹ lan²¹（腐烂）
褪色	thuat³ θɛʔ⁵（脱色）
生锈	θiŋ²¹ θiaŋ³³

（管子）通	thuŋ^{13}
（沙石）硌脚	khɔŋ^{33}

2. 动植物活动和生长变化

（狗）守门	θau^{33} mun^{55}
摇（尾巴）	ŋou^{55} mi^{33}
啃（骨头）	ŋɔi^{13}
咬（人）	ŋɛu^{33}
叼	hɔn^{55}（含）
蛀（木头）	ŋɔt^{1}（啮）
咆哮	han^{33}；vi^{33}（猫）
马（嘶）	han^{33}
吠	vɔi^{21}
（鸡）啼	thɔi^{55}
（母鸡）叫（小鸡）	zɔn^{33}（引）
（母鸡下蛋后）叫	han^{33}（喊）
鸟叫	han^{33}
水牛叫	han^{33}
黄牛叫	han^{33}
（虫）爬	pha^{55} lan^{55}（爬躝）
飞	vi^{13}
扑	tuat^{3}；tɛu^{33}（扑）
（蛇）缠（树）	khen^{55} len^{13}（缠，绕）
（马）打滚	da^{33} kun^{33}
（鱼）游	zau^{55}

（牛）泡水	ŋua^{21} θui^{33}
滚泥	kun^{33} nɔi^{55}
（牛）抵人	tshɛu^{13}
（牛）打架	tshɛu^{13} ka^{33}
（鸟）栖息（在树上）	phɔʔ^{5}（伏）
（蜂）蜇人	diaŋ^{13}（钉，叮）
脱壳	thuat^{3} hɔʔ^{55}
（猪）拱土	nuŋ^{33} nɔi^{55}
（蜘蛛）结网	tshiaʔ^{3} muaŋ^{33}
做窝	tu^{33} luŋ^{55}（做笼）
（马）驮	mɛʔ^{5}（背）/mɛ^{33}
（鸡）啄米	duat^{3} mɔi^{33}
（鸡）爬（土）	pha^{55}
反刍	van^{13} ɛʔ^{1}
繁殖	van^{55} tset^{3}
发情	vaʔ^{3} khun^{55}
下蛋	θiaŋ^{55} tsi^{33}
抱窝	lan^{55} θi^{13} θan^{33}（懒尸散）
孵（小鸡）	ɔn^{33} tsi^{33}
（虫）变（蛾）	ben^{33}
长（猪长得快）	thai^{21}（大）
长（地上长了草）	tshɔt^{5}（tshou^{33}）
发芽	tshɔt^{5} ŋa^{55}
开花	tshɔt^{5} hua^{13}
凋谢	nɔt^{1}
结果	ket^{3} tsi^{33}

成熟	θɔʔ^{1}
垂下	lui^{21} ha^{21}
枯	kuan^{13}（干）
落（叶）	lɔʔ^{3}（zet^{3}）
（瓜果）烂了	lan^{21}

3. 判断、存在、趋向、能愿动词

是	θi^{21}
不是	mu^{55} θi^{21}；miau^{55} θi^{21}
像	tshɔt^{5}
当（兵）	duaŋ^{13}
有	zau^{33}
没有	miau^{33} zau^{33}
来	lɔi^{55}
去	hi^{33} /hi^{33} kuaŋ^{33}
回	hui^{55}
回来	hui^{55} lɔi^{55}
回去	hui^{55} hi^{33}
出	tshɔt^{1}
出来	tshɔt^{1} lɔi^{55}
出去	tshɔt^{1} hi^{33}
进	zɔt^{5}（入）
进来	zɔt^{5} lɔi^{55}
进去	zɔt^{5} hi^{33}
上山	θiŋ^{21} θan^{13}；θiŋ^{21} liaŋ^{33}

上来	θiŋ^{21} lɔi^{55}
上去	θiŋ^{21} hi^{33}
下山	ha^{21} θan^{13}；ha^{21} liaŋ^{33}
下来	ha^{21} lɔi^{55}
下去	ha^{21} hi^{33}
返回	tsen^{33} hui^{55}（转回）
到	thau^{33}
要（你要听话）	iu^{33}
要（要到哪里）	aʔ^{5}（aʔ^{5} hi^{33} tshi^{33} lu^{21}）
将要	aʔ^{5}
应当	ɔŋ^{13} kai^{13}
应该	ɔŋ^{13} kai^{13}
肯	hɔŋ^{33}
愿意	ŋen^{21} i^{33}
可以	khɔ^{33} zi^{33}
能	nɔŋ^{55}
敢	kuan^{33}
会	hui^{21}
甘心	kuan^{13} θɔn^{13}

4. 心理活动的动词

懂	duŋ^{33}，θɛʔ^{5}（识）
知道	θɛʔ^{5}
认识	θɛʔ^{5}
相识	nɔn^{21} θɛʔ^{5}

记得	ki^{33} tshiaʔ^{1}（记着）
忘记	muŋ^{21} hiaʔ^{3}；ki^{33} miau^{33} tshiaʔ^{1}
爱（疼爱）	thuŋ^{33}
爱（爱妻子）	ai^{33}
爱（看电影）	ai^{33}（hɔn^{13} zɔŋ^{33} hi^{33}）
好（好喝酒）	ai^{33}；lan^{21}（lan^{21} tau^{33} 烂酒）
心疼（东西）	thuŋ^{33}
宠（孩子）	kuan^{33}（惯）；kuan^{33} thau^{33} phai^{21}
喜欢	hi^{33} huan^{13}
高兴	kou^{13} hɔŋ^{21}
痛快	thuŋ^{33} huai^{33}
满意	muan^{33} i^{33}
羡慕	ɔʔ^{3} ŋan^{33}（恶眼）
嫉妒	ɔʔ^{3} nɔʔ^{1}
相信	θiŋ^{13} θɔn^{33}
怀疑	huai^{33} ŋi^{33}
想家	θiŋ^{33} uk^{3}
想一下	θiŋ^{33} aʔ^{1} ha^{21}
猜	tshai^{13}
馋（馋吃）	θiŋ^{21}
舍得	θa^{33} dɛʔ^{5}
希望	hi^{13} muaŋ^{21}；bɛ^{13} mu^{55} dɛʔ^{5}（巴不得）
忌讳	khi^{21}
嫌（不好）	hen^{55}
憎恨	hɔn^{21}
恨	hɔn^{21}

发怒	vaʔ^{3} θiaŋ^{33}（发性）
生气	kɛʔ^{5} hi^{33}（激气）;khi^{55}
气死了	khi^{55} θi^{33}
恐吓	hɛʔ^{3}（嚇）
吓跑了	hɛʔ^{3} tau^{33}
慌	huaŋ^{13}
怕	kiaŋ^{13}（惊）
惊跳	da^{33} tɔn^{33}（打震）
害羞	kiaŋ^{13} tshun^{33}
丢脸	θɔʔ^{1} men^{21} phi^{55}（失面皮）
发愁	au^{13} tshau^{55}（忧愁）
痛苦／后悔	thuŋ^{33} hu^{33} ;hau^{55} hui^{21}
灰心	hui^{13} θɔn^{13}
担心	dan^{13} θɔn^{13}
留心	lau^{55} θɔn^{13}
着急	tshiaʔ^{1} kɔt^{1}
可怜	khɔ^{33} len^{55}
讨厌	thou^{55} en^{33}; hɔn^{21}（恨）
可惜	khɔ^{33} tshɛʔ^{3}
心服	θɔn^{13} vɔʔ^{1}
佩服	phui^{33} vɔʔ^{1}
尊敬	tun^{13} kɔŋ^{33}
忍耐	nɔn^{33} nai^{21}
忍受	nɔn^{33} θau^{21}
撒娇	tuaŋ^{13} kiu^{13}（装娇）
假装	tuaŋ^{13} ŋuaŋ^{55}（装戆，装憨）

5. 医疗疾病的动词

病	phiaŋ^{21}
医治	i^{13}
看病	hɔn^{13} phiaŋ^{21}
敷药	phu^{13} ziaʔ^{3}
着凉	mɛu^{33} lɛŋ^{33} ; tshiaʔ^{1} lɛŋ^{33}（冒冷;着冷）
伤风	θiŋ^{13} vuŋ^{13}
发烧	ŋet^{3}； vaʔ^{3} ŋet^{3}
发冷	vaʔ^{3} lɛŋ^{33}
发抖	vaʔ^{3} dou^{33} ;tɔn^{33}（震）
痛	thuŋ^{33}
咳嗽	khɔt^{5} θau^{33}
呕吐	thu^{33}
吐奶	thu^{33} tsi^{55}
头晕	thɔʔ^{5} ŋɔŋ^{55}
昏迷	hun^{13} mi^{55}
抽筋	tshau^{13} kɔn^{13}
喘	tshun^{33}（hi^{33}）
哮喘	duan^{33} hi^{33}（短气）； tshau^{13} ha^{13}（抽虾）
呻吟	tshaŋ^{13}
泻肚子	lai^{55} θi^{33};ŋɔn^{33} thu^{21}（蹲肚）
出天花	tshɔt^{5} ban^{13}
出麻疹	tshɔt^{5} ban^{13}
传染	tshen^{55} ŋen^{33}

肿	tuŋ^{33}
眼花	ŋan^{33} hua^{13}
癫痫	vaʔ^{3} ziŋ^{55} den^{13}（发羊癫）
受伤	θau^{21} θiŋ^{13}
麻风	muŋ^{33} ;ma^{55} vuŋ^{13}
死	θi^{33}
疯	muŋ^{33}
瘫痪	than^{13} huan^{33}
发瘟	hu^{13}
活（鱼还活）	θɛŋ^{13}（ŋui^{55} huan^{55} θi^{21} θɛŋ^{13}）

6. 风俗习惯和迷信活动

做媒	tu^{33} mui^{55}
合八字	θuan^{33} baʔ^{3} tshi^{21} /hɔn^{13} baʔ^{3} tshi^{21}
订婚	thɔŋ^{21} hun^{13}
结婚	ket^{3} hun^{13}
嫁	ka^{33}
娶	tshi^{33}
招赘	tsiu^{13} bui^{55} luaŋ^{55}
入赘	ka^{33} zɔt^{1}
回门	hui^{55} mun^{55}
怀孕	zau^{33} θɔn^{13} ki^{33}（有身己）
生（孩子）	θiaŋ^{55}（ŋi^{55}）
接生	tset^{3} θɛŋ^{13}
坐月子	tshua^{21} ŋet^{3}

满月	muan^{33} ŋet^{3}
磕头（叩头）	ŋɔt^{1} thɔʔ^{5}
拜神	bai^{33} θɔn^{55}
拜堂	bai^{33} thuaŋ^{55}
拜年	bai^{33} nen^{55}
许愿	hi^{33} zɔn^{21}
还愿	van^{55} zɔn^{21}
算命	θuan^{33} miaŋ^{21}
卜卦	θuan^{33} kua^{33}
保佑	bou^{33} zan^{21}
赌咒	vaʔ^{3} θɔi^{21}（发誓）
祭祀	bai^{33} tu^{33}（拜祖）
扫墓	θiaŋ^{21} vɔn^{55}（上坟）
供神	bai^{33} θɔn^{55}
驱鬼	tshɔt^{1} kui^{33}
念经	nen^{21} kɔŋ^{13}
打斋	da^{33} tai^{13}
招魂	tsiu^{13} hun^{55}
放蛊	vuŋ^{33} ziaʔ^{3}（放药）
过年	kua^{33} nen^{55}
过节	kua^{33} tset^{3}

7. 五官的动作

抬头，点头	den^{13} thɔʔ^{5}
低头	dai^{13} thɔʔ^{5}

点头	ŋɔt^{1} thɔʔ^{5}（岌头）
摇头	ŋou^{55} thɔʔ^{5}
回头	hui^{55} thɔʔ^{5}
侧头转脸	tsen^{33} thɔʔ^{5}
枕枕头	then^{21} thɔʔ^{5}
笑	θiu^{33}
微笑	θiu^{33} mɔt^{1}
大笑	thai^{21} θiu^{33}
哭	huk^{3}
抽泣	tshau^{13} hi^{33}（抽气）
说话	kɛŋ^{33} va^{21}
讲故事	kɛŋ^{33} ku^{33} θi^{21}
谈天（聊天）	liu^{55} then^{13}; hɔʔ^{1} va^{21}（学话）
胡扯	luan^{21} kɛŋ^{33}（乱讲）
问	mɔn^{21}
答	daʔ^{3}
应（应声）	ɔŋ^{33}
允许	zuŋ^{55} hi^{33}
吩咐	tuk^{3}（嘱）
告诉	kou^{33} θu^{33}
说粗话	tshu^{13} va^{21}
夸口	thai^{21} va^{21}（大话）
怂恿	tuŋ^{33} zuŋ^{55}
告状	kou^{33} θuaŋ^{21}
引诱	luŋ^{21}
叫（什么名字）	han^{33}（喊）

叫人	han^{33} nɔn^{55}
喊	han^{33}
唱歌	tshiŋ^{33} kɔ^{13}
劝	khen^{33}
闹（小孩闹）	nɛu^{21};van^{33}
哄（小孩）	huaŋ^{33}
骗	phen^{33}
瞒	muan^{33}
唆（狗打架）	zɔn^{33}
叹气	than^{33} hi^{33}
吵架	tshɛu^{33} ka^{33}
骂	mɛn^{21}（闹）
咒骂	tɔi^{33}
背诵	phui^{21} θi^{13}
张嘴	bɛŋ^{13} tui^{33}
闭嘴	bɔi^{33} tui^{33}
呼气	tshun^{33} hi^{33}
吸气	kɔt^{5} hi^{33}
憋气（屏气）	nɔn^{33} hi^{33}
哈气	hɔ^{13} hi^{33}
喝	hiaʔ^{3} θui^{33}（吃水）
吃	hiaʔ^{3}
尝尝	θiŋ^{55}
咬	ŋɛu^{33}
嗑（瓜子）	ŋɔi^{13}（ kua^{13} tsi^{33}）
嚼	tshiaʔ^{1}

吞（整个吞）	thɔn^{13}
抽烟	hiaʔ^{3} en^{13}
噎住	khɛ^{21} hau^{55}（卡喉）
吃火锅	hiaʔ^{3} θiu^{13} lu^{55}（吃烧炉）
咽（嚼烂后咽）	thɔn^{13}
吐（口水）	thu^{33}
吐（蔗渣）	thu^{33}
含	hɔn^{55}
吮（指头）	hiaʔ^{3} tsi^{55}（吃奶）;θuat^{3}
咂嘴	tshiaʔ^{1}zui^{33}
舔	khɛ^{21} lɛŋ^{21}
流口水	lau^{21} θan^{55}
打哈欠	lau^{21} hɔ^{13} hen^{33}
打鼾	huan^{21} θui^{21}
打喷嚏	da^{33} vɔn^{33} thɔi^{33}（da^{33} ɛʔ^{5} 打嗝）
漱口	luai^{13} hau^{33}（洗口）
喷水	thu^{33} θui^{33}
抽烟	hiaʔ^{3} en^{13}（吃烟）
伸舌	lɔn^{33} lɛ^{3} θet^{1}
接吻	buʔ^{5}（men^{21} 脸）
吹口哨	tshui^{13} θɛu^{33}
打嗝	da^{33} ɛʔ^{5}
噎住	kɛ^{33} tshiaʔ^{1}
呛喉	khɛ^{21} hau^{55}; tshɔʔ^{5} hau^{55}
看	hɔn^{13}
看见	hɔn^{13} ken^{33}

窥探	thau^{13} hɔn^{13}（偷看）
望	muaŋ^{21}
睁眼	bɛŋ^{13} ŋan^{33}
瞪眼	bɛŋ^{13} ŋan^{33}
眯眼	mɔt^{5} ŋan^{33}
眨眼	taʔ^{3} ŋan^{33}
闭眼	bɔi^{33} ŋan^{33}
流泪	lau^{21} ŋan^{33} lui^{21}
瞄准	miau^{21} tun^{33}
皱眉头	nɔt^{1} ŋɛʔ^{3}
听	thiaŋ^{13}
听见	thiaŋ^{13} ken^{33}
闻（嗅）	vɔn^{55}

8. 日常生活一般行为动作

坐	tshua^{21}
躺	ŋua^{21} ha^{21}（卧下）
休息	het^{3}（歇）
纳凉	het^{3} liaŋ^{55}（歇凉）
打瞌睡	ŋɔi^{13} ŋan^{33}
睡	bɔi^{13} ŋan^{33}（闭眼）
翻身	van^{13} θɔn^{13}
睡着	ŋua^{21} tshiaʔ^{1}
做梦	tu^{33} muŋ^{21}
说梦话	kɛŋ^{33} muŋ^{21} va^{21}

咬牙	ŋɛu^{33} ŋa^{55}
醒（睡醒、酒醒）	θɔŋ^{33}
醉	tui^{33}
起床	kuŋ^{33} θɔn^{13}（拱身）
伸懒腰	zet^{3} lan^{33} iu^{13}
弯腰	uaŋ^{55} iu^{13}
蜷缩	kɔt^{5} lɔt^{5}
挺胸	den^{13} huŋ^{13}
住（学校）	khi^{21}
在家（吃）	tshei^{21} uk^{3}（hiaʔ^{3}）
停下来	thɔŋ^{55} ha^{21} lɔi^{55}
等候	dɔŋ^{33}
躲起来	mɛʔ^{5}
避雨	mɛʔ^{5} vau^{33}
爬行	pha^{55} lan^{55}
爬树	bɛʔ^{5} muk^{3} kɔn^{13}
钻进去	kuŋ^{33} zɔt^{5} hi^{33} /nuŋ^{3} zɔt^{5} hi^{33}
钻过去	nuŋ^{33}（钻较大的洞）
搭车	da^{33} tsha^{13}
过河	kua^{33} hɔ^{55}
经过	kɔŋ^{13} kua^{33}
玩耍	ŋuan^{55} khiaʔ^{1}
下棋	tau^{33} khi^{55}（走棋）
猜拳	tshai^{13} khen^{55}
捉迷藏	tuat^{3} mɛʔ^{5}
翻跟斗	da^{33} kɔn^{13} dau^{33}

游泳	zau^{55} zɔn^{21}
潜水	mi^{21} θui^{33}
打拳	da^{33} khen^{55}
跌倒	det^{3} khɛu^{13}
打滚	（da^{33} kun^{33}）;khɛ^{55} lɛu^{55} thi^{21}
趴下	phɔ^{55} ha^{21}
靠边	khou^{33} ben^{13}
靠墙	khou^{33} tshiŋ^{55}； ai^{13} tshiŋ^{55}
挨（肩靠肩坐）	ai^{13}
小便	ɛ^{33} nɛu^{21}（屙尿）
大便	ɛ^{33} θi^{33}（屙屎）
放屁	vuaŋ^{33} phi^{33}
把尿	tu^{33} θɔi^{33} tsi^{13} ŋi^{55}（把小孩）
出汗	ɛ^{33} niu^{21} tshɔt^{5} huan^{21}
冒冷汗	tshɔt^{5} lɛŋ^{33} huan^{21}
请	tshiaŋ^{33}
催	tshui^{13}
求	khau^{55}
帮助	buaŋ^{13} tshɔ^{21}/ buaŋ^{13}
替（替你做）	thɔi^{33}
替（用木替钢铁）	thɔi^{33}
托（托人办事）	thɔʔ^{3}
探家	hɔn^{13} uk^{3};than^{33} ka^{13}（回家探亲）
访友	vuaŋ^{55} zau^{33}
交朋友	kɛu^{13} phɔŋ^{55} zau^{33}
遇见	phuŋ^{33} ken^{33}; phuŋ^{33} tshiaʔ^{1}

相逢	θiŋ^{13} vuŋ^{55}
见面	ken^{33} man^{21}
分别	vɔn^{13} phet^{1}
离家	li^{55} ka^{13}
跟踪	nen^{55} tuŋ^{13}
陪（陪去）	phui^{55}
谈恋爱	tau^{33} ai^{33}（走爱）
巴结	bou^{55} thai^{21} thui^{21}（抱大腿）
上课	θiaŋ^{21} thuaŋ^{55}（上堂）
上学	hi^{33} hɔʔ^{1}（去学）; θiaŋ^{21} hɔʔ^{1} vuaŋ^{55}（上学房）
迷路	mi^{55} lu^{21}
顺路	θun^{21} lu^{21}
顺风	θun^{21} vuŋ^{13}
逆风	ŋɛʔ^{5} vuŋ^{13}
拐弯	kuai^{21} uan^{33}
绕路	tsen^{33} lu^{21}
蒙头	miaŋ^{55} thɔʔ^{5}
讨饭	hɔt^{5} tɔʔ^{5}
欺负	ŋɔ^{55}（讹）
害人	hai^{21} nɔn^{55}
救人	kau^{33} nɔn^{55}
饶命	khau^{55} miaŋ^{21}
救命	khau^{55} miaŋ^{21}
教	kɛu^{33}
学	hɔʔ^{1}

考试	khɛu^{33} θi^{13}
摸黑	mɔ^{13} hɛʔ^{5}
遗失	lɔʔ^{3}（落）; miau^{33} ken^{33}
寻找	lɔ^{21}
找虱子	lɔ^{21} θɔt^{5}
追上	tui^{13}
驱赶	tshɔt^{1}
挤进去	nuŋ^{33}
拦住	lan^{55} tshiaʔ^{1}
佩带	dai^{33}
带路	dai^{33} lu^{21}
带头	dai^{33} thɔʔ^{5}
带干粮	dai^{33} kɔn^{13} liŋ^{55}
带孩子（在家）	dai^{33} nuŋ^{21} ŋi^{55}
逗孩子	zɔn^{33}nuŋ^{21}
穿针	tshen^{13} tɔn^{13}
穿衣	tsiaʔ^{3}（着）
穿鞋	thɔ^{13} hai^{55}
戴帽子	dai^{33} mou^{21}
上班	θiaŋ^{21} ban^{13}
下班	ha^{21} ban^{13}
回家	hui^{55} kui^{13}（回归）
戴耳环	dai^{33} ŋi^{33} khen^{55}
戴头巾	bɛu^{13} pha^{33}
披衣服	mɛ^{33} θan^{13}
套上（衣服）	thou^{33}

镶牙	θiŋ^{13} ŋa^{55}
换衣服	vuan^{21} θan^{13}
脱衣服	thuat^{3}
脱鞋	thuat^{3} hai^{55}
裸体	kuaŋ^{13} phi^{55} kuaŋ^{13} θut^{5} ；kuaŋ^{13} phi^{55}
打扮	da^{33} phan^{21}
搬	buan^{13}
扛	kuaŋ^{13}
抬	kuaŋ^{13}
挑	dan^{13}（担）
背孩子	mɛ^{33} nuŋ^{21}/mɛ^{33}θɔi^{33} tsi^{13} ŋi^{55}
背枪	mɛ^{33} tshuŋ^{33}
骑马	khi^{55} ma^{33}
围拢	vi^{55}
包围	bɛu^{13} vi^{55}
放哨	vuaŋ^{53} θiu^{13}
打架	da^{33} ka^{33}
打仗	da^{33} tshɔn^{21}
埋伏	mai^{55} phɔʔ^{5}
守卫	θau^{33} vui^{55}
引诱	luŋ^{21}；zɔn^{55}
打猎	da^{33} laʔ^{3}
钓鱼	thiu^{21} ŋui^{55}
熏肉	hun^{13}
熏老鼠	hun^{13} lou^{33} θi^{33}
烤火	khɛu^{33} hua^{33}

烤干	khɛu^{33} kɔn^{13}
烧	θiu^{13}
点火	den^{33} hua^{33}
熄灯	（θɔt^{5}）met^{3} dɔŋ^{13}
分路	vɔn^{13} lu^{21}
分家	vɔn^{13} ka^{13}
挑选	kan^{33}（拣）
要（我要这个）	iu^{33}
给	vɔn^{13}
得到	dɛʔ^{5} thau^{33}
打赌	da^{33} du^{33}
隔开	kɔt^{5} hai^{13}
合拢	huat^{1}
合拼	huat^{1} phen^{21}
洗头	luai^{13} thɔʔ^{5}
洗脸	luai^{13} men^{21}
洗手	luai^{13} θau^{33}
洗衣服	luai^{13} θan^{13}
洗澡	luai^{13} θɔn^{13}（洗身）
涮衣服	bai^{33}
刷干净	tshɔ^{33}（搓）
晾	luaŋ^{21}
戒烟	kɛʔ^{3} en^{13}
泡饭	tshuŋ^{13}（冲）
留饭	lau^{55} tɔʔ^{5}
灌（灌药）	kuan^{21}

喂饭	ui^{33}
喂饭（嚼烂喂）	tshiaʔ^{1}
喂（鸡、猪）	ui^{33}
养家	ziŋ^{33} ka^{13}
猜拳	tshai^{13} khen^{55}
过滤	kua^{33} li^{21}
照镜子	hɔn^{13} kɔŋ^{33}
照（用灯）	tsiu^{33}
遮住	miaŋ^{55} tshiaʔ^{1}
垫	then^{21}
填坑	then^{55} luŋ^{13}
堆（堆土）	dui^{13}
找	lɔ^{21}
掺	tshuŋ^{13}（冲）；tshan^{13} tshaʔ^{1}（掺杂）
搅拌	kiau^{33}
积攒	tshau^{21} tɛʔ^{5}
压（用石头压）	aʔ^{3}
顶住	dɔŋ^{33} tshiaʔ^{1}
竖起	lɔt^{1}（立）
拆房子	tshɛʔ^{3}
埋	mai^{55}
吊	thiu^{21}
上吊	kɔi^{33} kiaŋ^{33}
挂	kua^{33}
贴	thet^{3}
装满（口袋）	dau^{13}

摊开	than^{13} hai^{13}
铺床	phu^{13} θuaŋ^{55}
叠起	thet^{1}
收拾	θau^{13} θɔt^{1}
收回来	θau^{13} hui^{55} lɔi^{55}
收到	θau^{13} thau^{33}
寄信	ki^{33} θɔn^{33}
送	θuŋ^{33}

9. 四肢的动作

伸手	lɔn^{33} θau^{33}
招手	vɔt^{5} θau^{33}
摇手（左右摇）	ŋou^{55} θau^{33}
摇手（走路时）	vɔt^{5} θau^{33}
摇树	ŋou^{55} muk^{3} kɔn^{13}
指（指方向）	tsi^{33}
翘拇指	bi^{33} tsi^{13} thau^{55}
举手	ki^{13} θau^{33}
拿（拿着）	phui^{21}
搂	khau^{13}
抱小孩	bou^{55} nuŋ^{21}
抱柴火	khau^{13}
握刀	phui^{21} dou^{13}
动手	thuŋ^{21} θau^{33}
折断（坳）	ɛu^{33} thuan^{21}

撒鱼网	phɛu^{13} muaŋ^{33}
扔掉	diaŋ^{33}（掟）； vɔt^{5} diaŋ^{33}
掷石头	taʔ^{3} θiaʔ^{1} thau^{55}
拾起	θɔt^{1}
掰开	bɛʔ^{3} hai^{13}
抓（一把米）	tua^{13}
拍桌子	phɛʔ^{3}
拍尘土	phɛʔ^{3}
拍手	phɛʔ^{3}
捧水	phuŋ^{55}
捂鼻子	net^{3} ; miaŋ^{55} tshiaʔ^{1}（盲着）
掩耳	miaŋ^{55}
扶着（不让倒）	vu^{55} tshiaʔ^{1}
搀（老人）	vu^{55} tshiaʔ^{1}
捏鼻子	net^{3} phɔt^{1}
擤鼻涕	khai^{13}phɔt^{1} mɔi^{33}
托腮	thɔʔ^{3} θuai^{13}
叉腰	tshɛŋ^{33} iu^{13}
卡脖子	tsha^{13}huaŋ^{21} kut^{3}
按住	khɔn^{21} tshiaʔ^{1}； nɔʔ^{1} tshiaʔ^{1}（用手等）
搔痒	tɛu^{13}（用物）
做工	tu^{33} kuŋ^{13}
端（一盆水）	phuŋ^{55}
递过去	lɔn^{33} kua^{33} hi^{33}
拧毛巾	nau^{33} men^{21} pha^{33}
捻线	nɔn^{33} θen^{33}

搓绳	tshɔ^{13} θɔŋ^{55}
搓衣服	tshɔ^{33} θan^{13}
挤水	net^{3} θui^{33}
抽出	tshan^{13}
推	lui^{13}
拉绳子	zet^{3}
拉手	hen^{13}（牵）
掀起（帘子）	mɔn^{13}
勒紧	lɛʔ^{5} kɔn^{33}
提桶	thiaŋ^{55}
弹（用指）	thɛʔ^{5}
戳（用指）	duaʔ^{3}
摘果子	tɛʔ^{3}
揭开（锅盖）	mɔn^{13} hai^{13}
卷席子	khuat^{5}（kuŋ^{33} θɔn^{13}起来）
卷袖子	khen^{55} len^{13}（θan^{13} θau^{21}）
抠（用手指挖）	khɔŋ^{33}
拄拐杖	thɔʔ^{1}
拔刀	zet^{3} dou^{13}
拔（鸡毛）	tshen^{55};tshɔ^{33}（成把地拔）
拔牙	phɔt^{1} ; tshen^{55}（搟）
撕（纸）	bɛʔ^{3}
敲门	khou^{13} mun^{55}
开门	hai^{13} mun^{55}
敞开（大门）	hai^{13}
关门	bɔi^{33} mun^{55}

闩门	θuan^{13} mun^{55}
牵牛	hen^{13} ŋau^{55}
折叠（纸等）	khuat^{5}
抖（抖衣服）	vɔt^{5}
打人	da^{33} nɔn^{55}
打（用拳头）	tshui^{55}（捶）
打（用巴掌）	ba^{13}
捉	tuat^{3}
抚摩	mɔ^{13}
绕（线）	khuat^{5}
甩	vɔt^{5}
接（球）	tset^{3}
绑	vɔʔ^{1}（缚）
捆	khun^{33}
包	bɛu^{13}
裹	bɛu^{13}
解开（结子）	kai^{33} hai^{13} /kai^{33} thuat^{3}
藏（藏粮食）	tshuaŋ^{55}
扣（扣子）	kɔt^{5}
扣（扳机）	ŋɔt^{1}（kɔi^{13}）
扳（扳树枝）	zet^{3}
掐（用指甲）	khɛʔ^{3}
剥（树皮）	bɛʔ^{3}（蕉皮、花生壳等）
套（笔套）	lɔt^{5}
斟酒	tɔn^{13} tau^{33}
辫（辫子）	bɔn^{33}（ziŋ^{55} mɛʔ^{5}）

砍树	khɛʔ^{5},（khɛʔ^{5} det^{3} 砍倒）
剖开	phɔ^{55}（ŋui^{55} thu^{21} 鱼肚）
剃头	thai^{33} thɔʔ^{5}
削（苹果）	phɔi^{13}（phi^{55}）
剥（树皮）	bɛʔ^{3}（用手或刀）
剥（牛皮）	bɛʔ^{3}
磨（墨）	mɔ^{55}
磨刀	mɔ^{55}
磨米	mɔ^{21}
舂米	dou^{33}
碾米	kiau^{33} mɔi^{33}（搅米）
筛米	θɔi^{13} mɔi^{33}
簸米	bɔ^{33} mɔi^{33}
量布	liŋ^{55}
称东西	tshɔŋ^{33}
夹菜	kɛʔ^{1}（tshɔi^{33}，θuŋ^{33} 餸）
夹（在腋下）	kɛʔ^{1}
划船	ŋou^{55} θen^{55}（摇船）
撑伞	da^{33} θan^{33}
撬开	khiu^{21} hai^{13}
枪毙	da^{33} ba^{21}（打靶）
钩	kau^{13}
梳头	θɔ^{13} thɔʔ^{5}
插红旗	tshɛʔ^{3} khi^{55}
剪	tsen^{33}
杀（敌）	θaʔ^{3}

剔牙	dɔʔ^{5} ŋa^{55}
扎（用针扎）	tshɛʔ^{3}（tɔn^{13}）
砸	khou^{13}
磕（烟斗）	khou^{13}
扇风	θen^{33} vuŋ^{13}
锁门	θua^{33} mun^{55}
刻	khɛʔ^{5}（tsiŋ^{13} 章）
画线	vɛʔ^{1} θen^{33}
封（信封口）	vuŋ^{13}
塞（瓶口）	θɛʔ^{5}
盖（锅盖）	khɔt^{5}
盖（被子）	khɔt^{1}（phi^{21}）
漆（家具）	zau^{55}（tshɔt^{5}）
射箭	θiaʔ^{1} tsen^{33}
打枪	da^{33} tshuŋ^{33}
打电话	da^{33} then^{21} va^{21}
打结子	da^{33} khɛʔ^{5}
打记号	da^{33} ki^{33} hou^{21}
打（用棍子）	da^{3}
抽打	da^{3}
打鼓	da^{3} ku^{33}
敲锣	da^{3} lɔ^{55}
写字	θɛ^{33} tshi^{21}
擦掉	tshaʔ^{3} tshiaŋ^{21}（擦净）
擦桌子	tshɔ^{33} phuan^{55}
涂（油彩）	vɛʔ^{1}

拂（尘土）	phɛʔ^{3}
扫地	θou^{33} thi^{21}
撮（垃圾）	tshuat^{2}（la^{21} θaʔ^{3}）
倒（出来）	thou^{33}
倒掉	thou^{33} diaŋ^{33}
添饭	lɔŋ^{21} dau^{13},（dau^{13} aʔ^{5} uan^{33} then^{13} 再添一碗）
舀水	ziu^{33}； dau^{33} θui^{33}
洒水（扫地）	phɔn^{13} θui^{33}
泼水	phuat^{3} θui^{33}
蘸（酱油）	tshɔn^{21}
站	khi^{21}（企）
踮脚	den^{13} kiaʔ^{3}
跺脚	thɔn^{21} kiaʔ^{3}
蹲下	ŋɔn^{33}
翘腿	khi^{55} liau^{13} kiaʔ^{3}（盘起）
踢	thiaʔ^{3}
跳	thui^{55}
跳（单腿跳）	thiu^{55}
踩	tshɔ^{33}（踩动的）; thaʔ^{1}（踏）
跨（小沟）	khaʔ^{5} laʔ^{3}
走（走路）	hɛŋ^{55}（行）
逃（你逃不了）	thou^{55} phɛu^{55}
跑（跑步）	phɛu^{55}; tou^{33}（走）
退后	thui^{33} hau^{21}
涉水	kua^{33} θui^{33}（过水）

打赤脚	kuaŋ^{13} kiaʔ^{3}（光脚）
跪	khui^{21}（ha^{21}）
跳舞	thiu^{55} mu^{33}
荡秋千	da^{21} da^{55} zɔi^{13}
踢（毽子）	thiaʔ^{3}

10. 农业劳动和工业劳动

开荒	hai^{13} huaŋ^{13}
锄地	uat^{3} thi^{21}
挖坑	uat^{3} luŋ^{13}
挖（用手）	uat^{3} pha^{55}（扒）
培土	hu^{21} nɔi^{55}
犁田	lɔi^{55} then^{55}
耙田	pha^{55} then^{55}
选种	θen^{33} tuŋ^{33}
浸种	tɔn^{33} tuŋ^{33}
撒种	θaʔ^{3} tuŋ^{33}
拔秧	tshen^{55} iŋ^{13}
插秧	tshaʔ^{3} iŋ^{13}
间苗	kan^{33} miau^{21}
补苗	bu^{33} miau^{21}
移植	nɔ^{55} tuŋ^{33}（挪种）
种菜	tuŋ^{33} tsɔi^{33}
戽水	hu^{33} θui^{33}
扇谷子（用风车）	kiau^{33} vuŋ^{13} tsha^{13}

浇水（种菜）	lɔn^{55} θui^{33}（淋水）
除草	tshi^{55} tshou^{33}
耘田	tu^{33} tshou^{33}（做草）
捞水草	luk^{3}
拔草	tshen^{55}; phɔt^{1}（用力大）
施肥	θi^{13} vi^{55}
割稻	kuat^{3} kuk^{3}
打谷	da^{3} kuk^{3}，thaʔ^{1} kuk^{3}（用力踩）
脱粒（玉米）	thuat^{3} let^{3}
扬稻谷	iŋ^{55} mɛʔ^{1}
增产	tɔŋ^{13} tshan^{33}
养牛	ziŋ^{33} ŋau^{55}
喂鸡	ui^{33}
放牛	hɔn^{13} ŋau^{55}
赶牛	tshɔt^{1} ŋau^{55}
拴牛	vɔʔ^{1} ŋau^{55}
圈牛	un^{33} ŋau^{55}
拌猪食	lou^{13} tsi^{13} θɛʔ^{1}（捞）
阉鸡	iŋ^{13} kɔi^{13}
盖房子（建造）	tu^{33} uk^{3}
修理	θau^{13} li^{33}
炸石头	tsa^{55} θɛʔ^{1} thau^{55}
打桩	da^{33} tuaŋ^{13}
砌墙	tshɔi^{33} tshiŋ^{55}
糊泥	bɔi^{13} biaʔ^{3}
抹墙	bɔi^{13} biaʔ^{3}

盖瓦	kai^{33} ŋua^{33}
搭棚	daʔ^{3} phuŋ^{55}
锯木头	ki^{33}（muk^{3}）；θai^{55}
锯板（锯木成板）	ki^{33} ban^{33}
刨平	phɛu^{55} phiaŋ^{55}
凿	tshɔʔ^{1}
钻眼	tuan^{33} luŋ^{13}
拼（斗木）	huat^{1}
钉（钉子）	diaŋ^{13}
箍紧	kɛʔ^{1} kɔn^{33}
炼铁	len^{21} thet^{3}
拉风箱	zet^{3} vuŋ^{13} θiŋ^{13}
焊接	huan^{21} tset^{3}
挫	tshɔ^{33}
打铁	da^{3} thet^{3}
淬火	kɔn^{33} θui^{33}（紧水）
补锅	bu^{33} tshɛŋ^{13}
弹棉花	thɛʔ^{5} men^{55} phi^{21}
纺线	thɛʔ^{5} men^{55}；vuaŋ^{55} θen^{33}
织布	tɛʔ^{5} bu^{33}
织毛衣	tɛʔ^{5} da^{33} huan^{55} lɔt^{5}（织衫寒笠）
裁衣	tsen^{33}（剪）
缝衣服（手工）	tɔn^{13} θau^{13}（针衫）
缝（用缝纫机）	thaʔ^{1} θan^{13}（踏衫）
补衣服	bu^{33} θan^{13}
染布	tsiŋ^{13} bu^{33}（浆布）；nɔn^{33} bu^{33}

纳鞋底	tu^{33} hai^{55} dɔi^{33}（做鞋底）
绣花	θau^{21} hua^{13}
榨油	ta^{33} zau^{55}
酿酒	au^{33} tau^{33}（沤酒）
蒸酒	tɔŋ^{13} tau^{33}
破开（竹蔑）	phɔ^{33}（met^{3}）
（用火）弯（竹）	hun^{13}（熏）；ɛu^{33}（拗）
编（竹器）	tɛʔ^{5}（织）
印书	ɔn^{33}

11. 炊事劳动与经济活动

引火	zɔn^{33} hua^{33}
烧火（做饭）	tu^{33} hua^{33}（做火）
笼火（加柴烧火）	dau^{33} hua^{33}
淘（米）	thou^{55}
烤（肉、鸭）	khɛu^{33}
煮饭（做饭）	tsi^{33} van^{21}
炒菜	tshɛu^{33} tshɔi^{33}
煮（红薯、花生）	tsi^{33}
滗水	bi^{13}
蒸	tɔŋ^{13}
熬粥	ŋau^{55} tɔʔ^{5}
烫熟	thuaŋ^{13} θɔʔ^{1}

白灼（虾）	thuaŋ^{13}
煎（鱼）	tsen^{13}
炸（鱼）	tsa^{55}
盛饭	dau^{13}tɔʔ^{5}
铲锅巴	tshan^{33} van^{21} dɔŋ^{13}
翻转（鱼等）	van^{13}
热（热一热）	tu^{33} ŋet^{3}
煨（埋在火灰里）	tsiaʔ^{3}（炙）
劈（柴）	phɔ^{33}（θai^{55}）
切菜	tshet^{3} tshɔi^{33}
割肉	kat^{3} nɔʔ^{5}
沏茶	tshuŋ^{13} tsha^{55}（冲茶）
剁肉	dua^{33}
剔骨头	θiaʔ^{3}
刮（猪毛）	phɛu^{55}；kuat^{3}
杀鸡	thuaŋ^{13} kɔi^{13}
杀猪	thuaŋ^{13} tsi^{13}
烫熟	thuaŋ^{13} θɔʔ^{1}
腌（萝卜）	et^{3}
腊（猪肉）	laʔ^{3}
炖（肉）	thun^{21}
吃火锅	hiaʔ^{3} lu^{55}（吃炉子）
赶场（赶集）	hi^{33} kai^{13}
买	mai^{33}
卖	mai^{33}
贩卖	ban^{33} mai^{33}

交换	kɛu^{13} vuan^{21}
雇工	ku^{33} kuŋ^{13}
分配	vɔn^{13} vuan^{21}
发工资	vaʔ^{3} kuŋ^{13} θi^{13}
数（东西）	khau^{33}；θuan^{33}（算）
算（计算）	kai^{33} θuan^{33}
打算盘	da^{33} θuan^{33} phuan^{55}
增加	tɔŋ^{13} ka^{13}
减少	kan^{33} θiu^{33}
赚钱	tshan^{21} tshen^{55}
赔本	θet^{1} bun^{33}（蚀本）
加	ka^{13}
减	ken^{33}
乘	θɔŋ^{55}
除	tshi^{55}
估计	ku^{33} kɔi^{33}
值钱	tset^{3} tshen^{55}
涨价	θiŋ^{21} ka^{33}/θiaŋ^{21} ka^{33}（上价）
跌价	det^{3} ka^{33}/ ha^{21} ka^{33}（下价）
上算	tshiaʔ^{1} θu^{33}（着数）
减价	kan^{33} ka^{33}
记账	ki^{33} tsiaŋ^{33}/ ki^{33} θu^{33}（记数）
吃亏	hiaʔ^{3} hui^{13}
欠钱	hen^{33}（欠）
赊账	ki^{33} θu^{33}（记数）
抵押	aʔ^{3}

租	tu^{13}
借	θa^{13}
还	van^{55}
缴纳	naʔ^{3}
扣钱	khou^{33} tshen^{55}
赔偿	phui^{55} θiŋ^{55}/ phui^{55}
罚款	vaʔ^{1} khuan^{33} / vaʔ^{1}tshen^{55}
浪费	luaŋ^{21} vɔi^{33}
节省	tset^{3} θɔŋ^{33}
合伙	huat^{1} hua^{33}
赌	du^{3} tshen^{55}
输	θi^{13}
赢	ziaŋ^{55}

12. 抽象行为和社交活动

过瘾	kua^{33} zɔn^{33}
惯了	θɔʔ^{1} kuan^{33}
射中	θiaʔ^{1} tshiaʔ^{1}（射着）
（说）对	tshiaʔ^{1}（着）
比一比	bi^{33}
试一试	bi^{33}
差（很多）	tsha^{13}
算了	θuan^{33}
完（做完）	ŋuan^{55} liu^{33}
用（用一下）	zuŋ^{21}

用力（使劲）	zuŋ^{21} lɛʔ^{5}
管（有人管）	kuan^{33}
利用	li^{21} zuŋ^{21}
当家	duaŋ^{13} ka^{13}
做主	tu^{33} tsi^{33}
靠他（做）	khou^{33} ki^{55}（tu^{33}）
同吃（同住）	thuŋ^{55} hiaʔ^{3}
随便你（随你便）	θui^{55} phen^{21}
随你（挑）	θui^{55} phen^{21}（iu^{33} /kan^{33}）
争着（要去）	tɛŋ^{13}
让路	ŋiŋ^{21}
让给你	ŋiŋ^{21} vɔn^{13} ni^{33}
让我去	ŋiŋ^{21} ŋɔ^{33} hi^{33}
向太阳	hiŋ^{33} ŋet^{3} thau^{55}
向左转	hiŋ^{33} tɔ^{33} tsen^{33}
到家	thau^{33} uk^{3}
（水深）到腰	thau^{33} iu^{13}
腾出（地方）	ŋiŋ^{21}
凑钱（买）	tshau^{21} tshen^{55}
趁热（吃）	tshen^{55} ŋet^{3}
轮流	lun^{55} lau^{55}
感谢	dɔ^{13} θɛ^{21}；ma^{55} van^{55}（麻烦）
赞扬	tan^{33} ziŋ^{55}
约定	zɔʔ^{3} thɔŋ^{21}
翻脸	van^{13} men^{21} phi^{55}（翻面皮）
耍赖	tu^{33} lan^{21}/ vuaŋ^{33} lan^{21}（放懒）

诬赖	u^{13} met^{3}（诬蔑）
冤枉	en^{13} vuaŋ^{55}
抵赖	tu^{33} lai^{21}； vuaŋ^{55} lan^{21}
连累	len^{55} lui^{21}
拼命	phuan^{33} miaŋ^{21}
报仇	bou^{33} tshau^{55}
霸占	ba^{13} tsen^{33}
偷	thau^{13}
抢	tshiŋ^{33}
犯法	van^{21} vaʔ^{3}
犯罪	van^{21} tshui^{21}
得罪	dɛʔ^{5} tshui^{21}
错	tshɔ^{33}
认错	nɔn^{21} tshɔ^{33}
改过	kai^{33} kua^{33}
饶恕	ŋiŋ^{21}（让）
赦他（一次）	ŋiŋ^{21}
解放	kai^{33} vuaŋ^{33}
翻身	van^{13} θɔn^{13}
领导	liaŋ^{33} thou^{21}
动员	thuŋ^{21} zen^{55}
宣传	θen^{13} tshen^{55}
号召	hou^{21} tsiu^{13}
团结	thuan^{55} ket^{3}
胜利	θɔŋ^{21} li^{21}
发展	vaʔ^{3} tɔn^{33}

提高	thɔi^{55} kou^{13}
生产	θɛŋ^{13} tshan^{33}
管理	kuan^{55} li^{55}
节约	tset^{3} iaʔ^{3}
建设	ken^{33} θet^{3}
开会	hai^{13} hui^{21}
讨论	thou^{55} lun^{21}
检查	kan^{33} tsha^{55}
表扬	biu^{33} ziŋ^{55}
批评	phɔi^{13} phɔn^{33}（批判）
检讨	kan^{33} thou^{55}
选举	θen^{33} ki^{13}
拥护	uŋ^{13} hu^{21}
保卫	bou^{33} vi^{21}
反对	van^{33} dui^{33}
破坏	phɔ^{33} huai^{21}
侵略	tsen^{13} liaʔ^{3}
下海	ha^{21} hai^{33}
下放	ha^{21} vuaŋ^{33}
锻炼	thuan^{21}

三、形容词

1. 描写事物形状和性质

红	huŋ^{55}

黄	vuaŋ^{55}
蓝	lan^{55}
白	phɛʔ^{1}
黑	hɛʔ^{5}
（脸）黑	hɛʔ^{5}（men^{21}）
绿	luk^{3}
紫	tsi^{33}
灰	hui^{13}
花（布）	hua^{13}
光	kuaŋ^{13}
亮	kuaŋ^{13}
暗	uan^{33}
晴朗	tshɔŋ^{13}（清）
阴暗	ɔn^{13}
甜	then^{55}
酸	θuan^{13}
苦	hu^{33}
辣	laʔ^{3}
咸	han^{55}
涩	θɛʔ^{5}
淡（盐少）	than^{21}
新鲜	θɔn^{13} θen^{13}
鲜美	hau^{33} hiaʔ^{3}（好吃）
浓（茶）	nuŋ^{55}
香（花）	hiŋ^{13}
臭	tshau^{33}

腥	θiaŋ^{13}
臊（尿臊）	tshau^{33} miu^{21} θuai^{13}
直	vaʔ^{1}
弯	uŋ^{55}
竖（竖着放）	vaʔ^{1}
横（横着放）	vɛŋ^{55}
大	thai^{21}
小	θɔi^{33}（细）
长	tshiŋ^{55}
短	duan^{33}
厚	hau^{21}
薄	phɔʔ^{1}
圆（球）	zen^{55}
（圆圈）圆	zen^{55}
扁	ben^{21}
方（四方）	θi^{33} vuaŋ^{13}
宽（路宽）	huat^{3}（阔）
宽（衣服宽）	huat^{3}
窄	kɛʔ^{1}
高	kou^{13}
矮	dɔi^{13}（低）
低	dɔi^{13}
洼（低洼）	dɔi^{13}
凹	bɛ^{13}
凸	buŋ^{33}
崎岖	khiaʔ^{3}

平	phiaŋ^{55}
陡	thu^{33}
滑	vaʔ^{1}
光滑	vaʔ^{1}
滑溜溜	vaʔ^{1}
尖	tsen^{13}
正	tɔŋ^{33}
歪	uai^{33}
歪嘴	tshuai^{33} tui^{33}
倒（画挂倒了）	den^{13} dou^{33}
斜	θɛ^{55}
侧（侧睡）	θɛ^{21}
满	muan^{33}
饱满	bɛu^{33} muan^{33}
瘪	phɔt^{1}
碎（破碎）	θui^{33}
破烂（衣服）	bɔŋ^{13} lan^{21}
僵硬	ŋɛŋ^{21}
硬	ŋɛŋ^{21}
软	ŋen^{33}（软烂 ui^{13}，lan^{21} 烂）
韧	nɔt^{1}
脆	tshui^{33}
干净	kɔn^{13} tshiaŋ^{21}
肮脏	i^{13} lou^{55}
毒	thuk^{1}
深	θɔn^{13}

夜深	bʔ^{3} za^{21}（落夜）
深（深奥）	θɔn^{13}
浅水	tshen^{33}
浅（显浅）	tshen^{33}
清（水清）	tshɔŋ^{13}
浑（混浊）	nuŋ^{55}
快（刀）	li^{21}（利）
钝（刀）	dun^{13}
松	θuŋ^{13}
紧	kɔn^{33}
粗糙（米）	tshu^{13}
粗糙（桌面）	tshu^{13}
粗布	tshu^{13}
粗大	tshu^{13}
细（筷子细）	ut^{3}
细（面粉细）	ut^{3}
稠（粥稠）	nen^{55}（粘）；khet^{1}
稀	ŋiŋ^{55}
稀（布很稀）	θɔ^{13}（疏）
稀（菜种地稀）	θɔ^{13}
密	mɔt^{5}
疏	θɔ^{13}
焦糊	dɔŋ^{13}
黏（糯糊很黏）	nen^{55}
干（衣服干）	kuan^{13}
干（柴干）	kuan^{13}

湿（衣服湿）	θɔʔ^{5}
潮湿	tshiu^{55} θɔʔ^{5}
旱	huan^{21}
轻	khiaŋ^{13}
重	tshuŋ^{21}
多	dɔ^{13}
许多	khɛʔ^{1} dɔ^{13}
少	θiu^{33}
远	ven^{33}
近	khɔn^{21}
快	huai^{33}
慢	man^{21}
早	tou^{33}
晚（睡得晚）	uan^{33}
晚（起床晚）	tshi^{55}（迟）
迟（来迟了）	tshi^{55}
忙	muaŋ^{55}
有空（有空来）	zua^{33} huŋ^{13}
闲	han^{55}
热（天气）	ŋet^{3}
热（水热）	ŋet^{3}
冷（天气）	lɛŋ^{33}
冷（水）	lɛŋ^{33}
凉（天气）	liŋ^{55}
凉（水）	lɛŋ^{33}
凉（饭凉了）	liŋ^{55}

闷热	kɔʔ^{5} ŋet^{3}
凉快	liŋ^{55} huai^{33}
暖和	nuan^{33}
温（水）	un^{33}
饱	bɛu^{33}
饿	ŋɔ^{21}
渴	kuan^{13} hau^{55}（干喉）
困（想睡）	hun^{33}（困）
累	hun^{33}（困）
烦闷	van^{55}
恶心（想吐）	thai^{21} hau^{55} luŋ^{55}（怀孕时）；ɔʔ^{3} θɔn^{13}
高兴	kou^{13} hɔŋ^{21}
辛苦	θɔn^{13} hu^{33}
舒服	θi^{13} vɔʔ^{1}
麻木	ma^{55}/ ma^{55}muk^{3}
闷（空气）	mun^{21}
瞎	mɛŋ^{55}
聋	tshiaŋ^{13} luŋ^{55}（听不见）
耳背	luŋ^{55}（仍听见声音）
哑	a^{33} lau^{33}
嘶哑	a^{33} θiaŋ^{13}
瘸	bai^{55}（跛）
强壮	tuaŋ^{33}；thai^{21} tsiaʔ^{3}（大只）
弱	niaʔ^{3}
痛	thuŋ^{33}
痒	ziŋ^{33}

痒痒（难受）	ziŋ^{33}
肿	tuŋ^{33}
浮肿	tuŋ^{33}，θui^{33} tuŋ^{33}（水肿）
好	hau^{33}
坏	huai^{21}
新	θɔn^{13}
旧	khau^{21}
生（肉等）	θɛŋ^{13}
差次	miau^{33} hau^{33}（不好）
熟（煮熟）	θɔʔ^{1}
熟（熟人）	θɔʔ^{1} men^{21}（熟面）
生（果子）	θɛŋ^{13}
生面（人）	θɛŋ^{13} men^{21}
夹生	kɛʔ^{1} θɛŋ^{13}
真	tɔn^{13}
确实	khɔʔ^{3} θɔt^{1}
假	ka^{33}
便宜	phiŋ^{55} ŋi^{55}（平宜）
贵	kui^{33}
土（土生）	thu^{33}
本地（人）	bun^{33} thi^{21}
合身	huat^{1} θɔn^{13}
耐用	dɔi^{33} zuŋ^{21}（抵用）
够	ŋɔt^{1}
久	kau^{33}
（水流）急	kɔt^{5}

（事情）紧急	kɔn^{33} kɔt^{5}
旺（火旺）	vuaŋ^{21}
稳	un^{33}
静	tshɔŋ^{21}
走运	hɛŋ^{55} vɔn^{21}（行运）
平安	phiaŋ^{55} uan^{13}
方便	vuaŋ^{13} phen^{21}
费力	hiaʔ^{3} let^{5}（吃力）
妥当	ŋan^{55} ŋan^{55} tshiaʔ^{1}； huat^{1} duaŋ^{13}
灵验	lɔŋ^{55}
奇怪	khi^{55} kuai^{33}
容易	zuŋ^{55} zi^{21}
难	nan^{55}
麻烦	ma^{55} van^{55}
嘈杂	tshɛu^{33} nɛu^{21}（吵闹）
拥挤	kɛʔ^{1}（夹）
结实（桌子等）	ket^{3} θɔt^{1}
倒霉	θuai^{13}（衰）
肮脏	i^{13} lou^{55}
空（箱子空）	huŋ^{13}
空心	huŋ^{13} θɔn^{13}
糠心	luŋ^{13} θɔn^{13}（窿心）
荒芜	huaŋ^{13}
乱	luan^{21}
乱（头发）	luan^{21}
蓬松	phuŋ^{13}（mou^{55} 毛）

朦胧（相片等）	mu^{55} hu^{55}
相似	θiŋ^{13} tshɔt^{5}
清楚	tshɔŋ^{13} tshu^{33}
齐（人来齐）	tshɔi^{55}
整齐	tɔŋ^{33} tshɔi^{55}
相同	θiŋ^{13} thuŋ^{55}
富	vu^{33}
穷	khuŋ^{55}

2. 描写人或生物的特点

漂亮	hau^{33} ɛʔ^{5}/ hau^{33} hɔn^{13}（好看）
俊（男孩）	hau^{33} ɛʔ^{5}
美丽	hau^{33} ʔɛ^{5}
丑	tshun^{33}（蠢）
难看	ɔʔ^{3} hɔn^{13}（恶看）
年轻	hau^{21} θɛŋ^{13}（后生）
老（人）	lou^{33}
老（菜）	lou^{33}
年幼	nen^{55} θɔi^{33}（年细）
嫩	nun^{21}
胖	vi^{55}（肥）
肥（肉）	vi^{55}
肥（土地）	vi^{55}
瘦（肉）	θau^{33}
瘦（人瘦）	θau^{33}

瘦（土地）	θau^{33}
健康	tɔŋ^{13}（精）
健康	ken^{33} khuaŋ^{13}
娇（孩子很娇）	ŋɛu^{21}
乖	kiu^{13}
巧（手巧）	khaʔ^{1}
勤劳	khen^{55} kɔn^{33}（勤紧）；liaŋ^{55} li^{21}
努力	nu^{21} lɛʔ^{5}
匆忙	tshuŋ^{13} muaŋ^{55}
懒	lan^{33}
能干	diu^{13}
聪明	tshuŋ^{13} mɔŋ^{55}
直爽	vaʔ^{1} θuaŋ^{33}
老实	lou^{33} θɔt^{1}
温和	un^{13} hua^{55}
客气	khɛʔ^{3} hi^{33}
孤独	ku^{13} thuk^{1}
和睦	hua^{55} luk^{3}
驯	θun^{21}
顽皮	thiu^{55} phi^{55}（调皮）
调皮	thiu^{55} phi^{55}
愚蠢	ban^{33}（笨）
傻	ŋuaŋ^{55}（戆）
糊涂	hu^{55} thu^{55}
唠叨	lɔ^{33} θɔ^{33}
沉默	tshɔn^{55} mɔʔ^{5}

饶舌	bɔt^{1} bɔ^{13}
结巴	nɔt^{1} va^{21}
小气	θɔi^{33} θiŋ^{33} /kiu^{13} ŋɛu^{21}
大胆	thai^{21} dan^{33}
小心	θɔi^{33} θɔn^{13}（细心）
粗心	tshu^{13} θɔn^{13}
节俭	tɛʔ^{5} θɔŋ^{21}（节省）
吝啬	kan^{13} θɔn^{13} ; θɔi^{13} hi^{33}（细气）
贪心	than^{13} θɔn^{13}
馋嘴	thu^{55} hiaʔ^{3}
贪吃	thu^{55} hiaʔ^{3}
淫荡	hɛu^{55}（姣）/ vaʔ^{3} hɛu^{55}（发姣）
骚（男人）	hɛu^{55}； va^{33} hɛu^{55}； hen^{33} θɔi^{33}（欠世）
野蛮	zɛ^{21} man^{21}
凶恶	ɔʔ^{3}
心毒	thuk^{3} θɔn^{13}
相好	θiŋ^{13} hau^{33}
暴躁	tshau^{55} bɛu^{55}（粗暴）
平等	phiaŋ^{55} dɔŋ^{33}
公平	kuŋ^{13} phiaŋ^{55}
丰收	vuŋ^{13} θau^{13}
光彩	kuaŋ^{13} tshuai^{33}
光明	kuaŋ^{13} miaŋ^{55}
光荣	kuaŋ^{13} zuŋ^{55}
伟大	vui^{55} thai^{21}
正确	tɔŋ^{33} khɔʔ^{3}

幸福	hɔŋ^{21} vɔʔ^{5}
积极	tɔt^{5} kɔt^{5}
进步	tɔn^{33} phu^{21}
落后	lɔʔ^{3} hau^{21}
勇敢	zuŋ^{33} kuan^{33}

四、数词

一	aʔ^{5}
二	ŋi^{21}
三	θan^{13}
四	θi^{33}
五	ŋu^{33}
六	lɔʔ^{5}
七	tshɔt^{5}
八	baʔ^{3}
九	kau^{33}
十	θɔt^{1}
等于	dɔŋ^{33} tshei^{21}
一百五十	bɛʔ^{3} ŋu^{33}
一百来（个）	bɛʔ^{3} liaŋ^{55}（kɔ^{21}）
一百一十	bɛʔ^{3} aʔ^{5}
十一	θɔt^{1} aʔ^{5}
十二	θɔt^{1} ŋi^{21}
十三	θɔt^{1} θan^{13}
十四	θɔt^{1} θi^{33}

十五	θɔt^{1} ŋu^{33}
十六	θɔt^{1} lɔʔ^{5}
十七	θɔt^{1} tshɔt^{5}
十八	θɔt^{1} baʔ^{3}
十九	θɔt^{1} kau^{33}
二十	ŋi^{21} θɔt^{1}
二十一	ŋi^{21} aʔ^{5}
二十五	ŋi^{21} θɔt^{1} ŋu^{33}
五十	ŋu^{33} θɔt^{1}
六十	lɔʔ^{5} θɔt^{1}
八十	baʔ^{3} θɔt^{1}
一百	aʔ^{5} bɛʔ^{3}
一千	aʔ^{5} tshen^{13}
一万	aʔ^{5} van^{21}
一亿	aʔ^{5} zi^{55}
零（一百零五）	liaŋ^{55}
第一	thi^{21} aʔ^{5}
第二	thi^{21} ŋi^{21}
第三	thi^{21} θan^{13}
第末（倒数第一）	dou^{33} θu^{33} thi^{21} aʔ^{5}/ tshɔn^{21} mi^{33}（尽尾）
半（一半）	buan^{33}
半年	buan^{33} nen^{55}
半天	buan^{33} nɔt^{5}
半斤	buan^{33} kɔn^{13}
半桶	buan^{33} thuŋ^{33}
整天	tɔŋ^{33} nɔt^{5}

单	dan^{13}
双	θuaŋ^{13}
一点儿	aʔ^{5} det^{1} ŋi^{55}
一些（一些人）	aʔ^{5} det^{1} ŋi^{55}（nɔn^{55}）
一下子	aʔ^{5} ha^{21} ŋi^{55}
十多个	θɔt^{1} liaŋ^{55} kɔ^{21}
很多	hɔn^{21} dɔ^{13}
几个（人）	ki^{33} kɔ^{21}
若干（若干人）	hau^{33} dɔ^{13};aʔ^{5} det^{1} nɔn^{55}

五、量词

亩	mau^{33}
里	li^{33}
丈	tshiŋ^{21}
尺	tshiaʔ^{3}
寸	tshun^{33}
分	vɔn^{13}
庹	tshiŋ^{21}（丈）
拃	tsa^{13}
石（十斗）	θiaʔ^{1}
斗	dou^{33}
升	θɔŋ^{13}
斤	kɔn^{13}
两	liŋ^{33}
钱	tshen^{55}

元（一元）	aʔ^{5} kɔ^{21} ŋɔn^{55}（一个银）；一银 aʔ^{5} ŋɔn^{55}; （aʔ^{5}）kɔ^{21} ŋu^{33}（一块五）
角（一角）	aʔ^{5} kɔʔ^{3} tshen^{55}（一角钱）； ŋi^{21} kɔʔ^{3} ŋu^{33}（二角五）
分	vɔn^{13}
个（一个人）	kɔ^{21}
个（一个碗）	kɔ^{21}
只（一只鸡）	tsiaʔ^{3}
头（一头牛）	tsiaʔ^{3}（只）；thau^{55}（头）
匹	phɔt^{5}
棵	kɔn^{13}（根）
蔸（株）	kɔn^{13}（kuk^{3}）
根（一根棍子）	thiu^{55}（条）
把（一把秧）	ba^{33}（iŋ^{13}）
颗（一颗星）	kɔ^{21}（θiaŋ^{13}）
粒（一粒米）	let^{3}/kɔ^{21}（a^{35} let^{3} /kɔ^{21} mɔi^{33}）
块（一块石头）	kɔ^{21}
块（一块肉、一块蛋糕）	huai^{33}
把（一把刀）	ba^{33}
块（一块布）	huai^{33}
架（一架飞机）	ka^{33}
辆（一辆车）	ka^{33}
顶（一顶帽子）	diaŋ^{33}（mou^{21}）
面（一面旗子）	men^{21}（khi^{55}）
座（一座山）	tshua^{21}
支（一支笔）	tsi^{13}（bɔt^{5}）

扇（一扇门）	θen^{33}
间（一间房）	kan^{13}（vuaŋ^{55}）
件（一件衣服）	thiu^{55}（条）
件（一件事）	khen^{21}
条（一条绳子）	thiu^{55}
条（一条鱼）	tsiaʔ^{3}（只）
条（一条裙子、一条裤子）	thiu^{55}
滴（一滴水）	den^{33}（点）
份（一份文件）	vɔn^{21}
层（一层皮）	tshɔŋ^{55}
行（一行树）	huaŋ^{55}
排（一排房子）	phai^{55}
叠（一叠钞票）	thaʔ（tshen^{55}）
袋（一袋米）	thɔi^{21}
套（一套衣服）	thou^{33}；thuat^{3}（脱）
张（一张纸）	tsiaŋ^{13}
盏（一盏灯）	tan^{33}
朵（一朵花）	dua^{33}
枝（一枝花）	a^{13}
段（一段木头）	khut^{1}（橛）
段（一段路）	thuan^{21}；khut^{1}（橛，用于甘蔗、木材等）
块（一块丘田）	phen^{33}（大，小）
片（一片田）	phen^{33}
匹（一匹布）	phɔt^{5}
本（一本书）	bun^{33}

封（一封信）	vuŋ^{13}
首（一首歌）	thiu^{55}（条）
剂（一剂药）	aʔ^{5} dan^{13} ziaʔ^{3}（一单药）
床（一床被子）	van^{13}（番）
页（一页书）	huai^{33}（块）；ban^{21}（版）
句（一句话）	ki^{33}
顿（一顿饭）	dun^{33}
阵（一阵雨）	tshɔn^{21}
泡（一泡尿）	phɛu^{13}
种（一种谷子）	tuŋ^{33}
样（一样东西）	ziŋ^{21}
代（一代人）	thai^{21}
圈（一圈绳子）	khen^{13}
节（一节竹子）	tset^{3}
副（一副扑克）	vu^{33}
双（一双鞋）	dui^{33}（对）
只（一只鞋）	tsiaʔ^{3}
对（一对手镯）	dui^{33}
群（一群羊）	khun^{55}
缕（一缕线、一缕炊烟）	khun^{33}
床（一床被子）	khun^{33}；van^{13}（番）
家（一家人）	ka^{13}
窝（一窝小鸡）	luŋ^{55}（笼）
筐（一筐菜）	khuaŋ^{33}
盒（一盒饼）	huat^{1}
筒（一筒米）	duŋ^{55}

桌（一桌饭菜）	phuan^{55}（盘）
杯（一杯水）	tuŋ^{13}（盅）
瓶（一瓶油）	phiaŋ^{55}；kɔʔ^{5}
身（一身汗）	θɔn^{13}
口（一口饭）	hau^{33}（aʔ^{5} hau^{33} van^{21}/tɔʔ^{1}）
围（腰大三围）	vi^{55}
担（一担水）	dan^{33}
捧（一捧水）	phuŋ^{33}
撮（一撮毛）	tshuat^{3}
撮（一撮盐）	tshuat^{3}
捆（一捆柴）	khun^{33}
堵（一堵墙）	θen^{33}（扇）
堆（一堆土）	dui^{13}
串（一串鱼）	tshen^{33}
点钟（三点钟）	den^{33} tuŋ^{13} /tuŋ^{13} thɔʔ^{5}（钟头）
天（一天）	nɔt^{5}
月（一月）	ŋet^{3}
年（一年）	nen^{55}
处（分两处住）	lu^{21}
面（一面有花）	ben^{13}（边）
边（一边种树）	ben^{13}
次（下次再来）	ha^{21} tsen^{33}（下次）
下（打一下）	ha^{21}
回（走一回）	tsen^{33}
趟（去过一趟）	tsen^{33}
遍（读一遍）	phen^{33}

顿（打一顿）	dun^{33}
觉（睡一觉）	kɛu^{33}（bɔi^{33} aʔ^{5} kɛu^{33} 闭一觉）
步（走一步）	bu^{21}（tau^{33} aʔ^{5} bu^{21}）
拳（打一拳）	khen^{55}（da^{33} aʔ^{5} khen^{55}）
脚（踢一脚）	kiaʔ^{3}（thiaʔ^{3} aʔ^{5} kiaʔ^{3}）

六、代词

我	ŋɔ^{33}
你	ni^{33}
他	ki^{55}（渠）
我们	ŋɔ^{33} kun^{55}（合音 ŋun^{13}）
你们	ni^{33} kun^{55}
他们	ki^{55} kun^{55}
咱们	ŋɔ^{33} kun^{55}；ŋun^{13}
自己	tshi^{21} ka^{13}（自家）
别人	phet^{1} nɔn^{55}
人家	nɔn^{55}
大家	thai^{21} ka^{13}
我们俩	ŋun^{13} liŋ^{33}（nɔn^{55}）
你们俩	ni^{33} kun^{55} liŋ^{33}（nɔn^{55}）
他们俩	ki^{55} kun^{55} liŋ^{33}（nɔn^{55}）
我的	ŋɔ^{33} di^{33}
这样	kɔ^{55} ziaŋ^{21}
别处	phet^{1} lu^{21}（别路）
这	ku^{55}

这个	ku^{55} kɔ^{21}
这么（大）	ku^{55} kɔ^{33}（thai^{21}）
这么（做）	ku^{55} kɔ^{33}（tu^{33}）
这里	ku^{55} lu^{21}
这些	ku^{55} dɔ^{13}；ku^{55} det^{1} ŋi^{55}
那	nu^{55}
那个	nu^{55} kɔ^{21}
那么（远）	ku^{55} kɔ^{33}（tshiŋ^{55}）
那么（说）	ku^{55} kɔ^{33}（kɛŋ^{33}）
那里	nu^{55} lu^{21}
那些	ku^{55} dɔ^{13}
各个	kɔʔ^{3} kɔ^{21}
每	mui^{33}
谁	mi^{55} nɔn^{55}；mu^{55} nɔn^{55}
什么	mi^{55} di^{33}
怎么（办）	tshɔ^{55} ziŋ^{21}（tu^{33}）
怎么样	tshiaŋ^{55} tshɔ^{55} ziŋ^{21}（tshɔ^{55} tshɔ^{55}）
多么（好）	ku^{55} kɔ^{33} dɔ^{13}
多（有多大?）	ki^{33}（thai^{21}）
多少	ki^{33} dɔ^{13}（几多）
几个	ki^{33} kɔ^{21}
哪	tshi^{33}
哪里	tshi^{33} lu^{21}
哪个	tshi^{33} kɔ^{21} / tshi^{33} dɔ^{13}（哪些）
某人	mau^{33} nɔn^{55}; mau^{33} kɔ^{21} nɔn^{55}
各位（先生）	kɔʔ^{3} vi^{21}

七、副词

最（好）	khɛʔ^{1}（极）
很（大）	khɛʔ^{1}；hɔn^{21}（thai^{21}）
非常（可怕）	vɔi^{13} tshiŋ^{55}
极（好极了）	khɛʔ^{1}
哪些	tshi^{33} dɔ^{13}
刚好	ŋan^{55} ŋan^{55}/ŋan^{55} ŋan^{55} tshiaʔ^{1}；khɛʔ^{1} hau^{33}（恰好）
太（太好、太多）	thai^{33}
比较（比较好）	bi^{33} kɛu^{33}
更加	kɔŋ^{13} ka^{13}
差不多	tsha^{13} miau^{33} dɔ^{13}
才（他才到）	kiŋ^{13}（刚）
才（这样说才对）	ku^{55}（ku^{55} kɔ^{33} kɛŋ^{33} ku^{55} tshiaʔ^{1}）
刚刚（刚刚来过）	tshi^{21} tshau^{21}（tshi^{21} tshau^{21}lɔi^{55} kuo^{33}）
刚才（刚才说）	tshi^{21} tshau^{21} /tshau^{21} tshau^{21}
已经	zi^{33} kɔŋ^{13}
常常	tshiŋ^{55} tshiŋ^{55}
经常	kɔn^{13} tshiŋ^{55}
立刻（立刻去）	lɔt^{5} khɔt^{1}
先（你先去）	θen^{13}
后（他后去）	hau^{21}
开头（开头不好）	hai^{13} thɔʔ^{5}
后来（后来同意）	hau^{21} lɔi^{55}

快（快要下雨了）	huai^{33}/aʔ^{5}（aʔ^{5} ha^{21} vau^{33} lɔ^{3}）
就（我就来）	tshau^{21}
偶尔（偶尔也来）	ŋau^{21} zen^{55}（偶然）
有时（有时很热）	zau^{33} θi^{55}
一会儿（坐一会儿）	aʔ^{5} ha^{21} ŋi^{55}
渐渐（渐渐多）	tan^{33} tan^{33}
慢慢（慢慢吃）	man^{21} man^{21}
快快（快快走）	huai^{33} huai^{33}
最好（最好回去）	khɛʔ^{1} hau^{33}
还有（还有很多）	huan^{55} zau^{33}
还没来	huan^{55} θi^{21} miau^{33} lɔi^{55} /miau^{33} lɔi^{55} tshei^{21}
继续（继续说）	kɔi^{33} θɔʔ^{5}
忽然（忽然下雨）	hut^{5} zen^{55} /thut^{5} zen^{55}
都（大家都去）	lu^{55}
也（我也有）	lu^{55}
再（明天再来）	tuai^{33}
完全（完全同意）	ŋuan^{55} tshen^{55}
总共（总共十个）	tuŋ^{33} khuŋ^{21}
完（吃完）	liu^{33}（hiaʔ^{3} liu^{33}）
有一点	zau^{33} aʔ^{55} ʔdet^{1} ŋi^{55}
全部	ha^{21} ba^{21} laŋ^{21}
只（只让他去）	tsi^{33}
只有（只有十个）	tsi^{33} zau^{33}
一起（一起去）	aʔ^{5} hi^{33}
又（他又来了）	zau^{21}
又（又快又好）	zau^{21}

一定（我一定去）	aʔ^{5} tɔŋ^{21}
独自（他独自做）	thuk^{1} tshi^{21}
特地（特地告诉）	thuk^{1} thi^{21}
故意（故意说）	ku^{33} i^{33}
偏偏（偏偏不去）	phen^{33} phen^{33}
另外（另外买个）	lɔŋ^{21} ŋuai^{21}
仍旧（仍旧想你）	zen^{55} khau^{21}
当然（当然去了）	duaŋ^{13} zen^{55}
居然（居然不认）	ki^{13} zen^{55}
必须（必须给我）	bɔt^{5} θi^{13}
恰巧（恰巧看见）	ŋan^{55} ŋan^{55}/ŋan^{55} tshiaʔ^{1}；khɛʔ^{1} hau^{33}（恰好）
幸亏（幸亏你忙）	hen^{21} tshiaʔ^{1}
可能（可能下雨）	kɔ^{33} nɔŋ^{55}
白（你白干了）	phɛʔ^{1}
不（不是，不来）	mu^{55} θi^{21}；mɔʔ^{3}（莫）
未曾（未曾见你）	miau^{33}
可以（可以进来）	khɔ^{33} zi^{33}
大约（大约有一个）	thai^{21} zɔʔ^{3}
好像（好像有人）	hau^{33} tshɔt^{5}（好似）
原来（原来是你）	zen^{55} lɔi^{55}
几乎（我几乎不认识你了）	ki^{13} hu^{55}

八、连词

和（我和你）	thuŋ^{21}

或者（或者不是）	kɔʔ^{3} tsɛ^{21}
如果	thuŋ^{55} kua^{33}
因为	ɔn^{13} vi^{21}
所以	θɔ^{33} zi^{33}
虽然	θui^{13} zen^{55}
但是	than^{21} θi^{21}
不然	miau^{33} zen^{55}
只要	tsi^{33} zau^{33}
为了	vui^{55} liu^{33}
尽管	tshɔn^{21} kuan^{33}

九、介词

把（把它仍了）	tsiaŋ^{13}（将）;phui^{21}
挨（挨打）	ai^{33}
被（他被我骂）	phi^{21}
给（给他打破了）	vɔn^{13}（ki^{55} da^{33}）
从（从北京来）	tshuŋ^{55}
由（由你决定）	zau^{55}
在（在这里玩）	tshei^{21}
向（向东）	hiŋ^{33}
往（你往哪里走）	vuaŋ^{55}
用（用铅笔写字）	zuŋ^{21}
沿（沿河边走）	nen^{55} tshiaʔ^{1}
跟（别跟他说）	dui^{33}（对）;thuŋ^{21}（同）;nen^{55}
跟（去跟他借书）	thuŋ^{21}（同）

依（依我看）	tsiu^{33}（照）
比（你比他高）	bi^{33}
过（这里热过广东）	kua^{33}
过（你到过南京吗?）	kua^{33}
连（连饭也不吃）	len^{55}
自从（自从立春以来）	tshi^{21} tshuŋ^{55}

第四章

语法和句子

第一节 迈话语法的主要特点

迈话独有的语法特点不多，但也有一些与众不同的用法。

1. 名词表示人、地点、事物、抽象概念时，往往在后面加上一个“儿”ŋi^{55}。如：鼻子phɔt^{11}ŋi^{55}，小偷tshɛʔ^{1} ŋi^{55}，抽屉ʔdau^{33}ŋi^{55}，小孩θɔi^{33}tsi^{13}ŋi^{55}，女孩viŋ^{55}ni^{33}ŋi^{55}，男孩tshu^{33}ŋi^{55}，耳朵ŋi^{33}ŋi^{55}，小手指tsi^{33}thau^{55}ŋi^{55}。

2. 表示复数的人称代词，在单数人称代词之后加kun^{55}表示：我们ŋɔ^{33}kun^{55}，你们ni^{33}kun^{55}，他们ki^{55}kun^{55}。

3. 表示否定的词有：“冇”（不）miau^{33}，如冇有（没有）miau^{33}zau^{33}；“无”mu^{55}。“冇”用在句末，表示疑问。如：“你打得过佢冇？”（你打得过他吗？）“你惊吃药冇？”（你怕吃药吗？）“你担得一百斤冇？”（你挑得一百斤吗？）

4. 助动词aʔ^{5}，有“将要”的意思。如：天黑，aʔ^{5}下雨罗（天黑了，要下雨了）。

5. 双宾语的句子，指物宾语在前，指人宾语在后，一般要重复动词，如：“你分几多钱分我？”（你给我多少钱？）指人宾语也可以在前，如：“我分你五十银。”（我给你五十块钱。）

6. 动词带宾语和补语时，语序是：动宾补。如：“洗衣服干净再出去”（洗干净衣服再出去）。

7. 动词带宾语和作补语的”过”时的语序是“动词+宾+过”。如“近来我见他过”（近来我见过他）。

8．表示动作先后的“先”，多用在句末。如：你去过先（你去先）；你讲先（你先说）。也可以用在动词之前。如：要让老师先讲。

第二节　迈话各类句子举例

1.树上有三只鸟。　muk^{3}kɔn^{13}θiŋ^{21} zau^{33} θan^{13} tsiaʔ^{3} tsi^{13}tsiaʔ^{1}

2.我不吃羊肉。　ŋɔ^{33} miau^{33} hiaʔ^{3} ziŋ^{55} nɔʔ^{5}

3.碗很大，筷子很小。　wan^{33} khɛʔ^{1} thai^{21}，θuaŋ^{13} tshi^{21} khɛʔ^{1} θɔi^{33}

4.我是工人，你是农民，他是军人。　ŋɔ^{33} θi^{21} kuŋ^{13} nɔn^{55}，ni^{33} θi^{21} nuŋ^{55} nɔn^{55}（农人），ki^{55}θi^{21}kun^{13}nɔn^{55}

5.不管聋人、盲人、哑巴都有工作。　miau^{33} tsha^{55}tshiaŋ^{13} luŋ^{55}nɔn^{55} tshiaŋ^{13} mɛŋ^{55}nɔn^{55} a^{33} lau^{33} nɔn^{55} lu^{55} zau^{33} kuŋ^{13} tɔʔ^{5}

6.那三个人是我们村的。　nu^{55} θan^{13} kɔ^{21} nɔn^{55} θi^{21} ŋun^{13} tshun^{13} de^{33}

7.你家养的那些鸭子很肥啊。　ni^{33} kɔʔ^{5} uk^{3} ziŋ^{33} di^{33} aʔ^{3} vi^{55}

8.有一群鸟在天上飞。　zau^{33} aʔ^{5} hua^{33} tsi^{13} tshei^{21} then^{13} θiŋ^{21} vi^{13}

9.五只小狗，两只是公的，三只是母的。　ŋu^{33} tsiaʔ^{3}kau^{33}ŋi^{55}，liŋ^{33} tsiaʔ^{3} θi^{21} kuŋ^{13} di^{33}，θan^{13} tsiaʔ^{3} θi^{21} tshi^{21} di^{33}

10.房子前面有一条河。　uk^{3} men^{21} tshen^{55} zau^{33} aʔ^{5} thiu^{55} hɔ^{55}

11.房子后面有一座山。　uk^{3} hau^{21} dɔi^{33} zau^{33} aʔ^{5} tshua^{21} θan^{13}

12.坐在房子外面晒太阳。tshua^{21} tshei^{21} uk^{3} ŋuai^{21} thau^{55} θai^{33} ŋet^{3} thau^{55}

13.前面的房子是伯父的。　men^{21}tshen^{55} di^{3} uk^{3} θi^{21} a^{5} ba^{13} di^{33}

14.后面的房子是叔父的。　hau^{21} men^{21} di^{33} uk^{3} θi^{21} θɔʔ^{5} za^{13} di^{33}

15.上面一块地种玉米。　θiŋ^{21} thau^{55} aʔ^{5} huai^{33} thi^{21} tuŋ^{33} van^{13}mɛʔ^{3}

16.下面的两块地种花生。　ha^{21} dɔi^{33} liŋ^{33} huai^{33} thi^{21} tuŋ^{33} la^{21}θɛŋ^{13}

17.今天来的人很多。 kɔn^{13} nɔt^{5} lɔi^{55} di^{33} nɔn^{55} dɔ^{13}

18.一个月以前我还不认识他。 aʔ^{5} kɔ^{21} ŋet^{3} tshen^{55} ŋɔ^{33}huan^{55}θi^{21} miau^{33} θɛʔ^{5} ki^{55}

19.一个星期之后我要去开会。 aʔ^{5} kɔ^{21} θiaŋ^{13} khi^{13} hau^{21} ŋɔ^{33} aʔ^{5} hi^{33}hai^{13} hui^{21}

20.三月插秧，七月收割。 θan^{13} ŋet^{3} tshaʔ^{3} iŋ^{13}，tshɔt^{5} ŋet^{3} θau^{13} kɔt^{3}

21.这几天，天天下雨。 ki^{55} ki^{33} nɔt^{5}，nɔt^{5}nɔt^{5} tu^{33} vau^{33}

22.我们年年都种玉米。 ŋun^{13} nen^{55} nen^{55} lu^{55} tuŋ^{33} van^{13}mɛʔ^{3}

23.早上七点去犁田。 then^{13}kuaŋ^{13} tou^{33} tshɔt^{5} den^{33} tuŋ^{13} hi^{33} lɔi^{55} then^{55}

24.晚上八点去开会。 za^{21}li^{33} baʔ^{3}den^{33} tuŋ^{13} hai^{13} hui^{21}

25.队长的儿子回家去了。 dui^{33}tsiŋ^{33}di^{33}ŋi^{5} hui^{55} uk^{3} liu^{33}

26.他是广东人吗？ ki^{55} θi^{21} kuaŋ^{33}duŋ^{13} nɔn^{55} ma^{55}

27.本地人讲本地话。 bun^{33} thi^{21} nɔn^{55} kɛŋ^{33} bun^{33} thi^{21} va^{21}

28.三岁孩子很会说话了。 θan^{13} sui^{33} θɔi^{33}tsi^{13}ŋi^{55}lu^{55} diu^{13} kɛŋ^{33} va^{21}

29.我们两个犁田，你俩插秧。 ŋun^{13} liŋ^{33} kɔ^{21} lɔi^{55} then^{55}，ni^{33}kun^{55} liŋ^{33} kɔ^{21} tshaʔ^{3} iŋ^{13}

30.你自己去吧，我不去了。 ni^{33} tsi^{21} hi^{33}，ŋɔ^{33} miau^{33} hi^{33}

31.不要告诉别人。 mɔʔ^{3} kɛŋ^{33} vɔn^{13} nɔn^{55} thiaŋ^{13}

32.有什么吃什么。 zau^{33} mi^{55}di^{33} hiaʔ^{3} mi^{55}di^{33}

33.什么都不吃。 mi^{55}di^{33} lu^{55} miau^{33} hiaʔ^{3}

34.每人吃一个。 aʔ^{5} nɔn^{55} hiaʔ^{3} aʔ^{5} kɔ^{33}

35.这里有人，那里也有人。 ku^{55} lu^{21} zau^{33} nɔn^{55}，nu^{55} lu^{21} zɛ^{21} lu^{55} zau^{33} nɔn^{55}

36.我弟弟今年十五岁了。 ŋɔ^{33} hɔŋ^{13}thɔi^{21} kɔn^{13} nen^{55} θɔt^{1} ŋu^{33} θui^{33}

37.这座房子是他的。 kɔ^{55} kan^{13} uk^{3} θi^{21} ki^{55} di^{33}

38.五六个人，三四个人，三五个人。 ŋu^{33} lɔʔ^{5} kɔ^{21} nɔn^{5}，θan^{13} θi^{33}

kɔ^{21} nɔn^{55}，θan^{13}ŋu^{33} kɔ^{21} nɔn^{55}

39.全村共有三千人。 tshen^{55} tshun^{13} zau^{33} θan^{13} tshen^{13} nɔn^{55}

40.挖一些土来种树。 uat^{3} nɔi^{55} lɔi^{55} tuŋ^{33} muk^{3}kɔn^{13}

41.给我一点水喝。 vɔn^{13} di^{33} θui^{33} ŋɔ^{33} hiaʔ^{3}

42.条条路都一样长。 mɔi^{33} thiu^{55} lu^{21} lu^{55} ku^{55}kɔ^{33} tsiŋ^{55}

43.你写写看。 ni^{33} θɛ^{33} lɔi^{55} hɔn^{13}

44.他不同意，你怎么办？ ki^{55} miau^{33} thuŋ^{55}i^{33}，ni^{33} aʔ^{5} tshɔ^{55} tu^{33}

45.大家要互相帮助。 thai^{21}ka^{13} lu^{55} iu^{33} buaŋ^{13} phuan^{21}

46.今天是三月初三。 kɔn^{13}nɔt^{5} θi^{21} θan^{13} ŋet^{3} tshɔ^{13} θan^{13}

47.有人来找你。 zau^{33} nɔn^{55} tshɔn^{55} ni^{33}

48.有就说有，没有就说没有。 zau^{33} tshau^{21} kɛŋ^{33}zau^{33}，miau^{33}zau^{33} tshau^{21} kɛŋ^{33} miau^{33}zau^{33}

49.我不会唱歌，你会吗？ ŋɔ^{33} miau^{33} θɛʔ^{5} tshiŋ^{33} kɔ^{13}，ni^{33} θɛʔ^{5} miau^{33}

50.大家都应该努力工作。 thai^{21}ka^{13} lu^{55} iu^{33} nu^{21} lɛʔ^{5} kuŋ^{13}tɔʔ^{3}

51.你把衣服洗干净一点。 ni^{33} iu^{33} phui^{21} θan^{13} tu^{33} luai^{13} tshɔŋ^{13} tshɔŋ^{13} aʔ^{5} det^{1} ŋi^{55}

52.不要把蛇打死。 mɔʔ^{3} da^{33} θi^{33} kɔ^{55} tsiaʔ^{3} θa^{55}

53.爬上山/爬上山去。 bɛʔ^{5} θiŋ^{21} θan^{13} / bɛʔ^{5} θiŋ^{21} θan^{13} hi^{33}

54.三天也讲不完。 θan^{13} nɔt^{5} lu^{55} kɛŋ^{33} miau^{33} liu^{33}

55.三天讲得完。 θan^{13} nɔt^{5} kɛŋ^{33} dɛʔ^{5} liu^{33}

56.这碗饭他吃得了吗？ ku^{55} van^{33} tɔʔ^{5}ki^{55} hiaʔ^{3} dɛʔ^{5} liu^{33} miau^{33}

57.这样的会可以多开几次。 ku^{55} kɔ^{33} di^{33} hui^{21} dɔ^{13} hai^{13} ki^{33} tsen^{33}

58.你这样说也对。 ni^{33} ku^{55} kɔ^{33} kɛŋ^{33} za^{21} tshiaʔ^{1}

59.你先去。 ni^{33} hi^{33} kua^{33} θen^{13}

60.从早到晚，他都在劳动。 ɔn^{33} nɔt^{5} thau^{33} uan^{21}，ki^{55} lu^{55} tu^{33} kuŋ^{13}

61.向前走一会儿就到了。 hiŋ^{33} tshen^{55} hɛŋ^{55} aʔ^{5} ha^{21} ŋi^{55} tshau^{21} thau^{33}

62.这里有吃的，又有穿的。　ku^{55}lu^{21} zau^{33} hiaʔ^{3} di^{33} zɛ^{21} lu^{55} zau^{33} tsiaʔ^{3} di^{33}

63.他挑得一百多斤。　ki^{55} dan^{13} dɛʔ^{5} aʔ^{5} bɛʔ^{3} lɔŋ^{55}kɔn^{13}

64.你跟他说还是我跟他说？　ni^{33} thuŋ^{21} ki^{55} kɛŋ^{33} aʔ^{5}θi^{21} ŋɔ^{33} thuŋ^{21} ki^{55} kɛŋ^{33}

65.二叔你坐上面。　ŋi^{21}θɔʔ^{5} ni^{33} tshɔ^{21} θiŋ^{21} thau^{55}

66.爷爷要跟你讲个故事。　a^{55} dɛ^{55} hɔʔ^{1} aʔ^{5} thiu^{55} ku^{33} vɔn^{13} ni^{3} thiaŋ^{13}

67.你们城里人不习惯吃这些东西。　ni^{33}kun^{55} θiaŋ^{55} kai^{13} nɔn^{55} miau^{33} θiŋ^{33} hiaʔ^{3}ku^{55}dɔ^{13} duŋ^{13}θɔi^{13}

68.我还没看见老师你呢。　lou^{55}θi^{33} ŋɔ^{33} hɔn^{13} miau^{33} ken^{33}ni^{33}

69.你不去也罢。　ni^{33} miau^{33} hi^{33} vet^{1}bɔ^{21}

70.说是那么说，实际上谁也做不到。　kɛŋ^{33} θi^{21} ku^{55}kɔ^{33}kɛŋ^{33}，θi^{21}θɔt^{1} θiŋ^{21} mu^{55}nɔn^{55} lu^{55} tu^{33} miau^{33} thau^{33}

第三节　分类句子

一、含数词、量词的句子

五加五等于十。　ŋu^{33} ka^{13} ŋu^{33} dɔŋ^{33}tshei^{21} θɔt^{1}

三乘三等于九（三三得九）。　θan^{13}θɔŋ^{55} θan^{13} dɔŋ^{33}tshei^{21} kau^{33}

四五——二十（四乘五等于二十）。θi^{33}ŋu^{33} kui^{13}（归）ŋi^{21} θɔt^{1}

四二——八（四乘二等于八）。　θi^{33} ŋi^{21} dɛʔ^{5}（得）baʔ^{3}

三下五落二。　θan^{13} ha^{21} ŋu^{33} lɔʔ^{3} ŋi^{21}

我一五一十地告诉他了。　ŋɔ^{33} aʔ^{5} ŋu^{33} aʔ^{5} θɔt^{1} kɛŋ^{33} vɔn^{13} ki^{55} thiaŋ^{13}

有一百来个人（一百个人左右）。 zau^{33} aʔ^{5} bɛʔ^{3} nɔn^{55} tɔ^{33}zau^{21}

一百来块钱（百把块钱）不算贵。 aʔ^{5} bɛʔ^{3} lɛŋ^{55}（零）nɔn^{55}miau^{33} kui^{33}

九十多个人（百十个人）。 kau^{33}θɔt^{1} lɛŋ^{55} nɔn^{55}

成百成百地花（钱）也不在乎。 θiaŋ^{55} bɛʔ^{3} θiaŋ^{55} bɛʔ^{3}

每次出手都成千成千的，太浪费了。θiaŋ^{55} tshen^{13} θiaŋ^{55} tshen^{13}

人很多，成千上万的。 nɔn^{55} khɛʔ^{1} dɔ^{13} θiaŋ^{55} tshen^{13} θiaŋ^{55} van^{21}

一两天开一次会。 mui^{33} nɔt^{5} hai^{13} aʔ^{5} tsen^{33} hui^{21}

三天两头来一次。 liŋ^{33}θan^{13} nɔt^{5} lɔi^{55} aʔ^{5} tsen^{33}

他隔三岔五来一次。 ki^{55} kɛʔ^{3} θi^{33} nɔt^{5} ŋu^{33} nɔt^{5} lɔi^{55} aʔ^{5}tsen^{33}

下午三点开会。 ha^{21}ŋu^{33}θan^{13} den^{33}hai^{13} hui^{21}

开了三个钟头的会。 hai^{13} liu^{33} θan^{13} kɔ^{21} tuŋ^{13} thɔʔ^{5}di^{33} hui^{21}

我等了你一个小时了。 ŋɔ^{33} dɔŋ^{33} ni^{33} aʔ^{5} kɔ^{21} tuŋ^{13} thɔʔ^{5}

五分钟/十五分钟 aʔ^{5} kɔ^{21} tshi^{21} / θan^{13} kɔ^{21} tshi^{21}

吃一个两个/吃一两个。 hiaʔ^{3} aʔ^{5}kɔ^{21} liŋ^{33} kɔ^{21}

我顿顿都吃两碗饭。 ŋɔ^{33} mui^{33}thun^{21}lu^{55} hiaʔ^{3} liŋ^{33} van^{33} tɔʔ^{5}

日日想，夜夜想。 nɔt^{5}nɔt^{5} θiŋ^{33} za^{21}za^{21} θiŋ^{33}

我睡了一觉。 ŋɔ^{33} bɔi^{33}aʔ^{5} tsen^{33} ŋan^{33}

我踢了它三脚。 ŋɔ^{33} thiaʔ^{3} ki^{55} θan^{13} kiaʔ^{3}

洗两次澡。 luai^{13} liŋ^{33} tsen^{33} θɔn^{13}

开会一下子就开完了。 hai^{13} aʔ^{5} ha^{21} ŋi^{55} hui^{21} tshau^{21} liu^{33}

一眨眼工夫就不见了。 aʔ^{5} tsen^{33}（转）ŋan^{33} tshau^{21} miau^{33} ken^{33}

二、含代词的句子

我们跟他们不是一个村子的。ŋun^{13} miau^{33} thuŋ^{21} ki^{55} kun^{55} thuŋ^{55} tshun^{13}

谁都想住在村子里。 mi^{55}nɔn^{55} lu^{55}θiŋ^{33} khi^{21} tshei^{21} tshun^{13} thau^{55}

谁要去谁就去。 mi^{55}nɔn^{55} aʔ^{5} hi^{33} tshau^{21} hi^{33}

你认识谁/我不认识谁。 ni^{33} θɛʔ^{5} mu^{55}nɔn^{55} / ŋɔ^{33} miau^{33} θɛʔ^{5} mu^{55}nɔn^{55}

他们两人谁都不认识谁。 ki^{55}kun^{55}liŋ^{33}nɔn^{55} mu^{55}nɔn^{55} lu^{55} miau^{33} θɛʔ^{5} phuan^{21}

（别人不理你，）你怎么办？ ni^{33} tshɔ^{55}tshɔ^{55} tu^{33}

这个是你的。那个是我的。 ku^{55} kɔ^{21} θi^{21} ni^{33} di^{33}. nu^{55} kɔ^{21} θi^{21} ŋɔ^{33} di^{33}

这里（放桌子），那里（放凳子）。ku^{55}lu^{21}... nu^{55} lu^{21}...

这个箱子放在哪里好？ ku^{55} kɔ^{21} θiŋ^{13} vuaŋ^{33} tshei^{21} tshi^{33}lu^{21} hau^{33}

你放在哪里都行。 ni^{33} vuaŋ^{33} tshei^{21} tshi^{33}lu^{21} lu^{55} tu^{33}dɛʔ^{5}

你逃到哪里，我追到哪里。 ni^{33} tau^{33} thau^{33} tshi^{33}lu^{21} ŋɔ^{33} θui^{33} thau^{33} tshi^{33}lu^{21}

这么多人在那里干什么？ ku^{55}kɔ^{33} dɔ^{13}nɔn^{55}tshei^{21} nu^{55}lu^{21} tu^{33} mi^{55}di^{33}

你那么做不好。 ni^{33} ku^{55}kɔ^{33} tu^{33} miau^{33} tshiaʔ^{1}

我这么写才对。 ŋɔ^{33} ku^{55}kɔ^{33} θɛ^{33} tshau^{21} tshiaʔ^{1}

这件事怎么办？ ki^{55}khen^{21} θi^{21} tshiaŋ^{55}tshɔ^{55} tu^{33}

他说怎么样就怎么样。 ki^{55} kɛŋ^{33} tshiaŋ^{55}tshɔ^{55} tshau^{21} tshiaŋ^{55}tshɔ^{55}

他一个人说了算，不怎么听别人的意见。 ki^{55} aʔ^{5} kɔ^{21} nɔn^{55}kɛŋ^{33} tshau^{21} tu^{33}dɛʔ^{5}，miau^{33} θiaŋ^{33} thiaŋ^{13} nɔn^{55} di^{33} i^{33}ken^{33}

我认为他不怎么样（好）。ŋɔ^{33} nɔn^{21}vui^{55}ki^{55} miau^{33} mi^{55}di^{33} hau^{33}

我没有什么了不起。 ŋɔ^{33} miau^{33} mi^{55}di^{33} liu^{33}mu^{55}hi^{33}

我哪里有这么好呢。 ŋɔ^{33} miau^{33}dɛʔ^{5} ku^{55} kɔ^{33} hau^{33}

你放在哪里了？ ni^{33} vuaŋ^{33} tshei^{21} tshi^{33}lu^{21}

三、含副词的句子

你最好去看一看。 ni^{33} khɛʔ^{1} hau^{33} hi^{33} hɔn^{13} aʔ^{5} ha^{21}

我最怕他不同意。	ŋɔ^{33} khɛʔ^{1} kiaŋ^{13} ki^{55} miau^{33} thuŋ^{55}i^{33}
他是村里最好的人了。	ki^{55} θi^{21} tshun^{13} thau^{55}khɛʔ^{1} hau^{33} di^{33} nɔn^{55}
今天很热。	kɔn^{13}nɔt^{5} khɛʔ^{1} ŋet^{3}
他的普通话讲得很好。	ki^{55}di^{33} phu^{33}thuŋ^{13}va^{21} kɛŋ^{33} dɛʔ^{5} khɛʔ^{1} hau^{33}
这种鱼好吃极了。	ku^{55} tuŋ^{33} di^{33} ŋui^{55} khɛʔ^{1} hau^{33} hiaʔ^{3}
这样做极不好。	ku^{55}kɔ^{33} tu^{33} khɛʔ^{1} miau^{33} hau^{33}
你走得太慢了。	ni^{33} hɛŋ^{55} dɛʔ^{5} thai^{33} man^{21}
水稻长得太高会被风吹倒。	kɔ^{55}dɔ^{13} kuk^{3} ku^{55}kɔ^{33} kou^{13} zuŋ^{55}zi^{21} vɔn^{13} vuŋ^{13} tshui^{13} det^{3}
你太好了。	ni^{33} khɛʔ^{1} hau^{33}
找一个比较大的。	lɔ^{21} hau^{33} aʔ^{5} det^{1}ŋi^{55}di^{33}
两个人的身高都差不多。	liŋ^{33} kɔ^{21} nɔn^{55}tsha^{13}miau^{33}dɔ^{13} thuŋ^{21}phuan^{21}kou^{13}
差不多熟了。	tsha^{13}miau^{33}dɔ^{13} θɔʔ^{1}
他昨天才回到家。	ki^{55} tshi^{21}nɔt^{5} ku^{55} hui^{55} thau^{33} uk^{3}
我明天才去。	ŋɔ^{33} miaŋ^{55}nɔt^{5} ku^{55} hi^{33}
大会刚刚开始。	thai^{21} hui^{21} ki^{55}kɔn^{13}ku^{55} hai^{13}θi^{55}
我刚刚知道。	ŋɔ^{33} ki^{55}kɔn^{13} ku^{55} θɛʔ^{5}
你刚才看见他了吗?	ni^{33} tshi^{21}tshau^{21}hɔn^{13} ken^{33} ki^{55} miau^{33} tshei^{21}
刚才你说什么?	ni^{33} tshi^{21}tshau^{21}kɛŋ^{33} mi^{55}di^{33}
他已经回去了。	ki^{55}zi^{33}kɔŋ^{13} hui^{55}kui^{13}liu^{33}
你最好常常来看看。	ni^{33} khɛʔ^{1}hau^{33} kɔŋ^{13}θiŋ^{55} lɔi^{55} hɔn^{13}
你立刻回去。	ni^{33} ki^{55}kɔn^{13} hui^{55}hi^{33}
你先回去吧。	ni^{33} θen^{13} hui^{55}hi^{33}
太饿了，先吃饭吧。	thai^{33} thou^{21}ki^{13}，θen^{13} hiaʔ^{3} tɔʔ^{5}
有人先走，有人后走。	zau^{33} nɔn^{55} θen^{13} hɛŋ^{55}， zau^{33} nɔn^{55}

	hau^{21} hɛŋ^{55}
开头大家都不懂。	hai^{13}thɔʔ^{5}mu^{55}nɔn^{55} lu^{55} miau^{33} θɛʔ^{5}
后来都学会了。	tshɔn^{21} mi^{33} lu^{55} hɔʔ^{1} θɛʔ^{5}
台风快要来了。	then^{13} aʔ^{5} tu^{33} vuŋ^{13}
你下午要去海口吗？	ni^{33} ha^{21}ŋu^{33} aʔ^{5} hi^{33} hai^{33}hau^{33} miau^{33}
回到家我要问清楚。	thau^{33} uk^{3} ŋɔ^{33} aʔ^{5} mɔn^{21} tshɔŋ^{13} tshu^{33}
你等一下，我马上就来。	ni^{33} dɔŋ^{33} aʔ^{5}ha^{21} ŋɔ^{33}tshau^{21} lɔi^{55}
他很少回家，有时也偶尔来看看。	ki^{55} khɛʔ^{1} θiu^{33} hui^{55}kui^{13} zau^{33}θi^{55}
	zɛ^{21} lɔi^{55} hɔn^{13} aʔ^{5}ha^{21}
请你等一会儿吧。	dɔŋ^{33} aʔ^{5} ha^{21}ŋi^{55}
风渐渐大起来了。	vuŋ^{13} vet^{3} lɔi^{55} vet^{3} thai^{21}
人渐渐多起来了。	nɔn^{55} vet^{3} lɔi^{55} vet^{3} dɔ^{13}
你最好还是回去。	ni^{33} aʔ^{5}hui^{55}hi^{33} ni^{33} aʔ^{5} thɔŋ^{21} hui^{55}hi^{33}
我还有很多。	ŋɔ^{33} zau^{33} hau^{33} dɔ^{13} tshei^{21}/
	ŋɔ^{33}zau^{33}aʔ^{5}dui^{13}tshei^{21}（我还有一堆）
他太小，还不懂。	ki^{55} thai^{33} θɔi^{33} miau^{33} θɛʔ^{5} tshei^{21}
他停了一下，又继续讲。	ki^{55} thɔŋ^{55}aʔ^{5}ha^{21}ŋi^{55} liu^{33}ku^{55} kɛŋ^{33}
中午忽然下了一场大雨。	ŋet^{3}thau^{55}tuŋ^{33}thut^{5}zen^{55}tu^{33}aʔ^{5} tshiŋ^{55}
	thai^{21} vau^{33}
大家都要去。	thai^{21}ka^{13} lu^{55} iu^{33} hi^{33} / liu^{33}liu^{33} lu^{55} iu^{33} hi^{33}
谁都要去。	mi^{55}nɔn^{55} lu^{55} iu^{33} hi^{33}
你有我也有。	ni^{33} zau^{33} ŋɔ^{33} lu^{55} zau^{33}
你不能这么说。	ni^{33} mɔʔ^{5} ku^{55}kɔ^{33} kɛŋ^{33}
明天再来。	men^{55}nɔt^{5} ku^{55} lɔi^{55}
完全没有人同意。	liu^{33}liu^{33} lu^{55} miau^{33} nɔn^{55} thuŋ^{55}i^{33}
这里总共有一万元。	ku^{55}lu^{21} zau^{33} aʔ^{5} van^{21} ŋɔn^{55}

光说不干。	tsen^{13}mun^{55} kɛŋ^{33} liu^{33} miau^{33} tu^{33}
我只有十块钱。	ŋɔ^{33} ku^{55} zau^{33} θɔt^{1} kɔ^{21} ŋɔn^{55}
只有你才能说服他。	tsi^{33} zau^{33} ni^{33} ku^{55} kɛŋ^{33} dɛʔ^{5} ki^{55} di^{33} va^{21}
大家一起去。	liu^{33}liu^{33} tu^{33} aʔ^{5} ha^{21} hi^{33}
他又来了。	ki^{55} zau^{21} lɔi^{55}lɔ^{33}
又快又好。	zau^{21} huai^{33} zau^{21} hau^{33}
我一定还给你。	ŋɔ^{33} aʔ^{5} thɔŋ^{21} huan^{55} vɔn^{13} ni^{33}
他自己能做。	ki^{55} tshi^{21}ka^{13} θɛʔ^{5} tu^{33}
他独自一个人能做。	ki^{55} aʔ^{5} kɔ^{21}nɔn^{55} lu^{55} tu^{33} dɛʔ^{5}
这个菜是我特地给你做的。	ku^{55}kɔ^{21} tshɔi^{33}vuaŋ^{33}kuŋ^{13} tu^{33} vɔn^{13} ni^{33} hiaʔ^{3}
我故意告诉他。	ŋɔ^{33} vuaŋ^{33}kuŋ^{13} kɛŋ^{33} ki^{55} tiaŋ^{13}
我不是故意的。	ŋɔ^{33} miau^{33} θi^{21} ku^{33}i^{33} di^{33}
你叫他，他偏偏不理。	ni^{33} han^{33} ki^{55} ki^{55} miau^{33} vɔn^{55}（云）ni^{33}
你另外买一个吧。	ni^{33} lɔŋ^{21} ŋuai^{21} mai^{33} aʔ^{5} kɔ^{21}
最好另外找一个人来。	khɛʔ^{1} hau^{33} lɔŋ^{21} ŋuai^{21} tshɔn^{55} aʔ^{5} kɔ^{21} nɔn^{55} lɔi^{55}
过了三年了，他仍然很想你。	kua^{33} θan^{13} nen^{55}liu^{33} ki^{55} huan^{55}θi^{21} θiŋ^{33} ni^{33} tshei^{21}
他居然不承认。	ki^{55} miau^{33} θɔŋ^{55}nɔn^{21}
你必须还给我。	ni^{33} tshiaŋ^{55}tshɔ^{55} lu^{55} vɔn^{13} ŋɔ^{33}
你不必去了。	ni^{33} miau^{33} hi^{33}
恰巧被他看见。	ŋan^{55} tshiaʔ^{1} vɔn^{13} ki^{55} hɔn^{13} ken^{33}
幸亏有你帮忙。	hau^{33} dɛʔ^{5} zau^{33} ni^{33} buaŋ^{13} muaŋ^{55}
幸亏没有打破。	hau^{33} dɛʔ^{5}miau^{33} da^{33} bɔŋ^{13}
今天可能要下雨。	kɔn^{13}nɔt^{5} khɔ^{33}nɔŋ^{55} aʔ^{5} tu^{33} vau^{33}
我们不会白干的。	ŋun^{13} miau^{33} hui^{21} phɛʔ^{1}phɛʔ^{1} tu^{33}

大家白白花了钱。	thai^{21} ka^{13} lu^{55} phɛʔ^{1}phɛʔ^{1} zuŋ^{21} tshen^{55}
这个人不是本地人。	ku^{55}kɔ^{21} nɔn^{55} miau^{33} θi^{21} ku^{55}lu^{21} nɔn^{55}
这样做不好。	ku^{55}kɔ^{33} tu^{33} miau^{33} hau^{33}
他未曾见过你。	ki^{55}miau^{33} ken^{33} kua^{33} ni^{33}
我未曾答应他。	ŋɔ^{33} miau^{33} daʔ^{3}ɔŋ^{33} ki^{55} kua^{33}
你可以进来了。	ni^{33} kɔ^{33}zi^{33} zɔt^{5} lɔi^{55}
这杯水可以喝吗？	ku^{55} tuŋ^{13} θui^{33} hiaʔ^{3} dɛʔ^{5}miau^{33}
大约有一百个人。	thai^{21}zɔʔ^{3} zau^{33} aʔ^{5} bɛʔ^{3} nɔn^{55}
好像有人来。	hau^{33}tshɔt^{5} zau^{33} nɔn^{55} lɔi^{55}
我好像记不清了。	ŋɔ^{33} miau^{33} ki^{33} dɛʔ^{5} tshiaʔ^{1} liu^{33}
原来是你啊。	zuan^{55}lɔi^{55} θi^{21} ni^{33}
大家原来都认识的。	thai^{21}ka^{13} zuan^{55}lɔi^{55} lu^{55} θɛʔ^{5}phuan^{21}
我要原来用过的那支笔。	ŋɔ^{33} iu^{33} zuan^{55}lɔi^{55} zuŋ^{21} kua^{33}di^{33} bɔt^{5}
我几乎不认识你了。	ŋɔ^{33} ki^{13}hu^{55} lu^{55} miau^{33} θɛʔ^{5} ni^{33}
这块布几乎不够做一条裤子。	ku^{55} huai^{33} bu^{33} men^{33}kiŋ^{55}tu^{33} dɛʔ^{5} aʔ^{5} thiu^{55} hu^{33}

四、含连词的句子

我和你都是海南人。	ŋɔ^{55} thuŋ^{21} ni^{33} lu^{55} θi^{21} hai^{33}nan^{55} nɔn^{55}
我们养了两只狗和一只猫。	ŋun^{13} ziŋ^{33} liu^{33} liŋ^{33} tsiaʔ^{3} kau^{33} thuŋ^{21} aʔ^{5} tsiaʔ^{3} miau^{13}
你是或者不是学生都可以参加。	ni^{33} θi^{21} miau^{33} θi^{21} hɔʔ^{1}θɛŋ^{13} lu^{55} khɔ^{33}zi^{33} tu^{33} aʔ^{5}ha^{21}hi^{33}
你去或者不去都可以。	ni^{33} hi^{33} miau^{33} hi^{33} lu^{55} tu^{33} dɛʔ^{5}
因为他不在家，所以没有通知他去。	ki^{55}miau^{33} tshei^{21} uk^{3}，miau^{33}

	thuŋ^{13}θɛʔ^{5} ki^{55} hi^{33}
因为你骂了他，他就不高兴了。	ni^{33} nɛu^{21} ki^{55}，ki^{55} tshau^{21} miau^{33} kou^{13}hɔŋ^{21}
所以呢，他不高兴是有原因的。	θɔ^{33}zi^{33} ki^{55}miau^{33} kou^{13}hɔŋ^{21} θi^{21} zau^{33} zen^{55}ɔn^{13}di^{33}
他病了，所以不来开会。	ki^{55} ɔʔ^{3}dɔi^{33}（难受，不舒服），miau^{33} lɔi^{55} dɛʔ^{5} hai^{13}hui^{21}
这个椰子虽然小，但很好吃。	ku^{55}kɔ^{21} za^{55}tsi^{33} θɔi^{33}，aʔ^{5}θi^{21} hau^{33} hiaʔ^{3}
我同意借给你，但是你要还给我。	ŋɔ^{33} θa^{13} vɔn^{13} ni^{33} aʔ^{5}θi^{21} iu^{33} huan^{55} ŋɔ^{33}
你不用功学习，不然就不让你去了。	ni^{33} miau^{33} zuŋ^{21}kuŋ^{13} hɔʔ^{1} θɔt^{1}，tshau^{21} miau^{33} hi^{33}
没有船，不然就坐汽车去。	miau^{33}zau^{33} θen^{55}，tshau^{21} tshua^{21} tsha^{13} hi^{33}
只要不是他就行。	mu^{55} θi^{21} ki^{55} mu^{55}nɔn^{55} lu^{55} tu^{33} dɛʔ^{5}
为了增加生产，大家就想尽办法。	iu^{33} tɔŋ^{13}ka^{13}θɛŋ^{13}tshan^{33}，thai^{21}ka^{13}tshau^{21} θiŋ^{33} phan^{21}vaʔ^{3}
他们为了争论什么，这样激动？	ki^{55}kun^{55} tɛŋ^{13} mi^{55}di^{33} ku^{55}kɔ^{33} kɔt^{5}thuŋ^{21}
尽管已经四十多岁了，他还是努力学习。	ki^{55}zi^{33}kɔŋ^{13} θi^{33}θɔt^{1} liaŋ^{55} θui^{33} lɔ^{33}，hɔʔ^{1}θɔt^{1} huan^{55}θi^{21}nu^{21}lɛʔ^{5}
尽管别人批评他，他还是不在乎。	miau^{33} kuan^{33} mu^{55}nɔn^{55}kɛŋ^{33} ki^{55} lu^{55} hau^{33}，ki^{55}miau^{33}kuan^{33}

五、含介词的句子

把它扔了吧。	θɔt^{1} ki^{55} diaŋ^{33}
你不要把他宠坏了。	ni^{33}mɔʔ^{3} tuŋ^{33} ki^{55} huai^{21}
先把东西收拾好再吃饭。	θau^{33} duŋ^{13}θɔi^{33} liu^{33}ku^{55} hiaʔ^{3} tɔʔ^{5}
这孩子又挨打了。	ku^{55} tsiaʔ^{3} θɔi^{33} tsi^{13}ŋi^{55} zau^{21} vɔn^{13} nɔn^{55} da^{33}
他挨了两天饿。	ki^{55} thou^{21}ki^{13} liŋ^{33} nɔt^{5} lɔ^{33}
他被我骂了一顿。	ki^{55} vɔn^{13} ŋɔ^{33} nɛu^{21} ki^{55} aʔ^{5} dun^{33}
他昨天被老师批评了。	ki^{55} tshi^{21}nɔt^{5} vɔn^{13} lou^{33}θi^{13} phɔi^{13}phɔn^{33}
碗给（被）他打破了。	ki^{55} da^{33} bɔŋ^{13} van^{33}
碗给（被）他打破了。	ki^{55} da^{33} bɔŋ^{13} van^{33}
要给锅添水。	ka^{13} θui^{33} lɔʔ^{3} tshɛŋ^{13}
你从哪里来?	ni^{33} lau^{13} tshi^{33}lu^{21} lɔi^{55}
我从广西来。	ŋɔ^{33} lau^{13} kuaŋ^{55}θɔi^{13} lɔi^{55}
从三亚到海口要三个小时。	lau^{13} θan^{13}a^{33}thau^{33} hai^{33} hau^{33} iu^{33} θan^{13} kɔ^{21} tuŋ^{13}thau^{55}
什么事都由他决定。	mi^{55}di^{33}θi^{21} lu^{55} zau^{55} ki^{55} ket^{3}thɔŋ^{21}
由你处理。	kɛu^{13} ni^{33} tshi^{33}li^{33}
你们在这里等吧。	ni^{33}kun^{55} tshei^{21} ku^{55}lu^{21}
在这里和在家不一样。	tshei^{21} ku^{55}lu^{21} thuŋ^{21} tshei^{21} uk^{3} miau^{33} thuŋ^{55}phuan^{21}
等我回到家再给你打电话。	ŋɔ^{33} hui^{55}thau^{33} uk^{3} ku^{55}da^{33} then^{21}va^{21} vɔn^{13} ni^{33}
到海口之后打电话回来。	ŋɔ^{33} thau^{33} hai^{33}hau^{33} ku^{55} da^{33} then^{21}va^{21} vui^{55}lɔi^{55}
房子向南好还是向东好?	uk^{3} hiŋ^{33} nan^{55} hau^{33} aʔ^{5}θi^{21} hiŋ^{33} duŋ^{13} hau^{33}

我的房子向着海。	ŋɔ^{33} di^{33} uk^{33} hiŋ^{33} hai^{33}
你往哪里走？	ni^{33} hi^{33} tshi^{33}lu^{21}
往前看，不要往后看。	hiŋ^{33} tshen^{55} hɔn^{13} mɔʔ^{3} hɔn^{13} hau^{21}/ hɔn^{13} tshen^{55} mɔʔ^{3} hɔn^{13} hau^{21}
用什么笔写？	zuŋ^{21} mi^{55}di^{33} bɔt^{5} θɛ^{33}
用圆珠笔写。	zuŋ^{21} zen^{55}tsi^{33}bɔt^{5} θɛ^{33}
你沿着河边走就到了。	ni^{33} lau^{13} hɔ^{55} ben^{13} hɛŋ^{55} tshau^{21} thau^{33}
沿着纸边画一条线。	nen^{55} tshiaʔ^{1} tsi^{33} di^{33} hen^{55} vɛʔ^{1} θen^{33}
你别跟他说话。	ni^{33} mɔʔ^{3} thuŋ^{21} ki^{55} kɛŋ^{33} va^{21}
我不跟你玩了。	ŋɔ^{33} miau^{33} thuŋ^{21} ni^{33} ŋuan^{55}
你跟谁说去？	ni^{33} thuŋ^{21} mu^{55}nɔn^{55} kɛŋ^{33}
你去跟他借把刀来吧。	ni^{33} thuŋ^{21} ki^{55} θa^{13} aʔ^{5} ba^{33} dou^{13}
依我看，他是不来了。	ŋɔ^{33} hɔn^{13} ki^{55} miau^{33} lɔi^{55} lɔ^{33}
这件事我就依你了。	ku^{55} ken^{21} θi^{21} khou^{33} ni^{33}
你比他高多少寸？	ni^{33}bi^{33} ki^{55} kou^{13} ki^{55}dɔ^{13} tshun^{33}
海口比三亚热吗？	hai^{33}hau^{33} bi^{33} θan^{13} a^{13} ŋet^{3} miau^{33}
这里比广州热。	ku^{55}lu^{21} bi^{33} kuaŋ^{33}tau^{13} ŋet^{3}
他连饭也不吃就出去了。	ki^{55} tɔʔ^{5} lu^{55} miau^{33} hiaʔ^{3} tshei^{21} tshau^{21} tshɔt^{5}hi^{3} lɔ^{33}
他连我也骂了。	ki^{55}nen^{55}（跟）ŋɔ^{33} lu^{55} nɛu^{21} / ŋɔ^{33} ki^{55} lu^{55} nɛu^{21}
海南自从建省以来发展很快。	hai^{33}nan^{33} lau^{13} ken^{33} θɔŋ^{33} thau^{33} ku^{55}kɔn^{13} vaʔ^{3}tɔn^{33} hɔn^{21} huai^{33}
他自从上了小学就很努力。	ki^{55} lau^{13} θiŋ^{21} θɔi^{33} hɔʔ^{1} thau^{33} ku^{55}kɔn^{13} lu^{55} nu^{21}lɛʔ^{5}

六、含助词的句子

的——

队长的房子。	dui^{33}tsiŋ^{33}kɔʔ^{5}uk^{3}
老师的书。/学生的家长。	θen^{13}θɛŋ^{13} di^{33} θi^{13} / hɔʔ^{1}θɛŋ^{13} di^{33} ka^{13} tsiŋ^{33}
我的兄弟。	ŋɔ^{33} kɔʔ^{5} hɔŋ^{13}thɔi^{21}
住在三亚街的农户。/ 住在村里的人。	khi^{21} tshei^{21} θan^{13}a^{13}kai^{13} di^{33} nɔn^{55} / khi^{33} tshei^{21} tshun^{13} di^{33} nɔn^{55}

tshei^{21}（在、尚未）——

他还没有到。	ki^{55} miau^{33} thau^{33} tshei^{21}
会还没有开始。	miau^{33} hai^{33} hui^{33} tshei^{21} / hui^{33} miau^{33}hai^{33} tshei^{21}
水稻还没有熟，不能割。	kuk^{3}miau^{33} θɔʔ^{1} tshei^{21} miau^{33} kuat^{3} dɛʔ^{5}
你们先讨论着吧，我一会儿来。	ni^{33}kun^{55} θen^{13} thou^{55}lun^{21} ŋɔ^{33} aʔ^{5} ha^{21} ŋi^{55} ku^{55} lɔi^{55}
我先等着，不着急。	ŋɔ^{33} θen^{13} dɔŋ^{33} miau^{33} mɔʔ^{3} khuaŋ^{55}

aʔ^{5}（将、将要）——

天快要下雨了。	then^{13} aʔ^{5} tu^{33} vau^{33}
这条鱼快要死了。	ku^{55} tsiaʔ^{3} ŋui^{55} aʔ^{5} θi^{33} lə^{33}

tshei^{21} ——

你全都要了，我去哪里找牛来犁田呢？ ni^{33} iu^{33}liu^{33}liu^{33}，ŋɔ^{55} hi^{33}

tshi^{33}lu^{21} dɛʔ^{5} ŋau^{55} tu^{33} then^{55} tshei^{21} ?

我到哪里找钱去买肉呢？ ŋɔ^{33} hi^{33} tshi^{33}lu^{21} lɔ^{21} tshen^{55} lɔi^{55} mai^{33} nɔʔ^{5} tshei^{21}

你不养它，它吃什么呢？ ni^{33}miau^{33} ui^{33} ki^{55}，ki^{55} hiaʔ^{3} mi^{55}di^{33}

第五章

迈话与相关方言的比较

第一节　迈话与粤语的比较

一般人都认为，迈话与粤语相近，事实上也是如此。我们初步分析，迈话与粤语的确有很多地方是相近或相同的。但由于语音的差别较大，说两种话的人接触时难以通话，他们彼此没有认同感。从科学上分析，它们在语音上有对应规律可寻，而在词汇上也有不少词彼此来源相同。现分别说明如下。

一、语音方面

迈话与粤语语音上有近似的地方，首先声母的数目彼此相近。迈话有18个声母：ʔb、ph、m、v、t、ʔd、th、n、l、ts、tsh、θ、z、k、kh、ŋ、h、ʔ；广州话有19个声母：p、ph、m、f、w、t、th、n、l、ts、tsh、ʃ、j、k、kh、ŋ、h、kw、khw。迈话比广州话多出ʔb、ʔd、ʔ3、θ、z五个声母，θ、z两个在广州话中对应其他辅音，θ、z可以看作与广州话的ʃ、j相同。广州话比迈话多出p、f、kw、khw 4个声母。迈话声母的ʔb、ʔd、v、θ、z、ʔ6个声母在读音上跟广州话有些差别，但彼此是有对应关系的。迈话的这6个声母分别与广州话的p、t、w/f、ʃ、j、ʔ相对应。迈话的t 相当于广州话的ts。其余的声母跟广州话几乎完全一样。

迈话与广州话声母对比例字：

迈话|广州话：巴 ʔba^{13}|pa^{55}，怕pha^{33}|pha^{33}，麻 ma^{55}|ma^{11}，话va^{21}|wa^{22}，蔗 ta^{33}|tse^{33}，带ʔdai^{33}|tai^{33}，太thai^{33}|thai^{33}，耐nai^{21}|nɔi^{22}，流lau^{55}|lɐu^{11}，炸

tsa^{33}|tsa^{33}，车tsha^{13}|tshe^{55}，柴θai^{55}|tshai^{11}，野za^{33}|je^{13}，家ka^{13}|ka^{55}，卡kha^{21}|kha^{55}，牙ŋa^{55}|ŋa^{11}，夏ha^{21}|ha^{22}，爱ʔai|ŋɔi^{33}。

另外，迈话的ph、th、kh、tsh还分别相当于广州话的p、t、k、ts，如：办phan^{21}|pan^{22}，但than^{21}|tan^{22}，旧khau^{21}|kɐu^{22}，就tshau^{21}|tsɐu^{22}；迈话的v相当于广州话的f和w，如：费vai^{33}|fɐi^{33}，话va^{21}|wa^{22}。

在韵母方面，迈话的韵母简化了不少。元音有a、ɔ、o、e、ɛ、i、u 7个；元音没有长短对立；双唇音韵尾并入舌尖韵尾，即–m、–p变作–n、–t；部分舌根塞音韵尾变作喉塞音韵尾，即部分–k变–ʔ。但迈话比广州话多了–i–、–u–ɔ个介音，由此产生一套带介音韵母：ia、iau、ian、iaŋ、iaʔ、ua、uai、uan、uaŋ、uat、uaʔ。

广州话韵母比迈话多，元音有a、ɐ、e、i、ɔ、u、y、oe 8 个。迈话与广州话的韵母有较大的差别，但还是有一定的对应关系的。如由元音a 组成的几个韵母，基本上相当于广州话由a 组成的各个韵母。迈话虽然没有像广州话的短ɐ，但它的ɔ 基本上与广州话的短ɐ 相对应。如：拜ʔbai^{33}|pai^{33}，闭ʔbɔi^{33}|pɐi^{33}，慢man^{21}|man^{22}，问mɔn^{21}|mɐn^{22}，今kɔn^{13}|kɐm^{55}银ŋɔn^{55}|ŋɐn^{11}，笔ʔbɔt^{5}|pɐt^{5}，入zɔt^{5}|jɐp^{2}。

在声调方面，迈话的舒声调与广州话差别较大，迈话只有阴平、阳平、上声、去声4个舒声，上、去不分阴阳，中古阴去和次浊阳上并入阴上；广州话有6个舒声。迈话的入声与广州话很接近，都是有阴入、中入、阳入3个。迈话舒声调的调值与广州话有较大的差别：阴平13|55；阳平55|11；上声33|35/13；去声21|33/22 。但是入声跟广州话很接近，迈话和广州话都分上入、中入（阴入）、下入（阳入），调值也非常接近：上入5|5，中入3|3，下入1|2。如：笔ʔbɔt^{5}|pɐt^{5}，各kɔʔ^{3}|kɔk^{3}，拔phɔt^{1}|pɐt^{2} 。只是阳入有些字，迈话变读作上入或中入。如：物vɔt^{5}|mɐt^{2}，立lɔt^{5}|lɐp^{2}，六lɔʔ^{5}|luk^{2}，落lɔʔ^{3}|lɔk^{2}，月ŋet^{3}|jyt^{2}，木muk^{3}|muk^{2}等。

二、词汇方面

迈话有一些方言词来源于粤语，这些与粤语相同的方言词的使用历史较长。可以说，迈话里与粤语相同的方言词是迈话人来海南岛以前就已经使用的，它们一直被保留至今。而现今粤语里有，迈话里没有的方言词，可能是粤语里后来产生的词，当然也可能是迈话人到海南以后逐渐改用别的词了。现在迈话与广州话相同或相近的词在整个词汇里占有一定的比例。我们从《珠江三角洲方言词汇对照》里选出粤语区各地比较一致的方言词300多个，这些词里面相当一部分词在迈话区与粤语区各地有相近的用法，也有它自己特殊的说法。现摘录于下，它与粤语词汇的异同可见一斑。

词义	**广州话**	**迈话**
太阳	热头，日头	热头 ŋet^{3}thau^{55}
月亮	月光	月翁 ŋet^{3}uŋ^{13}
刮风	翻风	刮风 kuat^{3}vuŋ^{13}
打雷	行雷	打雷 da^{33}lui^{55}
打闪/闪电	闪电	擘摄 bɛʔ^{3}θik^{3}
毛雨雨	雨微	毛毛雨 mau^{33}mau^{33}vau^{33}
下雨	落雨	下雨 ha^{21}vau^{33}; 落雨 lɔʔ^{3}vau^{33}
河堤	河壆	河堤 hɔ^{55}thɔi^{55}
水坑	水凼	水窿 θui^{33}luŋ^{13}
泥土	泥	泥 nɔi^{55}
煤油	火水	水油 θui^{33}zau^{55}
缝儿	罅	裂缝 lɛʔ^{3}vuŋ^{21}
历书	通圣	历书 lɛʔ^{3}θi^{13}

去年	旧年	去年 hi^{33}nen^{55}
明年	出年	明年 miaŋ^{55}nen^{55}
今天	今日	今日 kɔn^{13}nɔt^{5}
明天	听日	明日 miaŋ^{55}nɔt^{5}
昨天	琴日	口日 tshi^{21}nɔt^{5}
上午	上昼	上午 θiaŋ^{21}ŋu^{33}；热头晏 ŋet^{3}thau^{55}an^{33}
下午	下昼	下午 ha^{21}ŋu^{33}
中午	晏昼	中午 tuŋ^{33}ŋu^{33}
白天	日头	白日 pɛʔ^{1}nɔt^{5}
夜里	夜晚黑	夜里 za^{21}li^{33}
傍晚	挨晚	日头晚 nɔt^{5}thau^{55}uan^{33}
整天	成日	整日 taŋ^{33}nɔt^{5}
插秧	莳田	插秧 tshaʔ^{3}iaŋ^{13}
稻草	禾秆	谷秆草 kuk^{3}kuan^{3}tshou^{33}
扁担	担挑/担杆	担杆 dan^{33}kuan^{13}
自行车	单车	脚车 kiaʔ^{3}tsha^{13}；单车 dan^{13}tshia^{13}
车轮	车辘	车轮 tsha^{13}lun^{55}
厕所	屎坑/厕所	屎口 θi^{33}khuaŋ^{33}
稻子	禾	谷 kuk^{3}; 口 mɛʔ^{1}
谷粒	谷	谷 kuk^{3}; 口 mɛʔ^{1}
玉米	粟米	番麦 van^{13}mɛʔ^{3}
粳米	占米	粳米 kɛŋ^{13}mɔi^{33}
白薯	番薯	番薯 van^{13}θi^{55}
马铃薯	薯仔	马铃薯 ma^{55}liaŋ^{55}θi^{55}
茄子	矮瓜	茄子 khɛ^{55}tsi^{33}

洋白菜	椰菜	椰子菜 za^{55}tsi^{33}tshɔi^{33}
水果	生果	水果 θui^{33}kua^{33}
柚子	碌柚	□□ ku^{55}buŋ^{21}
葡萄	菩提子	葡萄 phu^{55}thau^{55}
母鸡	鸡乸	鸡乸 kɔi^{13}na^{33}
小母鸡	鸡项	女鸡 ni^{33}kɔi^{13}
公鸡	鸡公/生鸡	公鸡 kuŋ^{13}kɔi^{13}
阉鸡	骟鸡	阉鸡 iŋ^{13}kɔi^{13}
猴子	马骝	猴孙 hou^{21}θun^{13}；马骝（少用）ma^{55}lau^{55}
鸟	雀仔	□雀 tsi^{13}tsiaʔ^{1}
翅膀	翼	翼 zɛʔ^{5}
八哥儿	鹩哥	鹩哥 liao^{55}kɔ^{33}
野鸭	水鸭	水鸭 θui^{33}aʔ^{3}
蝙蝠	飞鼠	圆□雀 zen^{55}tsi^{13}tsiaʔ^{1}
蜘蛛	蠄蟧	老虎 lou^{33}hu^{33}
蚯蚓	黄蜎	□（蚓）ŋen^{21}
蜈蚣	百足	黄蚣虫 vuaŋ^{55}kuŋ^{13}tshuŋ^{55}
壁虎	盐蛇	□□□ bɛŋ^{21}lɛŋ^{21}tsiaʔ^{5}
苍蝇	乌蝇	苍蝇 tshaŋ^{13}zɔŋ^{55}
臭虫	木虱	壁虱 biaʔ^{3}θaʔ^{5}
跳蚤	狗虱	狗蚤 kau^{33}tou^{33}
蜻蜓	塘尾	塘口 thaŋ^{55}khi^{13}
鱼卵/鱼子	鱼春	鱼子 ŋui^{55}tsi^{33}
青蛙	蛤（小的） 田鸡（大的）	田鸡 then^{55}kɔi^{13}

蟾蜍	蠄蟝	头皮口 thau⁵⁵phi⁵⁵kua²¹
房子	屋	屋 uk³
狗窝	够窦	狗窿 kau³³luŋ¹³
猪圈	猪陆	猪栏 tsi¹³lan⁵⁵
台阶	石级	踏上 tha²¹θiŋ²¹
屋檐	瓦檐	屋檐 uk³zɔn⁵⁵
毛巾	手巾	手帕 θau³³pha³³； 面帕 men²¹pha³³
肥皂	番枧	番鬼枧 van¹³kui³³ken³³
桌子	台	斗 dau³³
抽屉	柜桶	斗儿 dau³³ŋi⁵⁵
铁锅	镬	铁铛 thet³tshɛŋ¹³
锅	煲	铛 tshɛŋ¹³；泥罂 nɔi⁵⁵iaŋ¹³
坛子	埕	翁 uŋ³³ 罂 iaŋ¹³
瓶子	樽	瓶 phiaŋ⁵⁵
瓶塞	枳	瓶盖 piaŋ⁵⁵kai³³
汤匙	匙羹	汤羹 thuaŋ¹³kɛŋ¹³
缝纫机	衣车	踏衫车 thaʔ¹θan¹³tsha¹³
伞	遮	伞 θan³³
东西	嘢	东西 duŋ¹³θɔi¹³
男人	佬/男人	粗人 tshu¹³nɔn⁵⁵
女人	婆乸/女人	□人 viŋ⁵⁵nɔn⁵⁵
小孩	细佬哥	细支儿 θɔi³³tsi¹³ŋi⁵⁵
男孩	男仔	粗儿 tshu¹³ŋi⁵⁵
女孩	女仔	□女儿 viŋ⁵⁵ni³³ŋi⁵⁵

老头	伯爷公	老龟头 lou^{33}kui^{13}thau^{55}
父亲	老窦	爷 za^{13}
母亲	老母	阿姆 a^{33}mau^{33}
伯母	伯娘	阿□ a^{33}ŋen^{55}
祖父	阿公/阿爷	阿爹 a^{33}dɛ^{55}
祖母	阿麻	阿乸 a^{33}na^{33}
外祖父	阿公	阿公 a^{33}uŋ^{55}
外祖母	阿婆	a^{33}mi^{55}，mi^{55}na^{33}
儿子	仔	儿 ŋi^{55}
儿媳	心抱	新妇 θɔn^{13}vau^{21}
岳母	外母	外母 ŋuai^{21}mau^{33}；a^{33}mi^{55}（随子称）
岳父	外父	阿公 a^{33}uŋ^{55}
舅母	妗母	老姆儿 lou^{33}mau^{33}ŋi^{55}； a^{33}ŋen^{55}（大舅母）
姑妈（大）	姑妈	姑婆 ku^{55}phɔ^{55}
姑妈（小）	阿姑	阿姑 a^{33}ku^{55}
姨妈（大）	姨妈	阿口 a^{33}ŋen^{55}
姨妈（小）	阿姨	阿姨 a^{33}zi^{55}
哥哥	大佬	大哥 thai^{21}kɔ^{33}
弟弟	细佬	兄弟 haŋ^{13}thɔi^{21}
丈夫	老公	老公 lou^{33}uŋ^{13}
妻子	老婆	老□ lou^{33}mi^{13}
脖子	颈	项骨 huaŋ^{21}kut^{3}
脸	面	面 men^{21}
眼珠	眼核	眼睛 ŋan^{33}taŋ^{13}

鼻子	鼻哥	鼻儿 phɔt^{1}ŋi^{55}
唾沫	口水	□ θan^{55}
舌头	脷	脷舌 lɛ^{33}θik^{1}
耳朵	耳仔	耳儿 ŋi^{33}ŋi^{55}
胡子	胡须	胡须 vu^{55}θi^{13}
肩膀	膊头	膊头 bɔʔ^{3}tau^{55}
胳膊	手/手臂	手 θau^{33}
胳肢窝	胳勒底	□□□ khɛ^{55}lɛ^{55}tsi^{13}
大拇指	手指公	指头㛠 tsi^{33}thau^{55}na^{33}
小拇指	手指尾	指头儿 tsi^{33}thau^{55}ŋi^{55}
腿	脚	腿 thui^{33}
大腿	大髀	大腿 thai^{21}thui^{33}
膝盖	膝头哥	脚膝头 kiaʔ^{3}θɔt^{5}thau^{55}
乳房	nin^{55}	□ mɛ^{13}，□□ mɛ^{13}tsi^{55}
屁股	屎窟	□ θut^{5}
男阴	鸠/ˌtshɐt^{1}	□ tshut^{21}
女阴	□ hɐi^{55}	□ bɔi^{55}
脚跟	脚踭	脚跟 kiaʔ^{3}kɔn^{13}
着凉	冷亲	冒冷 mɛu^{21}lɛŋ^{33}
癫痫	发羊吊	发羊癫 vaʔ^{3}ziŋ^{55}den^{13}
看病	睇医生	看病 hɔn^{13}phiaŋ^{21}
上火	热气	热 ŋet^{3}
衣服	衫	衫 θan^{13}
穿（衣）	着	着 tsiaʔ^{3}
脱（衣）	除/脱	脱 thuat^{3}
大衣	大褛	大衫 thai^{21}θan^{13}

棉袄	棉衲	棉衫 men^{55}θan^{13}
衬衣	袖衫	笠衫 lɔt^{5}θan^{13}
缝（衣）	联	□衫 tɔn^{13}θan^{13}
剪子	铰剪	剪 tsen^{33}
褪色/脱色	甩色	脱色 thuat^{33}θɛʔ^{55}
晾（衣服）	日浪	日浪 laŋ^{21}
汗衫	笠衫	里衫 li^{33}θan^{13}；笠衫 lɔt^{5}θan^{1}
扣子	纽	衫纽 θan^{13}nau^{33}
尿布	屎片	尿布 niu^{21}bu^{33}
手套	手袜	手袜 θau^{33}vaʔ^{3}
镯子	鈪	手箍 θau^{33}ku^{13}
剩饭	冷饭	剩粥 tshun^{55}tɔʔ^{5}
锅巴	饭焦	饭□ van^{21} daŋ^{13}
猪食	猪潲	猪食 tsi^{13}θɛʔ^{1}
菜（饭菜）	餸	菜 tshɔi^{33}
气味	除/味	味 mi^{21}
酱油	豉油	豉油 θi^{13}zau^{55}
红塘	黄糖	黄糖 vuaŋ^{55}tuaŋ^{55}
鸡胗	鸡肾	鸡□卵 kɔi^{13}tshɔn^{13}lɔn^{33}
猪血	猪红	猪血 kɔi^{13}het^{3}
开水	滚水	滚水 kun^{33}θui^{33}
冰棍	雪条	冰条 ban^{13}thiu^{55}
沏茶	冲茶	冲茶 tshuŋ^{13}tsha^{55}
做饭	煮饭	煮饭 tsi^{33}van^{21}
烧火	拥火	做火 tu^{33}hua^{33}；斗火 dau^{33}hua^{33}
杀鸡	劏鸡	劏鸡 thuaŋ^{13}kɔi^{13}

喝水	饮水	吃水 hiaʔ^{3}θui^{3}
吸烟	食烟	吃烟 hiaʔ^{3}en^{13}
噎住	哽亲/哽颈	卡喉 khɛ^{21}hau^{55}
吃火锅	打边炉	吃烧炉 hiaʔ^{3}θiu^{13}lu^{55}
起床	起身	□身 kuŋ^{33}θɔn^{13}
漱口	喰口	洗口 luai^{13}hau^{33}
上班	翻工	上班 θiaŋ^{21}ban^{13}
下班	放工	下班 ha^{21}ban^{13}
回家	翻屋企	回归 hui^{55}kui^{13}
逛	荡/逛	玩 ŋuan^{55}
洗澡	冲凉/洗身	口身 luai^{13}θɔn^{13}
做梦	发梦	做梦 tu^{33}muŋ^{21}
小便	屙尿	屙尿 ɛ^{33}mɛu^{21}
大便	屙屎	屙屎 ɛ^{33}θi^{33}
乘凉	唞凉	歇凉 hik^{3}liaŋ^{55}
哮喘	扯虾	抽虾 tshau^{13}ha^{13}
烤火	焙火	烤火 khau^{33}hua^{33}
歇	唞/唞下	歇 hik^{3}
躺下	瞓低	卧下 ŋua^{21}ha^{21}
打瞌睡	瞌眼瞓	□眼 ŋɔi^{13}ŋan^{33}
睡觉	瞓	闭眼 bɔi^{33}ŋan^{33}
聊天	倾偈	聊天 liu^{55}then^{13}；学话 hɔʔ^{1}va^{2}
客人	人客	客人 khɛʔ^{3}nɔn^{55}；人客 nɔn^{55}khɛʔ
谢谢	多谢/唔该	多谢 dɔ^{13}θɛ^{21}
劳驾	唔该	麻烦 ma^{55}van^{55}
欺负	虾	讹 ŋɔ^{55}

骗	呃	骗 phen^{33}
装傻	诈傻/扮懵/诈戆	装戆 tuaŋ^{13}ŋuaŋ^{55}
吵架	嗌交	吵架 tshɛu^{33}ka^{33}
说脏话	烂口/粗口	粗话 tshu^{13}va^{21}
打架	打交	打架 da^{33}ka^{33}
枪毙	打靶	打靶 da^{33}ba^{21}
坐牢	坐监	坐牢 tshua^{21}lou^{55}
双胞胎	孖仔	双胞胎 θuaŋ^{13}bɛu^{12}thuai^{13}
上吊	吊颈	□颈 kɔi^{33}kiaŋ^{33}
扫墓/上坟	拜山	上坟 θiaŋ^{21}vɔn^{55}；拜坟 bai^{33}vɔn^{55}
便宜	平	平宜 biŋ^{55}ŋi^{55}
次货	曳货/嘢	不好货 miau^{33}hau^{33}hua^{33}
记账	记数	记账 ki^{33}tsiaŋ^{33}；记数 ki^{33}θu^{33}
路费	水脚	路费 lu^{21}vɔi^{33}
走运	行运	行运 hɛŋ^{55}vɔn^{21}
欠	争	欠 hen^{33}
赔本	蚀本	蚀本 θik^{3}bun^{33}
吃亏	蚀抵	吃亏 hiaʔ^{3}hui^{13}
钞票	银纸	钱 tshen^{55}；毫子 hou^{55}tsi^{33}
红包	利市/是	利市 li^{21}θi^{21}
茶馆	茶居/茶楼	茶楼 tsha^{55}lau^{55}
理发员	飞发佬	剃头人 thɔi^{33}thau^{55}nɔn^{55}
苦力	咕哩	苦力 hu^{33}lɛʔ^{5}
乞丐	乞儿	告化 kau^{33}hua^{55}

小偷	贼仔	贼儿 tshɛʔ^{1}ŋi^{55}
妓女	老举	老□ lou^{33}niaŋ^{33}
第末名（倒数第一）	第尾	倒数第一 dou^{33}θu^{33} thi^{21}aʔ^{5}
上学	翻学	去学 hi^{33}hɔʔ^{1}；上学房 θiaŋ^{21}hɔʔ^{1}vuaŋ^{5}
上课	上堂	上堂 θiaŋ^{21}thuaŋ^{55}
风筝	纸鹞	纸鹞 tsi^{33}ziu^{21}
捉迷藏	捉伊人	□□ tuat^{33}mɛʔ^{5}；盲眼 miaŋ^{55}ŋan^{33}
猜拳	猜枚	猜拳 tshai^{13}khen^{55}
下棋	捉棋	走棋 tau^{33}khi^{55}
翻跟头	打关斗	打跟斗 da^{33}kɔn^{13}dau^{55}
鞭炮	炮仗	炮仗 phɛu^{33}tsiaŋ^{33}
麻将	麻雀	麻□ ma^{55}bɔt^{5}
打赌	输赌	打赌 da^{33}du^{21}
点头	岌头	岌头 ŋɔt^{1}thɔʔ^{5}
抬头	岳高头/担高头	点头 den^{13}thɔʔ^{5}
睁眼	擘大眼	□眼 bɛŋ^{13}ŋan^{33}
闭眼	眯埋眼	闭眼 bɔi^{33}ŋan^{33}
哭	喊	哭 huk^{3}
动手	郁手	动手 thuŋ^{21}θau^{33}
盖	冚 khɐm^{35}/扱 khɐp^{5}	扱 khɔt^{1}
捂住	揞住	盲着 miaŋ^{55}tshiaʔ^{1}

折断	拗断	拗断 ɛu^{33}thuan^{21}
拔	搣	拔 phaʔ^{1}
戳	督	督 duaʔ^{3}
搂住	揽	抱 bou^{55}；□ khau^{13}
哄	□ thɐm^{33}	谎 huaŋ^{33}，骗 phen^{33}
喂（鸡）	饩	喂 ui^{33}
舀	毕	舀 ziu^{33}，□ dau^{13}
爬行	躝	爬躝 pha^{55}lan^{55}
跺脚	踸 tɐm^{22}	踸脚 thɔn^{21}kiaʔ^{3}
踮脚	趷脚	踮脚 den^{13}kiaʔ^{3}
挺胸	演胸	踮胸 den^{13}huŋ^{13}
叫喊	嗌	喊 han^{33}
蹲	踎	□ ŋɔn^{33}
跨	足南 nam^{33}	□□ khaʔ^{5}laʔ^{3}
扔	掉/擗/掟	掟 diaŋ^{33}
站	企	企 khi^{21}
走	行	行 hɛŋ^{55}
跑	走	跑 phɛu^{55}，走 tau^{33}
骂	闹	闹 nɛu^{21}
谈恋爱	拍拖	走爱 tau^{33}ai^{33}
巴结	拖大脚	抱大腿 bou^{55}thai^{21}thui^{33}； 拍大腿 phiaʔ^{11}
搀（水）	抠	搀杂 tshan^{13}tshaʔ^{1}
收拾	执	收拾 θau^{13}θɔt^{1}
选择	拣	拣 kan^{33}
拾	执	拾 θɔt^{1}

躲	匿埋	□ mɛʔ^{5}
找	揾	□ lɔ^{21}，寻 tshɔn^{55}
认得	识得	认识 nɔn^{21}θɛʔ^{5}
留神	吼住	留心 lau^{55}θɔn^{13}
气人	激气	激气 kɛʔ^{5}hi^{33}
巴不得	宜得	□不得 bɛŋ^{13}mu^{55}dɛʔ^{5}（miau^{33}--mu^{55}）
忘记	唔记得	忘 muŋ^{21}
讨厌	憎	讨厌 thou^{55}en^{33}，恨 hɔn^{21}
生气	嬲	发性 vaʔ^{3}θiaŋ^{33}；生气 θɛŋ^{13}hi^{33}
疼爱	惜，赤，痛	痛 tuŋ^{33}
喜欢	中意	喜欢 hi^{33}huan^{13}
宽	阔	阔 huat^{33}
小	细	细 θɔi^{33}，□ ut^{3}
粗糙	谐	粗 tshu^{13}
软烂	脍	烂 lan^{21}，□ ui^{13}
美	靓	好□ hau^{33}ɛʔ^{5}（好看）
丑	丑怪，丑样	蠢 tshun^{33}
肮脏	邋遢，污糟	□□ i^{13}lou^{55}
稠	杰	杰 khik^{1}，粘 nen^{55}
胖	肥	肥 vi^{55}
勤快	勤力	伶俐 liaŋ^{55}li^{21}；勤紧 khen^{55}kɔn^{33}
顽皮	跳皮，百厌	跳皮 thiu^{55}phi^{55}
累	瘡	□ hun^{33}
倒霉	衰	衰 θuai^{13}
能干	叻	□ diu^{13}

年轻	后生	后生 hau^{21}θɛŋ^{13}
淫荡	姣	发姣 vaʔ^{3}hɛu^{55}
吝啬	孤寒	吝钱 len^{55}tshen^{55}kan^{1}；□ kan^{13}
固执	硬颈	古董 ku^{33}duŋ^{33}；固执 ku^{33}tsɛʔ^{3}
闷热	翳热，焗热	焗热 kɔʔ^{5}ŋet^{3}
晚（迟）	迟，晏	迟 tshi^{55}
里面	入便，里便	里头 li^{33}thau^{55}
外面	外便，出便	外头 ŋuai^{21}thau^{55}
旮旯（角落）	角落头	壁角 biaʔ^{3}kɔʔ^{3}
别处	第度，第处	别路 phet^{1}lu^{21}
谁	边个	乜人 mi^{55}nɔn^{55}
我们	我哋	我群 ŋɔ^{33}kun^{55}
咱们	我哋	我群 ŋɔ^{33}kun^{55}；ŋuan^{13}kun^{55}
你们	你哋	你群 ni^{33}kun^{55}
他	佢	渠 ki^{55}
他们	佢哋	渠群 ki^{55}kun^{55}
我的	我嘅	我的 ŋɔ^{33}di^{33}
桌子	台	斗儿 dau^{33}ŋi^{55}
两夫妻	两公婆	两公□ liŋ^{33}uŋ^{13}mi^{13}
两父子	两仔爷	两爷儿 liŋ^{33}za^{13}ŋi^{55}
这个	呢个	□个 ku^{55}kɔ^{21}
那个	嗰个	奴个 nu^{55}kɔ^{21}
哪个	边个	□个 ku^{55}kɔ^{21}
这里	呢度	□路 ku^{55}lu^{21}
那里	嗰度	奴路 nu^{55}lu^{21}
哪里	边度	□路 tshi^{33}lu^{21}

这些	呢啲	□多 ku^{55}dɔ^{13}；□□儿 ku^{55}dɛʔ^{1}ŋi^{55}
那些	嗰啲	□□儿 ku^{55}dɛʔ^{1}ŋi^{55}
哪些	边啲	□□儿 ku^{55}dɛʔ^{1}ŋi^{55}
这样	噉	嗰样 kɔ^{55}ziaŋ^{21}
那么长	咁长	□个长 ku^{55}kɔ^{33}tshiaŋ^{55}
怎样做	点做	□样做 tshɔ^{55}ziaŋ^{21}tu^{33}
什么	乜/乜嘢	□的 mi^{55}di^{33}
为什么	乜	为□的 vi^{21}mi^{55}di^{33}
刚才	头先	□□ tshau^{21}tshau^{21}
刚好	啱啱	啱啱 ŋan^{55}ŋan^{55}；恰好 khɛʔ^{1}hau^{33}
还（要）	重	还（要）huan^{55}（iu^{33}）
光	净	光 kuaŋ^{13}
完（吃完）	晒/完	了 liu^{33}（hiaʔ^{3}liu^{33}）
有点儿	有啲	有一的 zau^{33}aʔ^{55}dik^{5}
故意	特登	故意 ku^{33}i^{33}
别（去）	唔好/咪	莫 mɔʔ^{3}
不必	唔使	莫必 mɔʔ^{3}bɔt^{5}
不是	唔系	不是 mu^{55}（miau^{33}）θi^{21}
终于	卒之	□后 khɛʔ^{3}hau^{21}
全部	冚棒郎	全部 tshen^{55}phu^{21}；了了 liu^{33}liu^{33}; 含巴郎 ha^{21}ba^{21}laŋ^{21}
反正	横掂	反正 van^{33}taŋ^{33}
很	好	极 kɛʔ^{1}
也	亦/都	□ lu^{55}
被	畀	被 phi^{21}
把	将	把 ba^{33}，将 jiaŋ^{13}

在	嚟	在 tshɔi^{21}
给	同	帮 buaŋ^{13}，□ uŋ^{21}
和（与）	同	同 thuŋ^{21}
比	比，过	比 bi^{33}，---过 kua^{33}
把刀	张	把 ba^{33}
服药	剂	一单药 aʔ^{5}dan^{13}ziaʔ^{3}
顿饭	餐	顿饭 aʔ^{5}dun^{33}van^{21}
一口（饭）	啖	口 hau^{33}
辆	架	架 ka^{33}
床被	张	番 van^{13}
棵树	畣 phɔ^{53}	根 kɔn^{13}
一块钱	个/文	一个银 aʔ^{5}kɔ^{21}ŋɔn^{55}
一毛钱	毫子	一角钱 aʔ^{5}kɔʔ^{3}tshen^{55}
一所房子	间	一间屋 aʔ^{5}kan^{13}uk^{3}
一座桥	度	一座桥 aʔ^{5}tshɔ^{21}khiu^{55}
一会儿	一阵间	一下儿 aʔ^{5}ha^{21}ŋi^{55}
多少	几多	几多 ki^{55}dɔ^{13}

以上选用了349个粤语区各地比较一致的方言词，各个方言点尤其是广府话地区的点与广州话相同的百分比都很高，相同的比率大概85%以上，差别较大的也有55%—60%。迈话与广州话相同或相近的词有96个，占比较词数的27.51%。在这349个粤语方言词当中，迈话与普通话（或汉语共同语）相同的有89个，占25.5%，迈话自己独有的词有164个，占46.99%。这表明迈话的词汇是以自己独有的词为主，其次是粤方言的词和汉语共同语的词。

现将番禺、佛山、东莞、顺德、清远、中山/珠海、罗定、从化、肇庆、台山、怀集、阳江、连县①、迈话与广州话词汇异同比较的具体情况列表于下，它们之间的远近关系就很清楚了。

参加比较的地点	用以比较的词数	相同词数	所占百分比
广州：番禺	349	337	96.56%
广州：佛山	349	332	95.13%
广州：东莞	349	310	88.83%
广州：顺德	349	306	87.68%
广州：清远	310	268	86.45%
广州：中山/珠海	363	304	83.75%
广州：罗定	310	255	82.26%
广州：从化	349	286	81.95%
广州：肇庆	310	253	81.61%
广州：台山	363	276	76.03%
广州：怀集	310	204	65.81%
广州：阳江	242	158	65.29%
广州：连县	310	172	55.48%
广州：迈话	349	96	27.51%

由于材料有限，各点的话与广州话比较所用的词数不完全相同，这对比较的结果可能会有一定的影响，因此这只能作参考之用。

广府话的核心各县市（如佛山、番禺等地）的话与广州话非常接近，

① 这里用以与广州话比较的各地粤方言点的词汇均来自《珠江三角洲方言词汇对照》（1988年），现今广东省的行政划分与当时有很大不同：番禺、已成为广州市的市辖区、顺德是佛山市的辖区之一、怀集为肇庆市辖县、连县改名为连州且归清远市管辖。这些地方的粤方言与广州话有一定的区别，因此本书所采用的的语言点名称仍遵循《珠江三角洲方言词汇对照》（1988年）的表述。

它们几乎没有什么明显的差别，彼此词汇相同的比率95%以上。而东莞、顺德、清远等地的话也很接近广州话，比核心地稍差一些。中山、珠海、罗定、从化、肇庆与广州话的距离稍远一些。

台山话、怀集话、阳江话不属于狭义的“白话”，与广州话有一定的差别，彼此词汇相同率在76%和65%之间，加上语音有较大的差别，人们乍一接触很难听得懂对方的话。与广州话差别较大的连县话与广州话词汇相同比率只有55.48%，而迈话与广州话词汇相同比率只有27.51%左右，两地的人彼此难以进行交际是不言而喻的。一般来说，词汇相同率低于40%或者50%就很难认为二者是同属于一个方言了。因此，我们很难把迈话划入粤方言。

我们对迈话进行了初步的分析，觉得它的词汇系统有较明显的粤语来源，有些词粤语方言色彩极为浓厚。这使人无法否定它与粤语的关系。如泥（土）、鸡乸（母鸡）、谷（稻子）、番薯（甘薯）、水鸭（野鸭）、手（胳膊）、tshut^{1}（男阴）、劏（宰杀）、诈戆（装傻）、行运（走运）、扱khɔt^{5}（盖）、企（站）、行（走）、走（跑）、岌头ŋɔt^{1}thɔʔ^{5}（点头）、激气（气人）、闹（骂）、阔（宽）、细（小）、肥（胖）、衰（倒霉）、发姣vaʔ^{3}hɛu^{55}（淫荡）、啱啱（刚好）等等。迈话所使用的这些粤方言词不是近代由于语言接触才从广州话那里吸收过来的，而是好多年前迈话里就一直使用着的。如果他们不是曾经使用过粤语或者与粤语人有过长期的较为深入的接触，迈话里不可能出现这些粤方言词汇。我们又从迈话里的普通话词汇较多的这个现象看到，迈话虽然有一定数量的粤方言词汇，但它还没有完全接纳粤方言词汇，依从于粤方言。下面的词，粤语里使用的方言词（括号内的为粤语词）：刮风（翻风）、打雷（行雷）、去年（旧年）、明年（出年）、上午（上昼）、中午（晏昼）、夜里（夜晚黑）、插秧（莳田）、车轮（车辘）、粳米（占米）、瓶（樽）、伞（遮）、东西（嘢）、儿子（仔）、腿（脚）、吵架（嗌交）、吃亏（蚀抵）、做梦（发梦）、聊天（倾偈）、打赌（输赌）、哭（喊）、动（郁）、讨厌（憎）、生气（嬲）、我的（我嘅）等等。从对这些词的使用上可以看出，迈话只是在一定程度上使用粤方言词汇。它仍然在一定的程度上保留其原来的那种比较接近汉语共同语的词汇。

第二节　迈话与客家话的比较

迈话与客家话近似主要表现在语音方面。首先是中古浊塞音、浊塞擦音声母的字今读送气清音，其次是阳入字有一部分变读阴入。这两点迈话与客家话最为相似。词汇方面，迈话也有一部分词与客家话方言词相同。简述如下。

一、语音方面

迈话的18个声母与客家话的17个声母相同的有ph、m、v、t、th、n、l、ts、tsh、k、kh、ŋ、ʔ、h 14个，迈话的θ可以看作与客家话的s相对应。迈话的ʔb、ʔd、z三个声母客家话没有，但其中的ʔb、ʔd两个声母，分别与客家话的p、t相对应。迈话里的声母z是客家话没有的。客家话的f，在迈话读v。客家话很多地方的塞擦音、擦音分三套或两套，而迈话只有一套。如果从这一点考虑，迈话跟客家话的声母就有比较大的差别了。

在韵母方面，迈话只有39个韵母，而客家话的韵母保留得比较完整，既有-p、-t、-k塞音韵尾，还有-i-、-u- 介音，共有77个韵母。因此，二者的差别较大。

在声调方面，迈话和客家话比较接近，都有阴平、阳平、上声、去声四个舒声调；但迈话的入声分阴入、中入、阳入三个，而客家话只有阴入、阳入两个。

二、词汇方面

总的来看，迈话与客家话在词汇方面相同的不算多，迈话与客家话相同的词大部分同时也跟广州话相似。但迈话里还有数量很少的词单独与客家话相同，看来是来源于客家话。

下面从罗美珍等编写的《客家话通用词典》（2004年）选出各地客家话比较通用的方言词57个，看看迈话跟客家话和广州话相似的情况。

客家话	广州话	迈话
擘 pak⁷，mak⁷	擘	擘 bɛʔ³
驳（连接）	驳	接 tsik³
摽（窜）piau¹	摽	标 biu¹³
偋（躲，藏）piaŋ⁵	柄	藏 tshuaŋ⁵⁵
沕（潜水）mi⁴	昧	昧 mi²¹
窟（孔穴）fut⁵	窟（少用），窿	窿 luŋ¹³
火熛尘（烟火积灰）	火熛尘	烟尘 en¹³tshɔn⁵⁵
黄猄（麂子）	黄猄	黄猄 vuaŋ⁵⁵kiaŋ¹³
乌蝇（苍蝇）	乌蝇	苍蝇 tshaŋ¹³zɔŋ⁵⁵
斗木（拼接木器）	斗	斗柴 dau³³θai⁵⁵
窦（窝）	窦 dɐu³	窿 luŋ⁵⁵
屌 diau³（交媾，骂语）	diu²	diu³³
口 tuk⁷（底部）	笃 tuk⁷	口 θut⁵

淘（淘饭，泡饭）	淘	口饭 phɔ^{33}van^{21}
口（歇气）theu^{3}	咻 theu^{2}	歇 het^{3}
燂（烤）tham^{2}	燂 tham^{2}	炙 tsiaʔ^{3}
塘虱（胡子鲶）	塘虱	塘虱鱼 thuaŋ^{55}θɔt^{5}ŋui^{55}
泥（土）	泥	泥 nɔi^{55}
奈（灼，烤）nat^{7}	焫 nat^{9}	烫 thuaŋ^{13}
*难（红疙瘩）nan^{4}	癱 nan^{5}	口口 buŋ^{33}thui^{21}
（乳房）nen^{4}	nin^{1}	口 nɛ^{13}，口 tsi^{55}
佬	佬	佬 lou^{33}
撩（玩）	撩	玩 ŋuan^{55}
揽（搂抱）	揽	抱 bou^{55}
窿（洞，孔）	窿	窿 luŋ^{13}
*浪（涮洗）loŋ^{1}	啷 long^{3}	口 luai^{13}（洗）
晾（晾晒）laŋ$^{2/5}$	晾 long^{6}	晾 luaŋ^{21}
火鹿（烫）luk^{8}	渌 luk^{8}	烫 thuaŋ^{13}
嚼（嚼）tshiau^{4}	噍 tsiu^{6}	噍 tshiau^{21}
煠（煮）saʔ^{8}	熠 saap^{8}	熠 θaʔ^{11}
细（小）	细	细 θɔi^{33}，口 ut^{5}
衰（倒霉）	衰	衰 θuai^{13}
几多（多少）	几多	几多 ki^{33}dɔ^{13}
鸡公（公鸡）	鸡公	公鸡 kuŋ^{13}kɔi^{13}，鸡公
脚踭（脚后跟）kiok^{7}tsaŋ^{1}	koek^{9}tsaŋ^{1}	脚跟 kiaʔ^{55}kɔn^{13} 脚踭
企（站）	企	企 khi^{21}
濑（失禁）lai^{2}	濑 lai^{6}	濑 lai^{55}
姣（淫荡）hiau^{2}	姣 hau^{2}	发姣 vaʔ^{3}hɛu^{55}

猪脷（猪舌头）tsu^{1}li^{4}	猪脷tsy^{1}lei^{6}	猪脷舌 tsi^{13}lɛ^{33}θet^{1}
黐（粘黏）tshi^{1}	黐tshi^{1}	黏 nen^{55}
屎窟（屁股）sɿ^{2}fut^{7}	屎窟si^{3}fat^{7}	口 θut^{5}
食（吃）	食	吃 hiaʔ^{3}
手踭（肘）su^{3}tsaŋ^{1}	手踭sɐu^{3}tsaŋ^{1}	鸡儿口 kɔi^{13}ŋi^{55}kut^{3}
手指尾（小指）	手指尾	手指头 θɔi^{33}tsi^{13}thau^{55}
手指公（大拇指）	手指公	指头乸 tsi^{13}thau^{55}na^{33}
搉（敲击）khok^{8}	搉khok^{7}	口 khou^{13}
戇（傻）ŋoŋ^{4}	戇ŋoŋ^{6}	戇 ŋuaŋ^{55}
啮（啃咬）ŋat^{7}	啮ŋat^{8}	啮 ŋɔt^{1}
昂（抬头）ŋoŋ^{1}	昂ŋoŋ^{6}	口头 den^{13}（thɔʔ^{5}）
*银（虚弱）nien^{4}（ŋen^{5}）	奀ŋɐn^{1}	口 ŋau^{13}
系（是）	系	是 θi^{21}
坑（山沟）	山坑	山沟 θan^{13}kau^{13}
喊（叫唤）	嗌ngai^{5}	喊 han^{33}
*恒（紧急，严紧）hen^{2}	衡hɐŋ^{2}	紧 kɔn^{33}
口ia^{3}（以手抓）	口wa^{3}	扒 pha^{55}
煨（在火中焖烤）	煨	炙 tsiaʔ^{3}
晏（晚，迟）	晏	迟 tshi^{55}

以上共选出客家话内部比较一致的方言词57个，迈话与广州话相同的有23个，与客家话相同的也是23个，均占40.4%，迈话独有的词有33个，占57.9%。

第三节 迈话与海南闽语的比较

迈话跟海南闽语（下称海南话）有一定的关系。撇开历史不说，单就说这两种话的人长期共同居住、活动在一个海岛这一点来说就可以肯定它们之间存在某种关系。由于操这两种话的先人最初都居住在海岛的东部，他们彼此来往密切，很可能互相受到对方的影响。由于操海南话的人越来越多，到了某个年代以后，操迈话的人逐渐放弃了自己原来所使用的方言而转用海南话。而现今居住在三亚崖城和羊栏的迈话人之所以还保留自己的迈话，是由于他们的祖辈在后来移居到崖县（今天的三亚崖城和羊栏）。当时三亚崖城使用海南话的人不多，崖县主要通行南方官话和非常接近南方官话的军话。到了近两三百年间，海南话逐渐向西扩展，迈话人才有机会经常接触海南话。因此，迈话与海南话的关系只有两三百年的历史。迈话受海南话的影响一般在表层上。

在语音上，迈话和海南话都有ʔb、ʔd两个带喉塞的浊塞音，有v、z两个浊擦音，中古汉语的精母字大部分读作t 声母。这些特点迈话与海南话相同或相似。另外，迈话有些字音有向着海南话靠拢的趋势，如tsh 这个声母年轻人多变读作s（海南话没有tsh，只有s）。

迈话与海南话ʔb、ʔd、v、z、t、tsh 等声母对应例字：

汉字	包	担	飞	饭	圆	左	车
迈话	ʔbau^{13}	ʔdan^{13}	vi^{13}	van^{21}	zen^{55}	tɔ^{33}	tsha^{13}（sia^{13}）
海南话	ʔbau^{33}	ʔda^{33}	ʔbue^{33}	phan^{53}	zuan^{22}	to^{21}	sia^{33}

从历史上看，迈话人要比操海南话的人早到海南若干年。当迈话人到达海南时，海南岛北部已经居住着临高人、儋州人和分布在海南岛大部分

地区的黎族人，他们的语言都有带喉塞声母ʔb、ʔd（有些学者称为前喉塞声母或内爆破音）。所以说，迈话和闽语里的ʔb、ʔd声母都是他们来到海南以后在当地语言的影响下才产生的。

在词汇方面，迈话的一些词似乎来源于海南话，如什么叫$mi^{55}ʔdi^{33}$，八哥儿叫$khi^{55}liau^{13}$，稻谷叫麦$mɛʔ^{3}$，抽屉叫斗儿$ʔdau^{33}ŋi^{55}$，舅舅叫爹$ʔdɛ^{55}$，丑叫蠢$tshun^{33}$，等等。这类词不算多。

第六章

迈话的归属问题

第一节　迈话的语音和词汇特征

前面几章已把迈话的基本情况和它与周边有关语言（或方言）的关系做了一定的介绍。我们看到，无论在语音、词汇或语法方面，都可以看出它是汉语的一种南方方言。古书上都认为它与广州话相似或近似。后来大家都沿袭这种说法，把迈话看作与广州话相似，或者属于粤语系统的一种汉语南方方言。这里其他的汉族人群，各自使用着不同的汉语方言、土话。计有使用较广的海南话（属闽南话）、疍家渔民使用的疍家话（近似广州话）、儋州话、军话等各不相同的方言，各种方言都互有区别，且各有各的分布地区。在崖城和羊栏过去海南话还不怎么通行的时候，迈话是比较常用的语言。说这种话的人为汉族群众。他们自称为“迈人”（$mai^{13}nɔn^{55}$）。

1986年和1987年黄谷甘和李如龙联名先后在《广东民族学院学报》和《中国语文》发表了题为《海南岛的“迈话”——一种混合型方言》的文章。据文章介绍，迈话有如下一些特点：（1）声母方面，有 ʔb、ʔd 两个带喉塞的浊塞音；（2）中古浊塞音声母今读送气音声母；（3）韵母没有撮口呼；（4）双唇韵尾已经消失；（5）声调方面，阴去归入阴上，入声分高、中、低三个。文章认为：“迈话既有粤方言的成分，也有同客赣方言及海南闽语相同的地方，可以说是一种混合型的方言。”

2004年7月，我们在三亚时曾到过羊栏村，邀请该村小学王建华老师给我们介绍迈话的情况，并记录了部分迈话材料。2005年4月，我们再次专程到羊栏村补充记录羊栏村迈话的语料，受访人主要有村民黎祖辉先生。根据两位发音合作人提供的材料，我们初步整理了羊栏迈话的音系。这个音系与黄、李提供的基本上相同，只在个别语音的描写上略有差别。

（一）迈话的音系（声韵母及声调例字从略）

1. 声母

迈话有18个声母：

ʔb ph m v t ʔd th n l θ ts tsh z k kh ŋ ʔ h

2. 韵母

迈话有38个韵母：

a	ɔ	ɛ	i	u	ia	ua
ai	ɔi	ei		ui		uai
au	ou	ɛu	iu		iau	
an	ɔn	en		un		uan
	ɔŋ	ɛŋ	iŋ	uŋ	iaŋ	uaŋ
	ɔt	et		ut		uat
aʔ	ɔʔ	ɛʔ		uk	iaʔ	uaʔ

韵母说明：

元音没有长短对立，但a、ɛ 的读音比较长，ɔ、e、i、u 读音比较短。uaŋ中的a近似 ɔ，可以记作uɔŋ，但从系统上看，应为uaŋ。元音e、o不单独作韵母。

3. 声调

迈话有阴平、阳平、上声、去声四个舒声调，有阴入、中入、阳入三个促声调。阴入、中入都来源于中古的阴入（部分字来源于阳入），阳入字来源于中古阳入。各个声调的调值是：阴平13，阳平55，上声33，去声21，阴入5，中入3，阳入1。

（二）迈话的语音特点

1. 有舌尖齿间清擦音θ。这个音看来应该与ts、tsh、z 配成一套，即读s，黄、李文记的崖城迈话是舌叶音tʃ、tʃh、ʃ、ʒ相配对。但羊栏的清擦音却是齿间擦音。

2．双唇音韵尾（-m、-p）已经脱落，变读作舌尖韵尾。

3．中古读“非敷奉微”的字全读唇齿浊擦音v。如飞读 vi^{13}，闻读 $vɔn^{55}$。

4．有i、u介音。

5．缺少元音y。如猪读 tsi^{13}，吕读 li^{13}，云读 $vɔn^{55}$，雨读 vau^{33}。

6．带韵尾的a和ɔ很像粤方言的a和短ɐ的关系（详见后文）。

7．-k尾部分脱落，变为喉塞音韵尾：ak-aʔ，ɔk-ɔʔ，ɛk-ɛʔ，但uk仍保留。

8．有四个舒声调：13 55 33 21，三个促声调：5 3 1。阴去并入阴上，如椅 i^{33}、意 i^{33} 同音，体 $thɔi^{33}$、替 $thɔi^{33}$ 同音。阳上并入去声。阴去归阴上这个特点与海南儋州话和临高话（这两种话使用人口合计有一百多万人）相同。

9．入声调的阴入分两个调：阴入5和中入3。阳入1的字有一部分归阴入5或中入3。

10．调值比较独特：阴平是低升调，阳平是高平调。这与粤语、客家话或海南话都有较大的差别，但却接近儋州话（儋州阴平35，阳平55，上声22，去声11，阴入22，阳入55）。

11．中古汉语并、定、群、从、澄等全浊塞音、塞擦音声母，迈话大部分读作送气音声母。如病 $phiaŋ^{21}$、电 $then^{21}$、旧 $khau^{21}$、就 $tshau^{21}$、丈 $tshiŋ^{21}$ 等都读送气音声母。

（三）迈话的词汇特点

迈话的词汇可以分为四部分：迈话自己特有的，来源于汉语共同语的，与赣客方言相同的，与粤语相同的。我们从粤方言及客家话内部比较一致的常用词里选出一百多个词，看看迈话独有的词多还是跟粤方言或客家话相同的多，还是跟共同语相同的词多。

迈话特有的词：月翁（月亮），水窿（水坑），白日（白天），谷秆草（稻草），mɛʔ¹（稻子），番麦（玉米），女鸡（小母鸡），蚓（蚯蚓），黄公虫（蜈蚣），粗人（男人），viŋ⁵⁵ 人（女人），细支儿（小孩），阿姆（母亲），脷舌（舌头）mɛ¹³，mɛ¹³tsi⁵⁵（乳房），θut⁵（屁股），bɔi⁵⁵（女阴），闭眼（睡觉），爬躝（爬行），ŋɔn³³（蹲），mɛʔ⁵⁵（躲），lɔ²¹（寻找），壁角（角落），我群（我们），佢群（他们），ku⁵⁵kɔ²¹（这个），nu⁵⁵kɔ²¹（那个），无是（不是）。

来源于汉语共同语的：茄子，猴猕，苍蝇，狗蚤，铁铛，儿（儿子），鼻儿，大腿，脚跟，晾，讹（骗），吵架，争吵，吃亏，哭，舀，跑，被，在。这些词，粤语和客家话都有自己的方言词。

与赣客方言和粤语都相同的：泥（土），今日（今天），担杆（扁担），谷（稻谷），番薯（甘薯），田鸡（大青蛙），屋（房子），番枧（肥皂），面（脸），衫（上衣），利市（红包），人客（客人），着（穿），屙（大小便），行运（走运），扱（khɔt¹，盖），拗（弯折，撅），督（戳），擘（掰），标（窜），昧水（潜水），黄猄（麂子），屌（交媾），塘虱（胡子鲇），佬（汉子），窿（窟窿），浪（晾晒），噍（嚼），熠（煠，煮），几多（多少），濑（失禁），啮（啃），企（站），行（走），打靶（枪毙），阔（宽），细（小），杰/结（稠），肥（胖），衰（倒霉），发姣（淫荡），啱啱（刚好），一滴（一点儿），架（辆）。

单独与赣客方言相同的：爷（父亲），平宜（便宜），喊（叫唤），分（给），莫（别）。

单独与粤语相同的：鸡乸（母鸡），翼（翅膀），水鸭（野鸭），手（胳膊），tshut¹（男阴），劏鸡（杀鸡），诈懵（装傻），thɔn²¹脚（跺脚），掟（扔，投掷），走（跑），闹（骂），拣（挑选），个（块，一块钱）。

从词汇异同的比例来看，迈话与粤语虽有一定的关系，但把这种关系摆到整个粤语区来看，它在粤语里又不算很突出，起码比不上两广大陆任何一个粤语点所拥有的粤方言共同词汇的数量。我们从《珠江三角洲方言词汇对照》一书（并参考了粤西、粤北十县市粤方言调查报告）选择了383个粤方言内部比较一致的方言词，利用各点的方言词与广州话进行比较，得出不同的数据。又参考谢建猷所著《广西汉语方言研究》有关粤语、平话的资料，进行词汇异同比较。参加与广州比较的地点：中山（包括珠海）、清远、台山（包括开平、恩平、新会）、南宁、百色、宁明、桂平、北海、钦州、北流唐僚、横县、博白、浦北、贵港、灵山、宾阳、武宣、蒙山、贺州铺门、融水土拐话、宜州百姓话等通行粤语的地区。另外还选出平话的4个代表点：南宁沙井、百色那毕、崇左四排、扶绥龙头。最后加上迈话。具体结果如下。

参加比较的地点	用以比较的词数	相同词数	所占百分比
广州：中山	383	337	87.99%
广州：清远	383	311	81.20%
广州：台山	383	272	71.02%
广州：南宁	383	243	63.45%
广州：百色	383	217	56.66%
广州：宁明	383	215	56.14%
广州：桂平	383	208	54.31%
广州：北海	383	200	52.22%
广州：钦州	383	206	53.79%
广州：北流唐僚	383	179	46.74%
广州：横县	383	175	45.69%
广州：博白	383	169	44.13%
广州：浦北	383	168	43.86%

广州：贵港	383	167	43.60%
广州：灵山	383	158	41.25%
广州：宾阳	383	147	38.38%
广州：武宣樟村伢话	383	136	35.51%
广州：蒙山	383	135	35.25%
广州：贺县铺门	383	123	32.11%
广州：融水土拐话	383	109	28.46%
广州：宜州百姓话	383	87	22.72%
广州：南宁沙井平话	383	158	41.25%
广州：百色那毕平话	383	154	40.21%
广州：崇左四排平话	383	154	40.21%
广州：扶绥龙头平话	383	151	39.43%
广州：北流塘岸客家	383	141	36.81%
广州：马山片联客家	383	121	31.59%
广州：三亚羊栏迈话	361	102	28.25%

广州附近的县市（如南海、番禺、顺德）的词汇与广州话词汇相同的比率一般高达90%至95%；离广州稍远的县市或珠江三角洲地区（如清远、中山、珠海等地）的词汇，与广州话词汇相同的比率一般也在80%以上；远至广西的南宁其所用词汇占广州话词汇相同的比率在63%以上；广西粤语地区一般其所用词汇占广州话词汇相同的比率在45%左右。只有广西蒙山县和贺州的粤语，跟广州话有稍大的距离，与广州话词汇相同数只占35.25%和31.11%，这是因为蒙山县是汉语北方话和粤语的接触点，而贺州处于广西、广东、湖南三省区交界，其词汇有受到北方汉语影响的可能，但观察其语音结构却是地道的粤语系统。而迈话与广州话的词汇相同数只占28.25%，语音也有很大的差别。

（四）迈话的语法特点

迈话的语法特点不多，但也有一些与众不同之处。

1．名词表示细小的东西，往往在后面加上一个“儿”ŋi^{55}。如：鼻子phɔt^{11}ŋi^{55}，小偷tshɛʔ^{1} ŋi^{55}，抽屉ʔdau^{33}ŋi^{55}，小孩θɔi^{33}tsi^{13}ŋi^{55}，女孩viŋ^{55}ni^{33}ŋi^{55}，女孩ni^{33}ŋi^{55}，男孩tshu^{33}ŋi^{55}，耳朵ŋi^{33}ŋi^{55}，小手指tsi^{33}thau^{55}ŋi^{55}。

2．表示复数的人称代词，在单数人称代词之后加kun^{55}表示。如：我们ŋɔ^{33}kun^{5}，你们ni^{33}kun^{55}，他们ki^{55}kun^{55}。

3. 表示否定的词有：“冇”（不）miau^{33}，如冇有（没有）miau^{33}zau^{33}；“无”mu^{55}。“冇”用在句末，表示疑问。如：“你打得过佢冇？”（你打得过他吗？）“你惊吃药冇？”（你怕吃药吗？）“你担得一百斤冇？”（你挑得一百斤吗？）

4．助动词aʔ^{5}，有“将要”的意思。如：天黑，aʔ^{5}下雨罗(天黑了，要下雨了)。

5．双宾语的句子，指物宾语在前，指人宾语在后，一般要重复动词，如：“你分几多钱分我？”（你给我多少钱？）指人宾语也可以在前，如：“我分你五十银。”（我给你五十块钱。）

第二节　迈话与赣客方言的关系

迈话里有许多赣客方言的成分，首先在语音方面，中古汉语浊塞、浊塞擦声母，迈话一般读作送气的清声母；部分阳入字（半浊）变读阴平。这些都是和客家话相同的特点。另外，一些字的读音也与客家话很相近：撮口呼的字多读i韵；吕、居韵母为i；假开三的字部分读a韵，如车、蛇、野、茄等韵母读为a 。但也有一些字与客家话的读法不同。如流开一、三的走、豆、狗、口、谋、厚等字客家读ɛu韵，迈话却读au韵。客家话古次浊上声字（马、母、买、美、理等）变读阴平，迈话基本上没有变读。

在词汇方面，迈话有不少与客家话相同的方言词。但大部分同时又与粤方言相同。这些方言词来源于客家话还是粤方言？还是更早、范围更广的南方方言？如果说，迈话人最早使用的是客家话，但客家话里的一些方言色彩很浓厚的方言词，如“涯”（我）、系（是）、食（吃）、禾（稻子）、索（绳子）、叫（哭）、饥（饿）、牯（雄性）、嫲（雌性），苞粟（玉米）等，迈话都与客家话不同。因此，从整个词汇系统来看，迈话的词汇中客家话所占的比重不大。

第三节　迈话与粤语的关系

前人普遍认为迈话与广州话比较相似，应该说迈话与粤语（大范围的粤方言）有一定的关系。由于语音差别较大，两地的人不能通话。语音的差别程度，可以用以下的对比来讨论。

在声母方面，迈话与广州话声母数目相近（迈话为18个，广州话为19个）。迈话比广州话多了ʔb 、ʔd、v、θ、z 五个声母，缺少kw、khw两个圆唇声母。迈话的θ 与广州话的ʃ 相对应，ʔb 、ʔd、v、z 也分别与广州话的p、t、f、j 相对应。二者只在听感上有差别而不至于影响交流。迈话的ph、th分别与广州话的p、ph和t、th相对应。但在韵母方面就有较大的差别了。首先元音方面，迈话的单元音韵母有a、ɔ、ɛ、i、u五个（元音则有7个，多出o和e，但o和e不单独作韵母），其中i、u 为介音；广州话有a、ɐ、e、i、ɔ、u、y、oe 八个。迈话比广州话少了 –m、–p 两个韵尾。因此，韵母数目有较大的出入。

在声调方面，迈话只有四个舒声调（阴平、阳平、上声、去声），比广州话少了两个。但入声跟广州话都是三个，甚至调值也很接近。从整体来看，迈话与广州话在语音上异大于同，加上声调调值彼此相去甚远，给两地的人交际带来很大的困难。因此很难让两地的人有认同感。

但迈话与广州话语音上还是有对应可寻的。迈话的元音 ɔ 基本上与广州话的短 ɐ 相对应。如 ɔi–ɐi，ɔn–ɐn，ɔt–ɐt，因此可以把迈话的这几个韵母看作与广州话的相同。

在词汇方面，迈话似乎有相当一部分的词来源于粤语（例见上述）。这些词看来是粤语中比较古老的方言词。同样，粤语地方特色很浓的一些词，迈话另有说法，如脚（腿），大髀（大腿），饮水（喝水，迈话叫吃水），瞓觉（睡觉，迈话叫闭眼），争（欠），蚀抵（吃亏），喊（哭），郁手（动手），踎（蹲，迈话叫 $\eta\text{ɔ}n^{33}$），抠（搀杂，迈话叫冲），揾（找，迈话叫 $l\text{ɔ}^{21}$），靓（美，迈话叫好 $\varepsilon ʔ^{5}$）。

从语音上看，迈话跟广州话不算很接近，迈话四个舒声调跟广州话的差别是够大的，但跟珠江三角洲某些地方很一致。高明、恩平两地都是只有阴平、阳平、上声、去声、阴入、中入、阳入七个声调。上去不分阴阳，入声分高中低三个，这与迈话相同。

第四节 迈话与闽语的关系

迈话里也有不少与海南闽语相同或相似的地方，迈话与海南话长期共处于一个海岛上，彼此长期来往，互相学习，在语言上自然有所反映。初步看来，迈话与海南话彼此相同或近似的地方大概有如下几点：

在语音上，海南话和迈话都有 ʔb、ʔd 两个带喉塞音的声母，有 v、z 两个浊擦音，海南话声调上声不分阴阳，去声和入声各分两个，共七个声调。二者声调不完全相同。海南话主要的特点是韵母有阴阳对转的现象。阳声韵失去韵尾后变成没有辅音韵尾的韵母了。如“惊”读kia³³，“钢”读kɔ¹¹，“长”读ʔdɔ²²，“鲜”读si³³，“肝”读kua³³，“羊”读io²²等，迈话没有这个现象。近几十年来，海南话在海南的势力日渐扩大，个别字的读法，年轻人可能受海南话的影响较多。但这些只是近期的影响所致。在谈论迈话的来源或归属时可以忽略不计。

第五节 初步的认识

综上所述，我们得出几点初步的认识和判断。

（1）迈话里有赣客方言的成分，有粤语的成分，也有海南闽语的成分。对这些不同来源成分的分析会影响我们对迈话的来源或归属问题的判断。研究汉语方言一般都比较重视声母与声调的关系。声母的清浊主宰着声调的分化，由此反映各地方言的差异。汉语声母与声调的关系有几种类型，古浊音声母今变读清声母，平声读送气，仄声读不送气的为一类，如普通话、广州话等；平声仄声一律读送气的为一类，如客家话；平声仄声全部都读不送气的为一类，如广西平话和粤西某些地方的土话。在这一点上，迈话与客家话颇为近似。但客家话的次浊阳上字变读阴平，这一特点迈话没有跟上。这说明前一种的变化与后一种的变化不在一个时间层次上。古浊塞、浊塞擦音今读送气与否应该是最古老的现象，而次浊阳上变阴平在时间上应该是较为晚一点，应属于第二个层次。迈话只有赣客方言的最古老的特点，可以设想，迈话人在很早以前跟客家人生活在一起。迈话人离开客家人的时候只带走最古老的东西，而客家话后来产生的东西，迈话没有分享。换句话说，迈话人没有参加客家话形成的全部过程。因此我们可以说，当初的迈话还不算客家话，它只有客家话早期的特点，甚至只有“前客家话”的特点，即只有客家话形成以前的特点。所以我们不能认为迈话是由客家话发展而来的。它的前身只是一种没有发展成熟的客家话，或者说是一种中古时期的南方汉语方言。这种方言分布在粤北、闽西、赣南一带，而这里也是古越语、楚语曾经分布过的地区。

（2）迈话与广州话有点近似，但又不是广州话，也不像某种粤语的地方土话。但为什么迈话里面带有不少的粤语成分呢？而且在数量上比客家话的还多。在语音结构上，迈话近似广州话，如声母比较简单，韵母比广州话大大简化。但仍然可以看到它与粤语的关系。如广州话的长短a，长的读a，短的读倒ɐ，加上韵尾，构成的几个韵母长短互相对立。迈话虽然没有长短a的对立，但广州话的短ɐ，迈话一律读ɔ，相当整齐。因此我们可以把迈话的 -a与 -ɔ 的关系看成广州话 -a与 -ɐ 的关系。在声调上，迈话跟广州话近似的特点就是入声的数目，而且调值几乎完全相同。虽然舒声调方面，彼此差别很大。迈话声调的分合很有特色，上、去不分阴阳，阴去归阴上，这个特点在内地只有珠江三角洲某些地方才有。在海南的儋县（今儋州）、临高也有这种情况。值得注意的是，迈话入声的三个调值（5、3、1）前两个高、中调（5、3）基本上反映阴入，低调（1）基本上反映阳入。但应该读阳入的字有一部分（次浊入声字）却变读阴入了。这只能归因于客家话的影响了。因为客家话的中古阳入字，次浊变读阴入。这个属于客家话的影响也应该是很古老的。不然，迈话的这个特点就没有来源了。

迈话里有一定数量的粤语词汇，这应该是迈话人来海南以前就有的。再加上迈话语音与广州话的近似，这一情况说明迈话人在来海南以前曾经在粤语地区居住过，而且时间相当长。时间太短，不可能吸收那么一套粤语方言词。

（3）迈话与海南闽语（海南话）的关系应该是迈话人和闽语人来海南以后发生的。从历史上看，迈话人要比操海南话的人早到海南若干年。当迈话人到达海南时，海南岛北部已经居住着临高人和儋州人。如果说，迈话受海南某种话的影响应该首先考虑受到儋州话的影响。临高语是一种非汉语，对迈话的影响估计不大。迈话在声调上与儋州话有点近似，如阴平（儋州^{35}，迈话^{13}），阳平（儋州^{55}，迈话^{55}），上声（儋州^{22}，迈话^{33}），去声（儋州^{11}，迈话^{21}），但入声差别较大，阴入（儋州^{22}，迈话^{55}，^{33}），阳入（儋州^{55}，迈话^{11}）。关于迈话与儋州话的关系应该进一步研究，这里暂且不谈。通常认为迈话的带喉塞声母ʔb、ʔd（有些学者称为前喉塞声母或内爆破音）是来源于海南闽语，其实不然。从时间上看，迈话人来海南的时间比闽语人早。迈话人来海南后，接触的首先是当地的官话或儋州话，儋州话就有ʔb、ʔd这两个带喉塞的浊塞音。不仅如此，海南的黎语也有这两个音，甚至古越语也有这两个音。海南闽语的这两个音是他们来海南后受到当地语言的影响才产生的。因为福建闽语和广东潮汕地区的闽语没有这两个音。所以说迈话的ʔb、ʔd 这两个音不可能是受到海南话的影响才产生的。由此可以想象，在最初阶段海南闽语对当地语言的影响不会很大，尤其是海南岛的西部，那里只有军话和迈话，到了后来海南话才逐渐从东部向西部蔓延，20世纪四五十年代开始海南闽语对整个海南岛的影响日渐增强。闽语有一个很重要的语音特点就是阴阳对转，很多阳声韵的字变读阴声韵。如“惊”读kia^{33}，“听”读hia^{33}，“想”读tio^{21}，“真”读tsia^{33}，“糖”读ho^{22}，“鲜”读si^{33}，“羊”读io^{22}。迈话没有这个特点，这说明海南闽语对迈话的影响是比较浅的（居住在海南岛东部地区各县的人原来使用过的迈话后来被海南话取代了，这又当别论）。当然，在具体字母的读音上迈话受海南话的影响还是有的，如“辉”字读hui^{33}，又如年轻人有把tsh 声母读成s 的趋势，这无疑是受到海南话的影响。

（4）三亚崖城和羊栏的迈话为什么能保存至今？三亚操迈话的人口只有1万多人。在当地还是有一定的影响力。羊栏村在当地是比较大的村子，过去的乡叫羊栏乡，成立镇后也叫羊栏镇。崖城是旧州治和县治所在地，当地居住的多为讲军话和讲迈话的人，说海南闽语的人很少。黎族早期吸收汉语借词也多通过古官话或军话。据说，过去羊栏附近的黎族有一部分农民也学会迈话，羊栏回辉村的回族居民当中也有一些人学会迈话。甚至黎族跟回族交际也有人用迈话作中介语的。可见迈话在当时有一定的势力。到了近代，海南话向西部扩散，形成了在岛内以海南话为通用语的局面。现在三亚市主要通行海南话和普通话，羊栏和其他地区一样成了双语（双言或多言）的地区。

（5）综上所述，迈话是搀有赣客方言和粤语的一种南方方言。它有前赣客方言的特点，后来又搀有粤语的成分，但其粤语成分看起来与广府话有一定的差别（如声调数目不一，声调调值也有较大的差别），这种粤语成分很可能是珠江三角洲一带的地方土话。至于迈话里面的闽语成分是后来才产生的，对决定迈话的来源和性质影响不算很大。

关于迈话的归属，就目前所掌握的情况来看，很难把它划入汉语现代方言的任何一个大方言。客家方言内部比较一致，与客家话有较大差别的迈话不可能划入客家方言或赣客方言。粤语本身所包括的次方言或土语比较多，而且各地土语也很复杂，彼此差别较大，有的几乎不能通话，因此，似乎也可以把迈话划入大粤语的范围里。一般来说，彼此都同属于一个方言，不管方音差异有多大，人们在交际时还能互相认同，尽量克服差异。比如操各地粤方言的人，在交际时往往会带着各自的方音，自动向着标准的广州话靠拢，而且彼此都有一个认同感，认为大家都属于一个大方言。同样，在识别不同的民族时，学者们很尊重当地民族的自我意识，如果他们彼此有认同感，意识到彼此很亲近，他们很可能有同一个来源，即同一个民族。汉族的不同方言也会有彼此认同与否的问题。如四邑（台山、恩平、开平、新会）话，广州人一下子是听不懂的，人们要经过比较长的时间互相学习才有可能交际。但他们都意识到彼此同是属于粤语的，只是各自的支派不同而已。又如广西玉林话与广府话，差别也很大，人们肯定不能互相通话，但一般人都会把玉林话认为是粤语的一个地方土话。粤西其他地区的土话，如阳江话，操广府话的人开始时也很难听得懂阳江人所讲的本地话。但他们都不会否认彼此同属于粤语。三亚市区居住着一两千使用广府话的渔民（当地称为疍家人），我们了解到，疍家人听不懂迈话，迈话人也听不懂疍家话。他们彼此都没有认同感。所以，从自我意识来判断，迈话与粤语很难说是同属一个方言。

基于上述情况，我们认为迈话是混有客家话和粤语的一个小方言（或称小土语），它比较接近粤方言。可以把它放在大粤语范围的位置之内，作为 一个特殊的小方言或小土语。

第六节　从迈话人的历史看迈话的来源

羊栏村的居民大部分是黎姓人氏，据他们称，他们是从崖城水南村迁移过来的，已有十几代了。我们从羊栏村黎姓人那里看到一本1985年续修的《黎氏族谱》，它记述黎姓祖公来海南开基和迁徙的经过。羊栏村黎姓人口占羊栏村总人口的一半，崖城地区黎姓人氏同样也占了大多数，因此黎姓的情况很有代表性。现将他们来琼的经历及迁徙情况引述如下：

黎姓的渡琼定居始祖君用公生于宋太祖建隆元年（960），宋真宗时渡琼任文邑教谕，升任琼州教授。其后世子孙多在文昌、定安、乐会、琼海、万宁、陵水、崖县等地居住。据了解，君用公的后裔除了居住在崖县（今三亚崖城和羊栏）的仍保留使用迈话以外，居住在其他地区的都转用当地大部分人所使用的海南话（海南闽语）。即是说，当年使用迈话的人除了居住在崖城和羊栏的以外，都不再使用迈话了。

据族谱介绍，君用公的先辈黎化公世居福建兴化府莆田县二十七都，其子中乐公（后世定为一世始祖）为唐末辛未科进士，曾任广东琼州府管督副使，后移籍岭南新会。其第五世孙君用公就是渡琼定居的太祖。到了第十五世黎廉公迁至乐会，成为乐会的一世始祖。黎廉公的九世孙，其中的克让公这一支于明正德年间（1506—1521）和嘉靖年间（1522—1566）迁到崖州的水南，这是黎姓人到崖城的第一、第二代，即中乐公的第二十三、第二十四世孙，君用公的第十九、第二十世孙。从君用公渡琼开始，到了第十九代，其中的一小支迁徙到崖城居住（时间应为16世纪初）。又过了若干代人，其中一支迁徙到羊栏村，在羊栏又传了十一二代。今天居住在崖城和羊栏的黎姓人氏仍然保留原来的迈话。黎廉公的第十一世（君用公的第二十一世）孙日升公于清顺治二年（1645）从乐会迁至崖县藤桥，当时他们可能仍然使用迈话，他的孙子有魁后来也迁至崖城水南村居住，保留迈话至今，而留居于藤桥及其他地方的大部分黎姓人氏先后放弃使用迈话，转用海南话。

从黎姓的情况来看，迈话最先通行于海南岛的东部文昌、定安、乐会等地，那时海南闽语移民还没有到来，至少还没有大批到来，迈话当时就在黎姓人居住的地方通行。到了君用公的第十九代（约16世纪初）或第二十一代（17世纪初）以后，乐会县和崖县藤桥仍然有人使用迈话。

君用公生于广东新会县，其祖辈已经在新会居住了三四代，他们原来所使用的前赣客方言很可能在这个时候逐渐受当地的粤语新会土话的影响，开始发生某些变化，不断吸收粤语的成分。只是到了君用公时代（10世纪末），由新会迁至海南文昌，从此操迈话的这部分人脱离了粤语的势力范围，游离于粤语的活动范围之外，不再继续吸收粤语的成分和参加近代粤语进一步形成的过程。而且随着时间的推移，迈话跟粤语的差距继续增大。基于这个情况，迈话看来还没有发展成为粤语的一个次方言或者次土语。它的情况与玉林话、阳江话、四邑话有所不同。就语言的差异程度来看，这几种话与标准的广州话虽然也有一定的差距，但它们都一直在与广府话接触，参与大粤语的形成过程，并有一大批与广州话相同的词汇，人们很自然地认为它们也是粤语的一员。而迈话分布区在地理上远离广州话分布区，独自发展，在语言上与广州话的差异又远远大于台山话、阳江话或玉林话与广州话的差异。基于这一点，我们只能像前面所说，暂时把它归入大粤语范围内作为一个混有客家话的特殊小土语。

附录一

话语材料——迈话故事与歌谣

迈话故事

1.bɛʔ^{5}vuŋ^{13} tuŋ^{21} ŋet^{3}thau^{55}（黎祖辉口述）
北风 同 日头

bɛʔ^{5}vuŋ^{13} tuŋ^{21} ŋet^{3}thau^{55} lu^{55}nɔn^{21}vui^{55} tshi^{21}ka^{13} di^{3} ui^{13}lɛʔ^{5} thai^{21}。zau^{33} aʔ^{5}nɔt^{5},
北风 同 热头 都 认为 自家 的 威力 大 。有 一 日，
ki^{55}kun^{55} liŋ^{33} kɔ^{21} tshau^{21} aʔ^{5}hi^{33} kɛŋ^{33}va^{21}. bɛʔ^{5}vuŋ^{13} dui^{33} ŋet^{3}thau^{55} kɛŋ^{33}:“ŋet^{3}
他们 两 个 就 一起 讲 话。 北风 对 热头 讲：“热
thau^{55}，ŋun^{13} liŋ^{33} kɔ^{21} lu^{55} θi^{21} liu^{33} mu^{33} hi^{33} di^{33}，ni^{33} hɔn^{13}ŋun^{13} mu^{55}nɔn^{55}di^{33}
头， 我们 两个 都 是 了 不 起 的， 你 看 我们 谁人 的
ui^{13}lɛʔ^{5} thai^{21} ？” ŋet^{3}thau^{55} kɛŋ^{33}：“duaŋ^{33}zen^{55} θi^{21} ŋɔ^{33} lɔ^{33}，ni^{33} hɔn^{13}，thi^{21}khau^{55}
威力 大？” 热 头 讲：“ 当然 是 我 咯 ，你 看 ，地 球
θiŋ^{21} di^{33}van^{21}vɔt^{5} lu^{55} θi^{21} ɔn^{13}vi^{21} zau^{33} ŋɔ^{33} liu^{33}ku^{55} θɛŋ^{13}tsiŋ^{33} di^{33}.” bɛʔ^{5}vuŋ^{13}
上 的 万物 都 是 因为 有 我 才 生长 的。” 北风
kɛŋ^{33}：“ŋɔ^{33} di^{33} vui^{13}lɛʔ^{5} kɔŋ^{21} thai^{21}，ŋɔ^{33} aʔ^{5} vaʔ^{3}θiaŋ^{33}，zuŋ^{21} lɛʔ^{5} aʔ^{5} tshui^{13} tshau^{21}
讲 ：“我 的 威力 更 大，我 一 发性 ， 用 力 一 吹 就

phui21 thi21 men21 θiŋ21 di33 aʔ5tshɛʔ3 duŋ13θɔi13 tshui13 det3.” ŋet3thau55 kɛŋ33：“ŋun13
把 地 面 上 的 一切 东西 吹 跌。” 热 头 讲 ：“ 我们
liŋ33 kɔ21 ki13zen55 mu55nɔn55 lu55 θet5 miau33 liu33 mu55nɔn55，ku55kɔ33 tshau21 lɔi55
两 个 既然 谁人 都 说 不 了 谁人 ，那么 就 来
bi33 aʔ5 bi33.” bɛʔ5vuŋ13 kɛŋ33：“ni33 iu33 bi33 mi55di33 lu55 tu33dɛʔ5.”
比 一 比。” 北风 讲 ：“你 要 比 什么 都 做得。”

ŋan55ŋan55tshiaʔ1 thi21 men21 θiŋ21 zau33 aʔ5 kɔ21 nɔn55 tshei21 hɛŋ55 lu21，tsiaʔ3 tshiaʔ1
刚刚 着 地 面 上 有 一 个 人 在 行 路，着 着
aʔ5 thiu55 da33 θan13，zi33θi21 ŋet3thau55 tshau21 kɛŋ33：“ŋun13 bi33 aʔ5 bi33 hɔn13 mu55
一 条 大 衫 ，于是 热 头 就 讲 ：“ 我们 比 一 比 看 谁
nɔn55 nɔŋ55 phui21 nu55kɔ21 nɔn55 di33 θan13 thuat3 ha21 lɔi55，mu55nɔn55 tshau21 zɔŋ55” .
人 能 把 那个 人 的 衫 脱 下 来 ， 谁人 就 赢 。”
bɛʔ3vuŋ13 kɛŋ33：“hau33，ŋɔ33 θen13 lɔi55.” bɛʔ5vuŋ13 θen13 tshui13 liu33 aʔ5 tshen21 hi33，
北风 讲：“ 好 ，我 先 来 。” 北风 先 吹 了 一 阵 气，
zuŋ21 lɛʔ5 tshui13 nu55 kɔ21 nɔn55，nu55kɔ21 nɔn55 ken33 vuŋ13 tshui13 kua33lɔi55，kan33
用 力 吹 那个 人， 那 个 人 见 风 吹 过 来，感
thau33 hɔn21lɛŋ33，tshau21 zuŋ21θuaŋ13 θau33 khau13 kɔn33 θan13，vuŋ13 vet3 thai21，
到 寒 冷，就 用 双 手 抱 紧 衫，风 越 大，
nu55kɔ21nɔn55vet3 khau13 kɔn33 θan13，vuŋ13 tset3tshiaʔ1 zuŋ21 lɛʔ5 thi21 tshui13 aʔ5
那 个 人 越 抱 紧 衫，风 接着 用 力 地 吹 呀
tshui13，miau33 kuan33 tshiaŋ55tshɔ55 tshui13，nu55 tsiaʔ3 nɔn55lu55 miau33 kai33 thuat3
吹 ，不 管 怎样 吹 ，那 只 人 都 不 解 脱
θan13，khɛʔ1hau21 vuŋ13 aʔ5 det1 ŋi55 phan21vaʔ3 lu55 miau33zau33 liu33，tsi33hau33
衫 ，后来 风 一 点 儿 办法 都 没 有 了，只 好
thɔŋ55ha21lɔi55.ŋet3thau55 kɛŋ：“ni33 miau33zau33 bun33θi21 la33，hɔn13 ŋɔ33 di33.”
停 下 来。 热 头 讲：“ 你 没 有 本事 啦 ，看 我 的。”

ŋet^{3}thau^{55}lau^{13} vɔn^{55} nuŋ^{33} tshɔt^{5} lɔi^{55}，dui^{33} tshiaʔ^{1} nu^{55}kɔ^{21} hɛŋ^{55} lu^{21} nɔn^{55}，

热头 从 云 钻 出 来，对 着 那 个 行 路 人，

θau^{33}θen^{13} vaʔ^{3} tshɔt^{5} aʔ^{5} buan^{33} di^{33}ŋet^{3}thu^{21}，nu^{55}kɔ^{21} nɔn^{55} kan^{33}khiaʔ^{3} hau^{33}

首 先 发 出 一 半 的 热度，那 个 人 感觉 好

un^{13}ŋet^{3}，tshau^{21} thuat^{3} thai^{21}θan^{13}di^{33} nau^{33}，ku^{55}kɔ^{21} θi^{55}hau^{21}ŋet^{3}thau^{55} tuai^{33}

温热，就 脱 大 衫 的 纽，那 个 时候 热头 再

tɔŋ^{13}ka^{13} ŋet^{3}thu^{21}，nu^{55}kɔ^{21} nɔn^{55} kan^{33} khiaʔ^{3} vet^{3}lɔi^{55}vet^{3} ŋet^{3}，ŋet^{3} thau^{33} θi^{21}θɔt^{1}

增 加 热 度，那 个 人 感 觉 越 来 越 热 热 到 实在

miau^{33} θau^{21} dɛʔ^{5} liu^{33}，tshau^{21} phui^{21} thai^{21}θan^{13} thuat^{3} tshɔt^{5} lɔi^{55}，zuŋ^{21} θau^{33} phui^{21}

不 受 得 了，就 把 大 衫 脱 出 来，用 手（把）

tshiaʔ^{1} hɛŋ^{55}.ŋet^{3}thau^{55}："ha ha！ nu^{55}kɔ^{21} nɔn^{55} tsiaʔ^{3} di^{33} thai^{21} θan^{13} vɔn^{13} ŋɔ^{33} θai^{33}

着 行 热 头："哈哈！ 那 个 人 着 的 大 衫 给 我 晒

dɛʔ^{5} thuat^{3} ha^{21} lɔi^{55} liu^{33}，huan^{55} θi^{21} ŋɔ^{33} di^{33} bun^{33}θi^{21} thai^{21}，θi^{21} miau^{33} θi^{21} a^{33} ?"

得 脱 下 来 了，还 是 我 的 本事 大，是 不 是 啊?"

bɛʔ^{3}vuŋ^{13} tsi^{33}hau^{33} θɔŋ^{55}nɔn^{21} θi^{13} lɔ^{33}.

北风 只 好 承 认 输 咯。

2. ŋet^{3}thau^{55} tuŋ^{21} bɛʔ^{5}vuŋ^{13}

热头 同 北风

zi^{33}tshen^{55} zau^{33} kɔ^{33} ŋet^{3}thau^{55} thuŋ^{21} bɛʔ^{5}vuŋ^{13} liŋ^{33}nɔn^{55} khiŋ^{21} va^{21}，tshei^{21} khiŋ^{21}

以 前 有 个 热头 同 北风 两 人 争论 话，在 争论

va^{21} di^{33} θi^{55}hau^{21}，bɛʔ^{5}vuŋ^{13} kɛŋ^{33} bɛʔ^{5}vuŋ^{13} diu^{13}，ŋet^{3}thau^{55} kɛŋ^{33} ŋet^{3}thau^{55} diu^{13}，

话 的 时候， 北风 讲 北风 能干， 热头 讲 热头 能干，

vui^{33}liu^{33} tɔŋ^{33} θɔt^{1} mi^{55}nɔn^{55} thuŋ^{21} mi^{55}nɔn^{55} diu^{13}，vui^{33}liu^{33} tɔŋ^{33}θɔt^{1}aʔ^{5} kɔ^{33} tɔŋ^{33}ki^{33}

为 了 证 实 谁 人 同 谁 人 能干，为 了 证 实 一 个 证据

tshɔt5lɔi55, thau33dɔi33 mi55nɔn55 diu13, θɔ33zi33 nɛ55, kɔŋ33hau33 men21tshen55 zau33 aʔ5
出 来， 到底 谁人 能干，所以 呢， 刚 好 面 前 有 一

kɔ33 nɔn55 tsiaʔ3 tshiaʔ1 aʔ5 thiu55 thai21 θan13 hɛŋ55 kuo33 lu21, bɛʔ5vuŋ13 thuŋ21 ŋet3
个 人 着 着 一 条 大 衫 行 过 路， 北风 同 热

thau55 liŋ33 kɔ33 nɔn55 thuŋ55i33, zi33kua33 kɛŋ33 ni33 diu13, mi55 nɔn55 nɔŋ55 tu33 dɛʔ5 ki55
头 两 个 人 同意， 如果 讲 你 能干，谁 人 能 做 得 他

kai33 dɛʔ5 ku55 thiu55 θan13 lɔʔ5 tshɔt5, θuan33θi21 mi55nɔn55 diu13.ŋet3thau55 kɛŋ33:
解 得 这 条 衫 落 出， 算 是 谁人 能干。热头 讲:

"ŋɔ33 thuŋ55i33 ni33 di33 i33ken33." ket3kua33 bɛʔ5vuŋ13kɛŋ33: "ku55 kɔ33ŋɔ55 θen13
我 同意 你 的 意见。 结果 北风 讲: 这 个 我 先

lɔi55.bɛʔ5vuŋ13 vaʔ3 ki55 di33 vuŋ13 tshɔt5lɔi55 lɔ33.vaʔ3 vuŋ13thai21 thai21 kuat3 hi33, kuat3
来。北风 发 他 的 风 出 来 咯。发风 大 大 刮 去， 刮

vuŋ13 kuŋ33 θɔn13, ku55 kɔ21 nɔn55 ken33 vuŋ13 thai21 lɔi55, liŋ33 tsiaʔ3 θau33 tshau21 net3
风 起 身， 这 个 人 见 风 大 来 两 只 手 就 捏

tshiaʔ1 θan13 kɔn33kɔn33.bɛʔ5vuŋ13 ken33 ki55huan21θi21 miau33thuŋ21, bɛʔ5vuŋ13 tuai33
着 衫 紧 紧。 北风 见 他 还 是 没 动， 北 风 再

thai21thai21 vuŋ13 lɔi55 tshui13 ki55, vuŋ13 vet3 thai21 ki55 vet3 tua13 vet3 kɔn33.ket3kua33
大 大 风 来 吹 他， 风 越 大 他 越 抓 越 紧。结果

bɛʔ5vuŋ13 tshui13 lɔi55 tshui13 hi33, ki55 miau33 hai13, bɛʔ5vuŋ13 kɛŋ33: "θuan33 θi21 ŋɔ33
北风 吹 来 吹 去， 他 没 开 北风 讲: 算 是 我

θi13 lɔ33." thau33 ŋet3thau55 kɛŋ33: "ku55 kɔ33 ni33 θi13 , thau33 ŋɔ33 lɔi55 lɔ33." ŋet3thau55
输 咯。 到 热头 讲: 这 个 你 输， 到 我 来 咯。 热头

tshau21 θi21 vuaŋ33 vaʔ3 tshɔt5 ŋet3thu21, hai13 tshɔ13 θi21 bi33 kɛŋ33 khɔn21 aʔ5det1 ŋi55,
就 是 放 发 出 热度， 开 初 是 比 较 近 一 点 儿，

khɛʔ1hau33 ŋet3thau55 tset3khɔn21 ki55, vet3 tu33 vet3khɔn21 ki55 vet3 ket3 hai13 vet3 ŋet3,

最 后 热头 接 近 他， 越 做 越 近，他 越 隔 开 越 热，

vet^{3} thau^{33} miau^{33} θau^{21} dɛʔ^{5}， khɛʔ^{1}hau^{21} vaʔ^{3} hɔn^{21} kau^{13} di^{33} θi^{55}hau^{21}， ki^{55} miau^{33}

热 到 不 受 得， 后来 发 很 高 的 时 候，他 没

phan^{21}vaʔ^{3}lɔ^{33}， len^{55}θan^{13} li^{33} aʔ^{5} tshet^{3} θɔn^{13} lu^{55} lau^{55} huan^{21}， miau^{33} phan^{21}vaʔ^{3}，

办 发 咯，连 衫 里 一 切 身 都 流 汗， 没 办 法，

ku^{55} thiu^{55} θan^{13}diaŋ^{33} liu^{33} ku^{55} tu^{33} dɛʔ^{5}.ket^{3}kua^{33} nɛ^{55} ŋet^{3}thau^{55} ziaŋ^{55} lɔ^{33}.

这 条 衫 掟（丢）了 才 做 得。 结果 呢 热头 赢 咯。

（符志刚讲述）

3. than^{13}θɔn^{13} di^{33} kɔ^{13}kɔ^{13}
贪 心 的 哥哥

tshuŋ^{55}tshen^{55} zau^{33} aʔ^{5} ka^{13} nɔn^{55}， zau^{33} tshen^{55} zau^{33} θɔi^{33}， zau^{33} then^{55} zau^{33}

从 前 有 一 家 人 有 钱 有 势 有 田 有

thi^{21}， tshei^{21} ku^{55}kɔ^{21} tshun^{13} lɔi^{55} kɛŋ^{33}， ki^{55} thi^{21} aʔ^{5} vu^{33} zau^{33}， ki^{55} θɛŋ^{13} liŋ^{33} kɔ^{21}

地 在 那 个 村 来 讲 他 第 一 富 有 他 生 两 个

ŋi^{55}.thai^{21}ŋi^{55} thai^{21} hiaʔ^{3} lan^{21} tu^{33}， kɔ^{55} tsiaʔ^{3} θɔi^{33}ŋi^{55} khɔn^{55}lou^{55} ai^{33} hɔʔ^{1}.thau^{33}

儿 大 儿 大 吃 懒 做 那 只 细 儿 勤 劳 爱 学 到

ki^{55} kɔʔ^{5} za^{13} zau^{33} ku^{55}kɔ^{33} dɔ^{13} ka^{13}tshan^{33}， zau^{33} ku^{55}dɔ^{13} ŋan^{55} ku^{55}dɔ^{13} ma^{33}. ki^{55}

他 的 父 有 这么 多 家 产 有 这么多 银 这么多 马 他

zen^{55}lɔi^{55}zau^{33} hɔn^{21}dɔ^{13} di^{33} tshen^{55} tshau^{21} nɔt^{5}nɔt^{5} du^{33}， ŋet^{3}ŋet^{3} du^{33}， nen^{55}nen^{55}

原 来有 很 多 的 钱 就 日日 赌 月月 赌 年 年

du^{33}， ket^{3}kua^{33} du^{33} hi^{33} du^{33} hui^{55} miau^{33} zau^{33} ki^{33}dɔ^{13} kau^{33}， then^{55} a^{33} thi^{21} a^{33} uk^{3}

赌 结果 赌 去 赌 回 没 有 几 多 久 田 啊 地 啊 屋

a^{33} tshau^{21}θi^{13} kuaŋ^{13} liu^{33}.θi^{13} kuaŋ^{13} liu^{33} ki^{55} tshau^{21} phiaŋ^{21} lɔ^{3}， thau^{33} nu^{55}kɔ^{21} θi^{55}

啊 就 输 光 了 输 光 了 他 就 病 咯 到 那 个 时

hau^{21} liŋ^{33} tsiaʔ^{3} ŋi^{55} lu^{55} thai^{21} liu^{33}，zɛ^{21} lu^{55} θiaŋ^{55} ka^{13} liu^{33}. zau^{33} aʔ^{5} nɔt^{5} ki^{55} kɔʔ^{5}
候 两 只 儿 都 大 了 也 都 成 家 了 有 一 日 他 的

za^{13} tshau^{21} han^{33} ki^{55} liŋ^{33} tsiaʔ^{3} ŋi^{55} lɔi^{55}：“a^{33}ba^{55} tuk^{3} ni^{33}kun^{55}，a^{3} ba^{55} miau^{33} tuŋ^{13}
爹 就 喊 他 两 只 儿 来 阿 爸 嘱 你们 阿 爸 不 中

zuŋ^{21} lɔ，dui^{33}miau^{33} hi^{33} ni^{33}kun^{55}lɔ^{33}，ni^{33}kun^{55} thau^{33} thai^{21} mɔʔ^{3} hɔʔ^{1} a^{3} ba^{55} ku^{55}
用 咯 对 不 起 你们 咯 你们 到 大 莫 学 阿 爸 这

kɔ^{21}，du^{33} tshen^{55} du^{33} thau^{33} ka^{13} phai^{21}，ni^{33}kun^{55}thai^{21} kɔ^{13} hɔŋ^{13}thɔi^{21} hau^{33} hau^{33}
样 赌 钱 赌 到 家 败 你们 大 哥 兄 弟 好 好

dai^{33}phuan^{21}.tshuŋ^{55}θɔn^{13} phui^{21} ku^{55}kɔ^{21} ka^{13}ŋet^{3} lɔt^{3} kuŋ^{33}θɔn^{13}，ŋɔ^{33}θi^{33} ku^{55} vuaŋ^{33}
待 伴 重 新 把 这个 家 业 立(起来) 我 死 才 放

θɔn^{13}.” ki^{55} kɔʔ^{5} za^{13} kɛŋ^{33} kɔ^{55}dɔ^{13} va^{21} liu^{33} miau^{33} ki^{33} dɔ^{13} kau^{33} tshau^{21} θi^{33} lɔ^{33}.θi^{33}
心 他 的 爹 讲 那些 话 了 不 几 多 久 就 死咯死

liu^{33} hau^{21} thai^{21} kɔ^{13} ni^{55}，uk^{3}thau^{55} tshun^{55} ki^{33} θɔt^{1} tsiaʔ^{3} ŋau^{55}，thai^{21} kɔ^{13} than^{13}
了 后 大 哥 呢 屋头 存 几 十 只 牛 大 哥 贪

θɔn^{13} aʔ^{5} iu^{33} liu^{33}，kɛŋ^{33}：“ŋɔ^{33} θi^{21} thai^{21} di^{33}，kɔ^{55}dɔ^{13} ŋau^{55} ɔŋ^{13}kai^{13} kui^{13} ŋɔ^{33}
心 要 要 了 讲 我 是 大 的 这 些 牛 应该 归 我

iu^{33}.” hɔŋ^{13}thɔi^{21} kɛŋ^{33}：“thai^{21} kɔ^{13} a^{55}，vɔn^{13} aʔ^{5} det^{1}ŋi^{55} vɔn^{13} ŋɔ^{33}，tɔŋ^{55} ŋɔ^{33} dɛʔ^{5} tu^{33}
要 兄 弟 讲 大 哥 啊 给 一 点儿 给 我 等 我 得 做

then^{55}，ni^{33} iu^{33} liu^{33} liu^{33}，ŋɔ^{33} hi^{33} tshi^{33}lu^{21} dɛʔ^{5} ŋau^{55} tu^{33} then^{55} tshei^{21}？” thai^{21} kɔ^{33}
田 你 要 了 了 我 去 哪里 得 牛 做 田 (在)? 大 哥

kɛŋ^{33}：“miau^{33} tu^{33} dɛʔ^{5} a^{55} ba^{55} di^{33} tshuai^{55}tshan^{33} θi^{21} ŋɔ^{33} di^{33}，ŋɔ^{33} θi^{21} thai^{21}ŋi^{55}.”
讲 不 做 得 阿 爸 的 财 产 是 我 的 我 是 大 儿

ki^{55}kun^{55}tshau^{21}nɔt^{5}nɔt^{5}tɛŋ^{13}duat^{3}，da^{33}ka^{33} kuŋ^{33}θɔn^{13}.tshun^{13}thau^{55} nɔn^{55} tshau^{21}
他 们 就 日 日 争 夺 打架 起来 村 头 人 就

lɔi^{55} hɔn^{13}，lou^{33} aʔ^{5} bui^{13} di^{33} nɔn^{55} zɛ^{21} lɔi^{55} hɔn^{13}，hɔn^{13} miau^{33} kua^{33} ŋan^{33} tshau^{21}
来 看 老 一 辈 的 人 也 来 看 看 不 过 眼 就

kɛŋ^{33}: "ni^{33}kun^{55} thai^{21} kɔ^{13} hɔŋ^{13} thɔi^{21}, mɔʔ^{3} iu^{33} da^{33}ka^{33}, ni^{33} kɔʔ^{5} za^{13}miau^{33} tuŋ^{13}
讲 你们 大 哥 兄 弟 莫 要 打架 你 的 爹 不 中

zuŋ^{21} lɔ^{33}, du^{33} θi^{13} kuaŋ^{13} liu^{33}, da^{33}ka^{33} nɔn^{55} aʔ^{5} θiu^{33} ni^{33} kun^{55}.lɔŋ^{21} aʔ^{5} kɔ^{21}, ni^{33} θi^{21}
用 咯 都 输 光 了 打架 人 要 笑 你们 另 一 个 你 是

thai^{21} kɔ^{13}, ni^{33} kɔʔ^{5} za^{13} lau^{55} ha^{21} kɔ^{55}dɔ^{13} ŋau^{55}, ni^{33} mɔʔ^{3}tshi^{21} ka^{13} iu^{33}, ɔŋ^{13}kai^{13}
大 哥 你 的 爹 留 下 这 些 牛 你 莫 自 家 要 应 该

vɔn^{13} aʔ^{5}det^{1}ŋi^{55} vɔn^{13} hɔŋ^{13}thɔi^{21} iu^{33}." "miau^{33}, ŋɔ^{33} θi^{21} thai^{21}kɔ^{13}, ŋɔ^{33} iu^{33}liu^{33}liu^{33},
分 一点儿 分 兄 弟 要 不 我 是 大 哥 我 要 了 了

ŋɔ^{33} miau^{33} tsha^{55} ki^{55}。" tshun^{13}thau^{55} nɔn^{55} tshau^{21} kɛŋ^{33}: "ŋun^{13} tshɔt^{5} aʔ^{5} kɔ^{21} tsi^{33}
我 不 管 他 村 头 人 就 讲 我们 出 一 个 主

tsiŋ^{13} vɔn^{13} ni^{33}kun^{55} hau^{33} miau^{33} hau^{33} ?" "ni^{33} kɛŋ^{33} kua^{33} ni^{33}kun^{55} liŋ^{33} nɔn^{55} kɔʔ^{3}
张 给 你们 好 不 好 你 讲 过 你们 两 人 各

nɔn^{55} tu^{33} kɔʔ^{3}nɔn^{55} di^{33} ŋau^{55}lan^{55}, tu^{33} khɔn^{21}phuan^{21}, ŋau^{55} zɔt^{5} mu^{55}nɔn^{55}di^{33}
人 做 各 人 的 牛 栏 做 近伴（挨在一起）牛 入 谁 人 的

lan^{55} mu^{55}nɔn^{55} tshau^{21} dɛʔ^{5}, tu^{33} dɛʔ^{5} miau^{33} ?" "tu^{33}dɛʔ^{5} !" "du^{33}dɛʔ^{5} !" thai^{21}kɔ^{13}
栏 谁人 就 得 做 得 不 做得 做得 大 哥

tshau^{21} tshiaŋ^{33} nɔn^{55} lɔi^{55} khɛʔ^{5} thai^{21} thai^{21} di^{33} θai^{55} tu^{33} liu^{33} aʔ^{5} kɔ^{21} zau^{21} thai^{21}
就 请 人 来 砍 大 大 的 柴 做 了 一 个 又 大

zau^{21} hau^{33} ɛʔ^{5} di^{33} lan^{55}.hɔŋ^{13}thɔi^{21} khuŋ^{55} miau^{33} tshen^{55} tshiaŋ^{33} nɔn^{55} buaŋ^{13},
又 好 看 的 栏 兄 弟 穷 没 钱 请 人 帮

tshi^{21}ka^{13} khɛʔ^{5} muk^{3}a^{13} vi^{55} aʔ^{5} kɔ^{21} ŋau^{55}lan^{55}.kɔ^{55}dɔ^{13} ŋau^{55} tshɔt^{5} hi^{33} phɔ^{13} θiŋ^{21}
自 家 砍 木 丫 围 一 个 牛栏 这 些 牛 出 去 坡 上

aʔ^{5} nɔt^{5} thou^{21} ki^{13} thau^{33} uan^{33}, thau^{33} liu^{33} ŋet^{3}thau^{55} uan^{33}, tshɔt^{1} kɔ^{55}dɔ^{13} ŋau^{55}
一 日 肚 饥 到 晚 到 了 热头 晚 赶 这些 牛

hui^{55}lɔi^{55}.ŋau^{55} θi^{21} hiaʔ^{3} tshou^{33} hiaʔ^{3}mui^{33}zet^{3} di^{33}, tshau^{21} liu^{33}liu^{33} kun^{33} zɔt^{5} hɔŋ^{13}
回 来 牛 是 吃 草 吃 树叶 的 就 了了 滚 入 兄

thɔi^{21}di^{33} lan^{55}，hɔŋ^{13}thɔi^{21}tshau^{21} dɛʔ^{5} kɔ^{55}dɔ^{13} ŋau^{55}liu^{33}liu^{33}.θɔ^{33}zi^{33} kɛŋ^{33} ku^{55}kɔ^{21}

弟 的 栏 兄弟 就 得 这些 牛 了了 所以 讲 这个

ku^{33}θi^{21} thai^{21} kɔ^{13} ni^{55} zau^{21} than^{13}θɔn^{13} zau^{21} tɛŋ^{13}.kɛŋ^{33} ki^{55} diu^{13} zau^{21} tshɔ^{13}

故事 大 哥 呢 又 贪 心 又 争 讲 他 精灵 又 聪

（tshɔŋ^{13}）mɔŋ^{55}，ket^{3} kua^{33} tshɔ^{13}mɔŋ^{55} van^{33} phi^{21} tshɔ^{13}mɔŋ^{55} ŋu^{21}.

明 结果 聪明 反 被 聪明 误

4. ma^{33} thiaʔ^{3} tsiaŋ^{33} di^{33} tshen^{55}θet^{3}
马 踢 井 的 传 说

hɔn^{21} tou^{33} zi^{33}tshen^{55}，zau^{33} aʔ^{5} kɔ^{21} tshiu^{55}thɔŋ^{55} di^{33} vuaŋ^{55}dɔi^{33}，lɔ^{21} liu^{33} hɔn^{12}dɔ^{13}

很 早 以前 有 一 个 朝 廷 的 皇 帝 娶 了 很 多

kɔ^{21} mi^{13}，tshau^{21} miau^{33} li^{33} tshiu^{55}thɔŋ^{55} di^{33} θi^{21}，zɛ^{21} miau^{33} ku^{33} bɛʔ^{3}θiaŋ^{33} di^{33}

个 妻子 就 不 理 朝 廷 的 事 也 不 顾 百 姓 的

θɛŋ^{33} huat^{3}，nɔt^{5} nɔt^{5} ŋuan^{55}lɔʔ^{3}，zau^{33} aʔ^{5} nɔt^{5} phi^{21} phet^{1}kuat^{3} di^{33} biaŋ^{13} ma^{33} da^{33}

生 活 日 日 玩 乐 有 一 日 被 别 国 的 兵 马 打

zɔt^{5} tshiu^{55}thɔŋ^{55}，phui^{21} tshiu^{55}thɔŋ^{55} di^{33} θɔ^{33}zau^{33} di^{33} vɔn^{55}vu^{33} kuan^{13}zen^{55} thuŋ^{21}

入 朝 廷 把 朝 廷 的 所 有 的 文 武 官 员 同

vuaŋ^{55}dɔi^{33}vuaŋ^{55}dɔi^{33}mi^{1} lu^{55}θaʔ^{3} θi^{33}.ŋan^{55}ŋan^{55} tshiaʔ^{1}vuaŋ^{55}dɔi^{33} khɛʔ^{1} θɔi^{33} aʔ^{5}

皇 帝 皇 帝 妻子 都 杀 死 刚 刚 着 皇帝 极 细 一

kɔ^{21} mi^{13}，ɔn^{13}vi^{21} ŋɔ^{21} thau^{33} buan^{33} za^{21}，kan^{33}khiaʔ^{3} thu^{21} thuŋ^{33}，tshau^{21} tshɔt^{5}

个 妻子 因 为 睡 到 半 夜 感 觉 肚 痛 就 出

thau^{33} ma^{33}phuŋ^{55} ben^{13} ɛ^{13} θi^{33}，thau^{33} buan^{33}lu^{21}，thut^{5}zen^{55} muaŋ^{21} ken^{33} hua^{33} θiu^{13}

到 马 棚 边 屙屎 到 半 路 突 然 望 见 火 烧

tshiu^{55}thɔŋ^{55}，θaʔ^{3} θiaŋ^{13} tshɔn^{21}tshɔn^{21}，tshei^{21} ki^{55}miau^{33} zau^{33} phan^{21}vaʔ^{3}di^{33} θi^{55}

朝 廷 杀 声 阵 阵 在 她 没 有 办 法 的 时

hau^{21}，ma^{33}phuŋ^{55} thau^{55} di^{33} aʔ^{5} tsiaʔ^{3} phɛʔ^{1} ma^{33} dɔn^{13} thuan^{21}ma^{33}θɔŋ^{55} phɛu^{55}

候 马棚 头的一只白马挣 断马绳 跑

thau^{33} ki^{55}di^{33} θɔn^{13} ben^{13}，θi^{33} kiaʔ^{3} khui^{21} thi^{21}，tshau^{21} phui^{21} ki^{55} mɛ^{33} θiŋ^{21} bui^{33}

到 她的 身 边 四 脚 跪 地 就 把 她 背 上 背

tsiaʔ^{3} tshuŋ^{13} tshɔt^{5} vuaŋ^{55}kuŋ^{13}.phi^{21} tsen^{13} biaŋ^{13} hɔn^{13} ken^{33}，tshau^{21} thai^{21} tui^{13}

脊 冲 出 皇 宫 被 侵 兵 看 见 就 大 追

θaʔ^{3}，phɛʔ^{1} ma^{33} phuan^{33}miaŋ^{21} di^{33} tau^{33}，tau^{33} a^{1} tau^{33}，tau^{33} liu^{33} tshɔt^{5} nɔt^{5} tshɔt^{5}

杀 白 马 拼 命 地 走 走 啊 走 走 了 七 日 七

za^{21}，duaŋ^{13} phɛʔ^{1} ma^{33} tau^{33} thau^{33} ziŋ^{55}lan^{55} tshun^{13} ben^{55} di^{33} θi^{55}hau^{21}，vuaŋ^{55}

夜 当 白 马 走 到 羊 栏 村 边 的 时候 皇

dɔi^{33}mi^{13} mɛ^{33} tshei^{21} thu^{21}thau^{55}di^{33}thai^{33}tsi^{13}ŋi^{55}，tshei^{21}thu^{21}thau^{55}kɛŋ^{33}："a^{5} mau^{33}

帝 妻子 背 着 肚 头 的 太 子 儿 在 肚 头 讲 阿 母

a^{3}，ŋɔ^{33}zau^{21} thou^{21}ki^{13} zau^{21} kuan^{13} hau^{55} ŋɔ^{33}θiaŋ^{33} hiaʔ^{3} θui^{33}." vuaŋ^{55}dɔi^{33}mi^{13}

啊 我 又 肚 饥 又 干 喉 我 想 吃 水 皇 帝 妻子

kɛŋ^{33}："then^{13} huan^{21} thi^{21} let^{3} hi^{33} tshi^{33}lu^{21} zau^{33} θui^{33} ni^{55}" thai^{33}tsi^{33}ŋi^{55}

讲 天 旱 地 裂 去 哪里 有 水 呢 太 子 儿

tshei^{21} thu^{21} thau^{55} zau^{21} kɛŋ^{33}：" a^{33}mau^{33}，huai^{33} huai^{33} han^{33} phɛʔ^{1} ma^{33} thɔŋ^{55}

在 肚 头 又 讲 阿 母 快 快 喊 白 马 停

ha^{21} lɔi^{55}，zuŋ^{21} kiaʔ^{3} thiaʔ^{3} luŋ^{13} tshau^{21} dɛʔ^{5} θui^{33}hiaʔ^{3}lɔ^{33}." ki^{55} kɔʔ^{5} na^{33}thiaŋ^{13}

下 来 用 脚 踢 窿 就 得 水 吃 咯 他 的 母 听

ken^{33} liu^{33} hau^{21} tshau^{21} han^{33} phɛʔ^{1}ma^{33} thɔŋ^{55} un^{33}，phɛʔ^{1}ma^{33} tshau^{21} zuŋ^{21} kiaʔ^{3}

见 了 后 就 喊 白 马 停 稳 白 马 就 用 脚

tshei^{21} thi^{21} θiŋ^{21} thiaʔ^{3} tshɔt^{5} aʔ^{5} kɔ^{21} luŋ^{13}，tshɔŋ^{13}tshɔŋ^{13} di^{33} θui^{33} lau^{55} tshɔt^{5}

在 地 上 踢 出 一 个 窿 清 清 的 水 流 出

lɔi^{55}，ki^{55} kɔ^{21} na^{33} tshau^{21} ha^{21} ma^{33} hiaʔ^{3} θui^{33}，tshei^{21} thu^{21} thau^{55} di^{33} vuaŋ^{55}dɔi^{33}

来 她 的 母 就 下 马 吃 水 在 肚 头 的 皇 帝

ŋi55zε21 lu55 dεʔ5 θui33 hiaʔ3 liu33 ku55 hau33 ma33 thiaʔ3 tsiaŋ33 ki55 kɔn13 huan55
儿也 都 得 水 吃 了 那 口 马 踢 井 现 今 还
θi21zau33 tshei21, miau33 kuan33 then13 ki33 huan21, tshen55 tshun33 di33 tsiaŋ33 lu55
是有 着 不 管 天 几 旱 全 村 的 井 都
kuan13 liu33 ki55 lu55 zau33 θui33, tshun13mɔn55 aʔ5tset3 lu55 phui21 ku55hau33 ma33
干 了 它 都 有 水 村 民 一直 都 把 那口 马
thiaʔ3tsiaŋ33 bou33hu21 kuŋ33θɔn13.
踢 井 保护 起来

5. ziŋ55lan55 tshun13 miaŋ55 di33 lɔi55let3
羊 栏 村 名 的 来 历

ziŋ55lan55 tshun13 hen21 zau33 ŋu33 bεʔ3 baʔ3 θɔt1 hu21, nɔn55hau33θan13 tshen13
羊 栏 村 现 有 五 百 八 十 户 人 口 三 千
baʔ3bεʔ3 tshɔt5, duŋ13 ki33 li55 θan13 a33 kai13 θɔt1 kuŋ13li33, tshen55 tshun13 tshuŋ55
八百 七 东 距 离 三 亚 街 十 公里 全 村 从
θi21 nuŋ55ŋet3 θiaŋ13 tshan33. ziŋ55lan55 tshun13 miaŋ55 θi21 tshiaŋ55tshɔ55lɔi55let3
事 农 业 生 产 羊 栏 村 名 是 怎 样 来历
ni55.hɔn21 tou33 zi33tshen55 hen21khi21 di33 ziŋ55lan55tshun13 θi21 aʔ5phen33 thai21
呢 很 早 以 前 现 在 的 羊 栏 村 是 一 片 大
muk3kɔn13 di33 thai21 θan13, miau33zau33nɔn55 khi21 kua33, zen55 ziŋ55lan55 tshun13
树 林 的 大 山 没 有 人 住 过 原 羊 栏 村
nɔn55 ki13khi21 di33 lu21, tshei21 θan13 a13 kai13.nu55θi55hau21θan13 a33 kai13 zau33
人 居 住 的 地方 在 三 丫 街 那 时 后 三 丫 街 有
aʔ5 hu21 θɔn13lɔn55di33 tsi33nɔn55 ku33 liu33 liŋ33 kɔ21 tshiŋ55kuŋ13 thɔi33 ki55 kɔʔ5 uk3
一 户 森 林 的 主 人 雇 了 两 个 长 工 替 他 的 屋

hɔn^{13} ziŋ^{55}. zau^{33} aʔ^{5} nɔt^{5} ziŋ^{55}khun^{55} tau^{33} zɔt^{5} nu^{55} phen^{33} thai^{21} θan^{13} hi^{33} hiaʔ^{3}
看 羊 有 一 日 羊 群 走 入 那 片 大 山 去 吃

tshou^{33}，thau^{33} liu^{33} ŋet^{3}thau^{55} uan^{33} tshiaŋ^{55}tshɔ^{55} tshɔt^{1} ziŋ^{55} lu^{55} miau^{33} tshɔt^{1} dɛʔ^{5}
草 到 了 热头 晚 怎样 赶 羊 都 不 赶 得

hui^{55}kui^{13}.kuŋ^{13}ŋi^{55} tshau^{21} tau^{33} hui^{55} lɔi^{55} tsiŋ^{13} tshɔŋ^{55}khuaŋ^{33} bou^{33}vɔn^{13} tsi^{33}
回 归 工 儿 就 走 回 来 将 情 况 报 给 主

nɔn^{55}thiaŋ^{13}.tsi^{33}nɔn^{55} thiaŋ^{13} liu^{33} hau^{21} tshau^{21} kɛŋ^{33}："ki^{13}zen^{55} kɔ^{55}dɔ^{13} ziŋ^{55}
人 听 主 人 听 了 后 就 讲 既然 那 些 羊

miau^{33} tshɔt^{1} dɛʔ^{5} hui^{55}，ni^{33} tshau^{21} tshei^{21} nu^{55}lu^{21} khɛʔ^{5} θai^{55} vui^{55} θiaŋ^{55} lan^{55}
不 赶 得 回 你 就 在 那里 砍 柴 围 成 栏

thuŋ^{21} tu^{33} uk^{3}，tshei^{21} nu^{55}lu^{21} θau^{33} ziŋ^{55}hɔn^{13} ziŋ^{55}." thau^{33} liu^{33} hau^{21} lɔi^{55}，θui^{55}
同 做 屋 在 那里 守 羊 看 羊 到 了 后 来 随

tshiaʔ^{1} θɛ^{21}hui^{21} di^{33} ben^{33}hua^{33}，khi^{21} tshei^{21} θan^{13}a^{13}kai^{13} kɔʔ^{5} nuŋ^{55}hu^{21} tsi^{33}nɔn^{55}
着 社 会 的 变 化 住 在 三 亚 街 的 农 户 主人

di^{33} tshiŋ^{55}kuŋ^{13}，vui^{55}liu^{33} tu^{33} then^{55} khɔn^{21}lu^{21} zɛ^{21} lu^{55} buan^{13} thau^{33} nu^{55}lu^{21} tu^{33}
的 长 工 为 了 做 田 近 路 也 都 搬 到 那 里 做

uk^{3} khi^{21}.kua^{33} liu^{33} hau^{33} dɔ^{13} nen^{55} hau^{21}，nɔn^{55} vet^{3} khi^{21} vet^{3} dɔ^{13}，hɔŋ^{55}θiaŋ^{55}
屋 住 过 了 好 多 年 后 人 越 住 越 多 形 成

liu^{33} aʔ^{5} kɔ^{21} tshi^{21}nen^{55}tshun^{13}tuaŋ^{13}.ɔn^{13}θi^{21} tshau^{21} hi^{33} miaŋ^{55} han^{33} tu^{33} ziŋ^{55}
了 一 个 自 然 村 庄 因此 就 起 名 喊 做 羊

l an^{55}tshun^{13}.
栏 村

6. khuŋ^{21}tsi^{33} thuŋ^{21} liŋ^{33} kɔ^{21} tshɔŋ^{13}nen^{55} ŋi^{55} di^{33} dui^{33}hua^{21}
孔子 同 两 个 青 年 儿 的 对 话

khuŋ^{21}tsi^{33} θi^{21} tuŋ^{13}kuat^{3} ku^{33}thai^{21} aʔ^{5} kɔ^{21} khɛʔ^{1} zau^{33} miaŋ^{55} di^{33} kɛu^{33}zɔʔ^{5}

孔 子 是 中 国 古 代 一 个 极 有 名 的 教 育

ka^{13}，ki^{55} kɛu^{33} kua^{33} θan^{13} tshen^{13} kɔ^{21} hɔʔ^{1}θɛŋ^{13}，zau^{33} miaŋ^{55} di^{33} zau^{33} tshɔt^{5}

家 他 教 过 三 千 个 学 生 有 名 的 有 七

θɔt^{1} ŋi^{21} kɔ^{21}. zau^{33} aʔ^{5} nɔt^{5} ki^{55} dai^{33} tshiaʔ^{1} aʔ^{5} phɔi^{13} hɔʔ^{1}θɛŋ^{13} tshɔt^{5} zau^{55}，

十 二 个 有 一 日 他 带 着 一 批 学生 出 游

tshei^{21} lu^{21} θiŋ^{21} phuŋ^{33} tshiaʔ^{1} liŋ^{33} kɔ^{21}tshɔŋ^{13}nen^{55}，ki^{55}kun^{55} tshei^{21} ŋet^{3}lɛʔ^{5}

在 路 上 碰 着 两 个 青 年 他们 在 热烈

di^{33} tɛŋ^{13}tshɛu^{33}.khuŋ^{21}tsi^{33}hɔn^{13}ken^{33} liu^{33} ，θiŋ^{21} tshen^{55} mɔn^{21} ki^{55}kun^{55}：

地 争 吵 孔子 看 见 了 上 前 问 他 们

“tshɔŋ^{13}nen^{55}nɔn^{55}，ni^{33}kun^{55}tɛŋ^{13}tshɛu^{33} mi^{55}di^{33}mɔn^{21} thɔi^{55} tɛŋ^{13}lun^{21} dɛʔ^{5}

青 年 人 你们 争 吵 什 么 问 题 争 论 得

ku^{55}kɔ^{33} kɔt^{5}lɛʔ^{5} a^{3} ？” liŋ^{33} kɔ^{21} tshɔŋ^{13}nen^{55}ŋi^{55} kɛŋ^{33}，ki^{55}kun^{55} tɛŋ^{13} lun^{21} ŋet^{3}

这样 激烈 啊 两 个 青 年 儿 讲 他们 争 论 热

thau^{55}mi^{55}di^{33} θi^{55}hau^{21} li^{55} thi^{21}khau^{55} khɛʔ^{1} khɔn^{21}.kuŋ^{21}tsi^{33} kɛŋ^{33}：“ku^{55}kɔ^{21}

头 什么 时候 离 地 球 极 近 孔子 讲 这个

mɔn^{21}thɔi^{55} hɔn^{21} zau^{33} mi^{21}，ni^{33}kun^{55} θi^{21} tshiaŋ^{55}tshɔ^{55} kɛŋ^{33} di^{33} ？”

问 题 很 有 味 你们 是 怎 样 讲 的

thi^{21} aʔ^{5} kɔ^{21} tshɔŋ^{13}nen^{55}ŋi^{55} kɛŋ^{33}：“ŋɔ^{33} nɔn^{21}vui^{55} tuŋ^{33}ŋu^{33} ŋet^{3}thau^{55} li^{55}

第 一 个 青年 儿 讲 我 认为 中午 热头 离

thi^{21}khau^{55} khɛʔ^{1} khɔn^{21}，ɔn^{13}vui^{33} tuŋ^{13}ŋu^{33} di^{33} thi^{21}khau^{55} khɛʔ^{1}ŋet^{3}.vet^{3} tset^{3}

地 球 极 近 因为 中午 的 地球 极 热 越 接

khɔn^{21} vet^{3} ŋet^{3}.” kuŋ^{21} tsi^{33} kɛŋ^{33}：“ni^{33} kɛŋ^{33} dɛʔ^{5} zau^{33} li^{33}.”

近 越热 孔子 讲 你 讲 得 有 理

thi^{21} ŋi^{21} kɔ^{21} tshɔŋ^{13}nen^{55}ŋi^{55} kɛŋ^{33}：“aʔ^{5} kɔ^{21} duŋ^{13}θi^{13} li^{55} ŋun^{13} vet^{3} ven^{33} tshau^{21}

第 二 个 青 年 儿 讲 一个 东西 离 我们 越 远 就

vet^{3} θɔi^{33}，li^{55} ŋun^{13} vet^{3} khɔn^{21} tshau^{21} thai^{21}，then^{13}kuaŋ^{13} tou^{33} thuŋ^{21} ŋet^{3}thau^{55}

越 细 离 我们 越 近 就 大 天 光 早 同 热头

tuŋ^{13} di^{33} ŋet^{3} thau^{55}li^{55} ŋun^{13} ven^{33} tshau^{21} θɔi^{33}，ŋet^{3}thau^{55} lɔʔ^{3} θui^{33} di^{33} θi^{55}hau^{21}

中 的 热 头 离 我们 远 就 细 热头 落 水 的 时 候

tshau^{21} thai^{21}，θɔ^{33}zi^{33} kɛŋ^{33}ŋet^{3}thau^{55} lɔʔ^{3}θui^{33}di^{33} θi^{55}hau^{21} tshau^{21} tset^{3}khɔn^{21} thi^{21}

就 大 所以 讲 热头 落水 的 时候 就 接 近 地

khau^{55}.” khuŋ^{21}tsi^{33} kɛŋ^{33}：“ni^{33} kɛŋ^{33} di^{33} zɛ^{21} zau^{33} thou^{21}li^{33}.”

球 孔子 讲 你 讲 的 也 有 道理

liŋ^{33} kɔ^{21} tshɔŋ^{13}nen^{55}ŋi^{55} mɔn^{21} khuŋ^{21}tsi^{33}：“lou^{33} θen^{13}θɛŋ^{13}，ni^{33} di^{33} hɔn^{13} vaʔ^{3}

两 个 青 年 儿 问 孔 子 老 先 生 你 的 看 法

tshiaŋ^{55}tshɔ^{55}？ ŋet^{3}thau^{55} mi^{55}di^{33} θi^{55}hau^{21} tset^{3}khɔn^{21} thi^{21}khau^{55} a？

怎 样 热头 什么 时候 接近 地球 啊

khuŋ^{21}tsi^{33} θiŋ^{33} liu^{33} θiŋ^{33}，ki^{55} kan^{33}khiaʔ^{3} liŋ^{33} kɔ^{21} tshɔŋ^{13}nen^{55}ŋi^{55} kɛŋ^{33} di^{33} lu^{55}

孔子 想 了 想 他 感觉 两个 青年 儿 讲 的 都

zau^{33} thou^{21}li^{33}，hɔn^{21} nan^{55} kɛŋ^{33} mu^{55}nɔn^{55} tshiaʔ^{1} mu^{55}nɔn^{55}tshɔ^{3}.khɛʔ^{1}hau^{21} ki^{55}

有 道理 很 难 讲 谁 人 着 谁 人 错 后 来 他

kɛŋ^{33}：“ŋun^{13} aʔ^{5} iu^{33} kuan^{33}lu^{21} hi^{33}，ni^{33}kun^{55} tɛŋ^{33}lun^{21} di^{33} mɔn^{21}thɔi^{55} huan^{55}θi^{21}

讲 我们 将 要 赶 路 去 你们 争论 的 问题 还 是

lau^{55} vɔn^{13}hau^{21}nɔn^{55} lɔi^{55} phɔn^{33}lun^{21} ba^{33}！”

留 给 后 人 来 评 论 吧

7. 日头和月亮的故事

ŋet^{3}thau^{55} thuŋ^{21} ŋet^{3}uŋ^{13} di^{33} ku^{33}θi^{21}
热头 和 月亮 的 故事

tshuŋ^{55}tshen^{55} tshei^{21} tshun^{13} ha^{21} zau^{33} aʔ^{5} dui^{33} uŋ^{13}mi^{13} θiaŋ^{55} liu^{33} aʔ^{5} nan^{55} aʔ^{5}
从 前 在 村 下 有 一 对 夫妻 生 了 一 男 一

ni^{33} liŋ^{33} kɔ^{21} θɔi^{33}tsi^{13}ŋi^{55}, hau^{21}lɔi^{55} lou^{33}mi^{13} θi^{33} liu^{33}, diaŋ^{33} ha^{21} ku^{55} dui^{33}
女 两 个 小孩子 后来 妻子 死 了, 遗留 下 那 对

nan^{55} ni^{33} vɔn^{13} lou^{33}uŋ^{13} dai^{33}, kua^{33} liu^{33} miau^{33} ki^{33} dɔ^{13} kau^{33}, ɔn^{13} nan^{55}
男 女 给 老翁 带, 过 了 没 几 多 久, 因 男

ni^{33} dɔi^{13} θɔi^{33}, θi^{13} iu^{33} nɔn^{55} tsau^{33}ku^{33} ka^{13} uk^{3}, lɔ^{21} hui^{55} aʔ^{5} kɔ^{21}
女 低细（幼小）, 需要 人 照顾 家 屋, 娶 回 一 个

hau^{21}na^{33}, than^{21} ku^{55} kɔ^{21} hau^{21} na^{33} dui^{33} liŋ^{33} kɔ^{21} θɔi^{33}tsi^{13}ŋi^{55} lu^{55} miau^{33}
后母, 但 那 个 后母 对 两 个 小孩子 都 不

hau^{33}, kɔŋ^{13}tshiŋ^{55} da^{33}nɛu^{21}. zau^{33} aʔ^{5} nɔt^{5}, ki^{55} dui^{33} lou^{33}uŋ^{13} kɛŋ^{33}: "ni^{33}
好 经常 打骂。有 一 日, 她 对 老翁 讲 你

iu^{33} ŋɔ^{33} tshau^{21} mɔʔ^{3} iu^{33} θɔi^{33}tsi^{13}ŋi^{55}, iu^{33} θɔi^{33}tsi^{13}ŋi^{55} tshau^{21} miau^{33} iu^{33}
要 我 就 莫 要 小孩子, 要 小孩子 就 不 要

ŋɔ^{33}". lou^{33}uŋ^{13} thiaŋ^{13} liu^{33} ki^{55} kɛŋ^{33} di^{33} ku^{55} tuŋ^{33} va^{21}, hɔn^{21} vui^{55}
我。 老翁 听 了 她 讲 的 那 种 话, 很 为

nan^{55}, dui^{33} ki^{55} kɛŋ^{33}: " nan^{55} ni^{33} θi^{21} ŋɔ^{33} θiaŋ^{55} di^{33}, ni^{33} han^{33} ŋɔ^{33} tshɔŋ^{55}tshɔ^{55}
难, 对 她 讲:" 男 女 是 我 生 的, 你 喊 我 怎样

tu^{33} hau^{33}?" nu^{55} kɔ^{21} hau^{33}na^{33} thɔʔ^{5} kɛŋ^{33}: " ŋɔ^{33} miau^{33} tsha^{55} ni^{33},
做 好?" 那 个 后母 头 讲:" 我 不 管 你,

ni^{33} miau^{33}θɛʔ^{5} dai^{33} ki^{55}kun^{55} θiŋ^{21} liaŋ^{33} da^{33} θi^{33} mai^{55} mɔt^{5}." za^{13} tshɔn^{13}
你 不识 带 他们 上 岭 打死 埋 没。爷 亲

thiaŋ^{13} liu^{33} hɔn^{33} θiŋ^{13}θɔn^{13}， lau^{21} ŋan^{33}lui^{21}， θi^{33} lu^{55} miau^{33} thuŋ^{55}i^{33}. zau^{33}
听 了 很 伤心， 流 眼泪， 死 都 不 同意。有
aʔ^{5} nɔt^{5}， ku^{55} tsiaʔ^{3} hau^{21} na^{33} thɔʔ^{5} dɔŋ^{33} lou^{33}uŋ^{13} hi^{33} du^{33} kuŋ^{13} miau^{33}
一 日，那 只 后 母 头 等 老 翁 去 做 工 不
tshei^{21} uk^{3}， ki^{55} tshau^{21} tshɔŋ^{21} tshɔŋ^{21} tɛʔ^{3} aʔ^{5} ba^{33}（tshuat^{3}）θan^{13} kau^{33} ŋi^{55}
在 屋，她 就 静 静 摘 一 把（把） 山狗儿
tshɔ^{33} tshei^{21} liŋ^{33} kɔ^{21} θɔi^{33}tsi^{13}ŋi^{55} di^{33} θan^{33} hu^{33}， hau^{21}lɔi^{55}(nu^{55}) liŋ^{33} kɔ^{21}
搓 在 两 个 小孩子 的 衫 裤， 后来（那） 两 个
θɔi^{33}tsi^{13}ŋi^{55} vuan^{21} θan^{13} hu^{33} tsiaʔ^{3} hau^{21}， kan^{33}khiaʔ^{3} tshen^{55} θɔn^{13} lu^{55}
小孩子 换 衫 裤 着 后， 感觉 全 身 都
ziŋ^{33}, ki^{55} vet^{3} tua^{13} vet^{3} ziŋ^{33}， vet^{3} tua^{13} vet^{3} huŋ^{55}, θi^{21}θɔt^{1} nan^{55}θau^{21}, nu^{55}
痒，他 越 抓 越 痒， 越 抓 越 红， 实在 难 受， 那
liŋ^{33} kɔ^{33} θɔi^{33}tsi^{13}ŋi^{55} tshau^{21} vɔn^{13} za^{13} hɔn^{13}， za^{13} hɔn^{13} liu^{33} za^{33} miau^{33}
两 个 小孩子 就 给 爷 看， 爷 看 了 也 没
zau^{33} phan^{21} vaʔ^{3}, miau^{33} θɛʔ^{5} θɔi^{33}tsi^{13}ŋi^{55} dɛʔ^{5} mi^{55}di^{33} phiaŋ^{21}， ku^{55} kɔ^{33}
有 办法， 不 识 小孩子 得 什么 病， 那 个
θi^{55}hau^{21} hau^{21} na^{33} thɔʔ^{5} tshau^{21} kɛŋ^{33}：“ki^{55}kun^{55} liŋ^{33} nɔn^{55} dɛʔ^{5} di^{33} phiaŋ^{21}
时候 后母 头 就 讲：“ 他们 两 人 得 的 病
θi^{21} ɔʔ^{3}θiaŋ^{33} ma^{55}vuŋ^{13} tshen^{55}ŋen^{33} phiaŋ^{21}, huai^{33}huai^{33} dai^{33} θiŋ^{21} liaŋ^{33} hi^{33} uat^{3}
是 恶性 麻风 传染 病， 快快 带 上 岭 去 挖
luŋ^{13} mai^{55}.” za^{13}tshɔn^{13} tiaŋ^{13} liu^{33} tshau^{21} θɔn^{21} hau^{21}na^{33} thɔʔ^{5} di^{33} hua^{21}，
窿 埋。” 爷亲 听 了 就 信 后母 头 的 话，
thi^{21} ŋi^{21} nɔt^{5} then^{13} kuaŋ^{13} tou^{33}tou^{33}， za^{13}tshɔn^{13} dai^{33} liŋ^{33} kɔ^{21} θɔi^{33}tsi^{13}ŋi^{55}
第 二 日 天 光 早早， 爷亲 带 两 个 小孩子
thuŋ^{21} aʔ^{5} kɔ^{21} van^{21} bɛu^{13} θiŋ^{21} liaŋ^{33}， thau^{33} liu^{33} liaŋ^{33} θiŋ^{21}， za^{13}tshɔn^{13}
同 一 个 饭 包 上 岭， 到 了 岭 上，爷 亲

tshau^{21} dui^{33} liŋ^{33} kɔ^{21} θɔi^{33}tsi^{13}ŋi^{33} kɛŋ^{33}："ni ^{33}kun^{55} liŋ^{33} nɔn^{55} tshei^{21} ku^{55}lu^{21},
就 对 两 个 小孩子 讲：" 你们 两 人 在 这里，
dɔŋ^{33} a^{33}ba^{55} kua^{33} lu^{55}ben^{13} liaŋ^{33} hi^{33} keʔ^{5} θai^{55}，hui^{55}lɔi^{55} tshau^{21} dai^{33}
等 阿爸 过 那边 岭 去 砍 柴， 回来 就 带
ni^{33}kun^{55} hui^{55}kui^{55}，thuŋ^{55}kɛŋ^{33} ni^{33}kun^{55} thou^{21} ki^{13} tshau^{21} hiaʔ^{3} van^{21}bɛu^{13}."
你们 回归， 如果 你们 肚 饥 就 吃 饭包。"
thau^{33} liu^{33} ŋet^{3}thau^{55} uan^{33}，thai^{21}tsi^{33} hau^{21}dɛ^{13} muaŋ^{21} hi^{33} muaŋ^{21} hui^{55} lu^{55}
到 了 热头 晚 大姐 弟弟 望 去 望 回 都
miau^{33} ken^{33} a^{33}ba^{55} hui^{55}lɔi^{55}，then^{33} vet^{3} lɔi^{55} vet^{3} hɐʔ^{5} lu^{21}，ku^{55} kɔ^{33}
没 见 阿爸 回来， 天 越 来 越 黑 路， 那 个
θi^{55}hau^{21} thai ^{21}tsi^{33} tshau^{21} dui^{33} hau^{21}dɛ^{13} kɛŋ^{33}：" hɔn^{13}lɔi^{55} a^{33}ba^{55} θi^{21} dai^{33}
时候 大姐 就 对 弟弟 讲：" 看来 阿爸 是 带
ŋun^{13} liŋ^{33} nɔn^{55} θiŋ^{21} liaŋ^{33} lɔi^{55} diaŋ^{33} lɔ^{33}." ki^{55}kun^{55} liŋ^{33} nɔn^{55} vet^{3} θiŋ^{33}
我们 两 人 上 岭 来 丢弃 咯。" 他们 两 人 越 想
vet^{3} kiaŋ^{13}, thu^{21} zau^{21} thou^{21}ki^{13}, thai^{21}tsi^{33} tshau^{21} bɛʔ^{3} hai^{13} van^{21}bɛu^{13} vɔn^{13}
越 惊， 肚 又 肚饥， 大姐 就 掰 开 饭包 给
hau^{21}dɛ^{13} hiaʔ^{3}. thau^{33} liu^{33} buan^{33} za^{21}, hau^{21}dɛ^{13} kan^{3}kiaʔ^{3} thau^{33} thu^{21} thuŋ^{33},
弟弟 吃。 到 了 半 夜， 弟弟 感觉 到 肚 痛，
tshau^{21} hi^{33} ɛ^{13} θi^{33}，ɛ^{13} θi^{33} liu^{33} iu^{33} θut^{5} tshɔ^{33} lɔt^{1} aʔ^{5} thiu^{55} θai^{55}
就 去 屙 屎， 屙 屎 了 要 屁股 擦 着 一 条 柴
hau^{21}，tɔŋ^{33} kɔ^{33} θut^{5} luŋ^{13} lo^{55} ziŋ^{33}，tshau^{21} kɛŋ^{33} vɔn^{13} thai^{21}tsi^{33} thiaŋ^{13},
后， 整 个 屁股 窿 都 痒， 就 讲 给 大姐 听，
thai^{21}tsi^{33} mɔn^{21} ki^{55}："ni^{33} bɛŋ^{55} θut^{5} tshei^{21} tshi^{33} iu^{21}? dai^{33} ŋɔ^{33} kua^{33} hi^{33}
大姐 问 他：" 你 擦 屁股 在 哪里？ 带 我 过 去
hɔn^{13} kua^{33}." thai^{21}tsi^{33} hɔn^{13} liu^{33}：" ɔ^{21}，zen^{55}lɔi^{55} θi^{21} zau^{33} mou^{55} di^{33} ma^{55}luk^{3}
看 过。" 大姐 看 了：" 哦，原来 是 有 毛 的 马 鹿

kɔk^{3}." thi^{21} ŋi^{21} nɔt^{5} then^{13} kuaŋ^{13} hau^{21} tshau^{21} ken^{33} aʔ^{5}tsiaʔ^{3} lau^{21}ua^{13}
角"。第 二 日 天 光 后 就 见 一只 老鸦
tshei^{21} thɔʔ^{5} θiŋ^{21} vi^{13} lɔi^{55} vi^{13} hi^{33}, aʔ^{3} aʔ^{3} di^{33} han^{33}, thai^{21}tsi^{33} tshau^{21}
在 头 上 飞 来 飞 去，吖 吖 的 喊， 大姐 就
kɛŋ^{33}: "lau^{21}ua^{13}, lau^{21}ua^{13}, ni^{33} thuŋ^{21} ŋɔ^{33} hi^{33} hɔn^{55} aʔ^{3} ba^{33} dou^{13} lɔi^{55}, dɔŋ^{33}
讲:" 老鸦， 老鸦， 你 同 我 去 含 一 把 刀 来， 等
ŋun^{13} thuaŋ^{13} ku^{55} tsiaʔ^{3} ma^{55}luk^{3} liu^{33} tshau^{21} vɔn^{13} tshiŋ^{55} thou^{21} vɔn^{13} ni^{33}
我们 割 那 只 马鹿 了 就 给 肠 肚 给 你
hiaʔ^{3}." kua^{33} liu^{33} aʔ^{5} ha^{21} ŋi^{55}, ku^{55} tsiaʔ^{3} lau^{21}ua^{13} tshau^{21} hɔn^{55} lɔi^{55} aʔ^{5} ba^{33}
吃"。过 了 一 下 儿， 那 只 老鸦 就 含 来 一 把
θan^{13} dou^{13}, thai^{21}tsi^{33} hou^{21}dɛ^{13} tshau^{21} thuaŋ^{13} hai^{13} ku^{55} tsiaʔ^{3} ma^{55}luk^{3},
山 刀， 大姐 弟弟 就 割 开 那 只 马鹿，
muaŋ^{21} ken^{33} ma^{55}luk^{3} thu^{21} thau^{55} zau^{33} aʔ^{5} tshuat^{3} mɛʔ^{1} thuŋ^{55} aʔ^{5} kɔ^{21}
望 见 马鹿 肚 头 有 一 串 稻子 同 一 个
hu^{55}lu^{55}kua^{13} tuŋ^{33}, zen^{55}lɔi^{55} lau^{21}ua^{13} thuŋ^{21} ma^{55}luk^{3} lu^{55} θi^{21} ki^{55}（kɔʔ^{5}）
葫 芦 瓜 种， 原来 老鸦 同 马鹿 都 是 他(的)
tshɔn^{13}θɛŋ^{13} na^{33} ben^{33} lɔi^{55} di^{33}. ki^{55}kun^{55} hau^{21}lɔi^{55} tshau^{21} phuat^{3} θan^{13}
亲生 母 变 来 的。他们 后来 就 砍 山
tuŋ^{33} kuk^{3} thuŋ^{55} tuŋ^{33} kua^{33}. kua^{33} liu^{33} miau^{33} ki^{33} dɔ^{13} kau^{33}, tuŋ^{33} ha^{21}
种 谷 同 种 瓜。过 了 没 几 多 久， 种 下
di^{33} kuk^{3} vet^{3} lɔi^{55} vet^{3} hau^{33}, hu^{55}lu^{55}kua^{13} θiaŋ^{55} liu^{33} aʔ^{5} kɔ^{33} kua^{13}, vet^{3}
的 谷 越 来 越 好， 葫芦瓜 生 了 一 个 瓜， 越
lɔi^{55} vet^{3} thai^{21}, thɔŋ^{55} zɛ^{21} vet^{3} lɔi^{55} vet^{3} tshiŋ^{55}, aʔ^{5} vaʔ^{1} tshiŋ^{55} thau^{33} ki^{55}
来 越 大， 藤 也 越 来 越 长， 一 直 长 到 他
zen^{55}lɔi^{55} di^{55} uk^{3}. nu^{55} thiu^{55} kua^{13} thɔŋ^{55} kau^{13} det^{3} hau^{21}na^{33}thɔʔ^{5}. zau^{33} aʔ^{5}
原 来 的 屋。那 条 瓜 藤 勾 跌 后母头。 有 一

nɔt^{5} hau^{21}na^{33}thɔʔ^{5} tshau^{21} dui^{33} lou^{33} uŋ^{13} kɛŋ^{33}: "ni^{33} iu^{33} dou^{13} phet^{3} ku^{55}
日 后母头 就 对 老翁 讲:"你 要 刀 劈 那

thiu^{55} kua^{13} thɔŋ^{55} diaŋ^{33}" . ki^{55} kɔ^{21} lou^{33} uŋ^{13} nen^{55} tshiaʔ^{1} kua^{13} thɔŋ^{55} aʔ^{5}
条 瓜 藤 丢掉。" 她 个 老 翁 沿 着 瓜 藤 一

vaʔ^{1} phet^{3} thau^{33} liaŋ^{33} θiŋ^{21}, thut^{5}zen^{55} muaŋ^{21}ken^{33} aʔ^{5}liaŋ^{33} di^{33} kuk^{3}, zau^{21}
直 劈 到 岭 上, 突然 望见 一岭 的 谷, 又

vuaŋ^{55} zau^{21} hau^{33}, zau^{21} ken^{33} zau^{33} nɔn^{55} iu^{33} van^{21}thuan^{55} lɔi^{55} taʔ^{3} tsi^{21}tsiaʔ^{1}.
黄 又 好, 又 见 有 人 要 饭团 来 赶 鸟儿

thut^{5}zen^{55} ku^{55} tsiaʔ^{3} hau^{21}dɛ^{13} muaŋ^{21}ken^{21} zau^{33} aʔ^{5} kɔ^{21} nɔn^{55} θɔʔ^{1}
突然 那 只 弟弟 望 见 有 一 个 人 拾

van^{21}thuan^{55} lɔi^{55} hiaʔ^{3}, tshɔt^{5}tshɔt^{5} θi^{21} a^{33}ba^{55}, tshau^{21} han^{33} thai^{21}tsi^{33} kua^{33}lɔi^{55}
饭团 来 吃, 像像 是 阿爸, 就 喊 大姐 过来

hɔn^{13} θi^{21} mu^{55} θi^{21}, thai^{21} tsi^{33} tau^{33} kua^{33}lɔi^{55} hɔn^{13} liu^{33} tshau^{21}θi^{21} a^{33}ba^{55},
看 是 不 是, 大 姐 走 过来 看 了 就是 阿爸,

thai^{21}θiaŋ^{13} han^{33}: "a^{33}ba^{55}, a^{33}ba^{55}." ku^{55}kɔ^{33} θi^{55}hau^{21} za^{13}tshɔn^{13} zɛ^{21} nɔn^{21} tshɔt^{5}
大 声 喊:"阿爸,阿爸。"那 个 时候 爷亲 也 认 出

han^{33} ki^{55} tu^{33} a^{33}ba^{55} di^{33} nɔn^{55} zen^{55}lɔi^{55} tshau^{21} θi^{21} ki^{55} dai^{33} θiŋ^{21}
喊 他 做 阿爸 的 人 原来 就 是 他 带 上

liaŋ^{33} diaŋ^{33} di^{33} nɔn^{55}. θiaŋ^{13} nɔn^{21} hau^{21} thai^{21}ka^{33} huk^{3} tu^{33} aʔ^{5}hi^{33}, za^{13}ni^{33}
岭 丢弃 的 人。相 认 后 大家 哭 做 一起, 爷女

hu^{21}θiŋ^{13} phui^{21} θi^{21}tshɔŋ^{55} di^{33} tshen^{55} hau^{21} kɛŋ^{33} tshɔt^{5}lɔi^{55},
互相 把 事情 的 前 后 讲 出来 ,

ki^{33} nɔt^{5} hau^{21}, za^{13}tshɔn^{13} aʔ^{5} iu^{33} hui^{55}kui^{13}, thai^{21}tsi^{33} hau^{21}dɛ^{13} tshau^{21} net^{3}liu^{33}
几 日 后 爷亲 将要 回归, 大姐 弟弟 就 捏了

liŋ^{33} kuaŋ^{55} kai^{33}θɛʔ^{1} ŋi^{55} vɔn^{13} a^{33}ba^{55} dan^{13} hui^{55}kui^{13}. hui^{55} thau^{33} uk^{3}, hau^{21}na^{33} thɔʔ^{5}
两 筐 糍粑 儿 给 阿爸 担 回归。回 到 屋,后母头

muaŋ21 ken33 tshau21 mɔn21："ni33 hi33 tshi33lu21，ki33nɔt5 thau33 ki55kɔn13，zau21
望 见 就 问："你 去 那里， 几日 到 今天，又

dɛʔ5 mi55di55 dan13 hui55lɔi55?" ki55 lou33uŋ13 tshau21 than33hi33 kɛŋ33：" hai21，mɔʔ3
得 什么 担 回来?" 他 老翁 就 叹气 讲：" 咳， 莫

kɛŋ33 lɔ33，ŋɔ33 hi33 ken33 ŋɔ33di33 nuŋ21，kai33θɛʔ2 ŋi55 θi21 ki55kun55 net3 vɔn13
讲 咯，我 去 见 我 的 孩子， 糍粑 儿 是 他们 捏 给

ŋɔ33 dan13 hui55lɔi55 di33." hou21na33thɔʔ5 thiaŋ13 liu33 tshau21 kiaŋ13 aʔ5tshɔn21："a21，
我 担 回来 的"。后母头 听 了 就 惊 一阵："啊，

ki55kun55 θɛŋ13 tshei21 a55?" lou33 uŋ13 kɛŋ33：" a31，mɔʔ5 iu33 kɛŋ33 ni33 di33 va21
他们 生 在 啊?" 老翁 讲：" 啊，莫 要 讲 你 的 话

la33." ku55 kɔ33 hau21na33thɔʔ5 tshau21 khiaŋ55 ku55 dɔ13 kai33θɛʔ1 ŋi55 zɔt5
啦。"那 个 后母头 就 提 那 些 糍粑 儿 入

vuaŋ55 hi33，bɔi33 mun55 hui55 tshɔŋ21tshɔŋ21 hiaʔ3. ki55 aʔ5 mɔn13 hai13
房 去，闭 门 回 静静 吃。她 一 掀 开

kai33θɛʔ1 ŋi55 tshau21 vɔn13 aʔ5 tsiaʔ3 θa55 ŋɛu33，han33 laʔ3laʔ3 tshei21 vuaŋ55
糍粑 儿 就 给 一 只 蛇 咬， 喊 嗷嗷 在 房

thau55. ki55 lou33 uŋ13 tshei21 ŋuai21 men21 thiaŋ13 ken33 li33 thau55 han33，
头。 她 老 翁 在 外 面 听 见 里 头 喊，

tshau21 mɔn21：" tu33 mi55di33 ɔ33?" kua33 liu33 aʔ5ha21 ŋi55 ken33 vuaŋ55 thau55
就 问：" 做 什么 啊?" 过 了 一下 儿 见 房 头

miau33 tiaŋ13ɔn13，hai13 mun55 zɔt5hi33aʔ5 muaŋ21 ken33 hau21na33thɔʔ5 zi33kɔŋ13
没 声音， 开 门 入去一 望 见 后母头 已经

θi33 ŋɛŋ21ŋɛŋ21 liu33. zen55lɔi55 θi21 θɔi33tsi113ŋi55 di33 na33 ben33 θiaŋ55 θa55
死 硬硬 了。 原来 是 小孩子 的 母 变 成 蛇

ŋɛu33 θi33 thuk3 θɔn13 di33 hau21na33thɔʔ5.
咬 死 毒 心 的 后母头。

ku^{55} kɔ^{33} θi^{55}hau^{21} thai^{21}tsi^{33} hou^{21}dɛ^{13} muaŋ^{55} tshei^{21} θau^{13}kuat^{3} ven^{55} kuk^{3}, ki^{55}
那 个 时候 大姐 弟弟 忙 在 收 割 园 谷，他
di^{33} na^{33} ben^{33} θiaŋ^{55} aʔ^{5} tsiaʔ^{3} phɛʔ^{1} kau^{13}, han^{33}" ku^{21}ku^{55} ku^{33} ku^{33}, dou^{33} mɔi^{33} lɔt^{1}
的 母 变 成 一 只 白 斑鸠， 喊 咕咕 咕 咕，捣（舂）米 装
hu^{55}lu^{55}, huŋ^{55} θui^{33} aʔ^{5} bɛu^{13} then^{13}." thai^{21}tsi^{33} hou^{21}dɛ^{13} tiaŋ^{13} liu^{33}, kuan^{33}khɔt^{1} vuan^{13}
葫芦， 洪 水 将 包 天。 大姐 弟弟 听 了， 赶 快 搬
mɛʔ^{1} vuan^{13} mɔi^{33} zɔt^{5} hu^{55}lu^{55}. kua^{33} liu^{33} ki^{33} nɔt^{5}, thut^{5}zen^{55} then^{13} tu^{33}
稻 搬 米 入 葫芦。过 了 几 日， 突然 天 做
thai^{21}vuŋ^{13} thai^{21}vau^{33}, huŋ^{55} θui^{33} tshau^{21} bɛu^{13} then^{13} lo^{33}. thai^{21}tsi^{33} hau^{21}dɛ^{13}
大 风 大 雨， 洪 水 就 包 天 咯。大姐 弟弟
tshei^{21} hu^{55}lu^{55}thau^{55}, phu^{55} θiŋ^{21} then^{13}. huŋ^{55}θui^{33} kua^{33} liu^{33} hau^{21}, thai^{21}tsi^{33}
在 葫芦 头， 浮 上 天 洪 水 过 了 后， 大姐
hau^{21}dɛ^{13} tshei^{21} then^{13}θiŋ^{21} tshuŋ^{55} hu^{55}lu^{55} θɔn^{13} thɔʔ^{5} tshɔt^{5}lɔi^{55}, muaŋ^{21} ha^{21}
弟弟 在 天 上 从 葫芦 伸 头 出 来， 望 下
nɔn^{55} kan^{13} mi^{55}di^{33} lu^{55} miau^{33}zau^{33} liu^{33}. tshei^{21} then^{13} θiŋ^{21} tshau^{21} tsun^{55}
人 间 什么 都 没有 了。 在 天 上 就 剩
ki^{55}kun^{55} liŋ^{33} nɔn^{55}. θi^{55}kan^{13} kua^{33} liu^{33} hau^{33} dɔ^{13} nen^{55}, thai^{21}tsi^{33} dui^{33}
他们 两 人。时间 过 了 好 多 年， 大姐 对
hau^{21}dɛ^{13} kɛŋ^{33}: "ki^{55}kɔn^{13} then^{13} θiŋ^{21} thuŋ^{21} thi^{21} ha^{21} mi^{55}di^{33} nɔn^{55} lu^{55} miau^{33}zau^{33}
弟弟 讲：" 现在 天 上 同 地 下 什么 人 都 没有
liu^{33}, ni^{33} lau^{13} duŋ^{13} hi^{33}, tsuŋ^{55}kɛŋ^{33} ni^{33} phuŋ^{33} tshiaʔ^{1} mu^{55} nɔn^{55}
了， 你 从 东 去， 如果 你 碰 着 谁 人
tshau^{21} lɔ^{21} mu^{55} nɔn^{55} tu^{33} mi^{13}, ŋɔ^{33} tshuŋ^{55} θɔi^{13} hi^{33} phuŋ^{33} tshiaʔ^{1}
就 娶 谁 人 做 妻子，我 从 西 去 碰 着
mu^{55} nɔn^{55} thau^{21} ka^{33} mu^{55} nɔn^{55}. ket^{3}kua^{33} liŋ^{33} nɔn^{55} hɛŋ^{55} hi^{33} hɛŋ^{55} hui^{55}
谁 人 就 嫁 谁 人。" 结果 两 人 行 去 行 回

lu^{55} θi^{21} liŋ^{33} nɔn^{55} phuŋ^{33} tshiaʔ^{1} phuan^{21}. ku^{55} kɔ^{33} θi^{55} hau^{21} thai^{21}tsi^{33} tshau^{21}
都 是 两 人 碰 着 伴 。那 个 时 候 大姐 就

kɛŋ^{33}:“hau^{21}dɛ^{13}, hɔn^{13} lɔi^{55} ki^{55}kɔn^{13} miau^{33} zau^{33} phan^{21}vaʔ^{3} lɔ^{33} tsi^{33}zau^{33}
讲:“ 弟弟, 看 来 现在 没 有 办法 咯, 只 有

ŋun^{13} liŋ^{33} nɔn^{55} lɔ^{21} phuan^{21} , ku^{55} zau^{33} hau^{21} nɔn^{55} tshen^{55} ha^{21}, thuŋ^{55} kɛŋ^{33}
我们 两 人 娶 伴(结婚), 才 有 后 人 传 下, 如果

miau^{33} di^{33} va^{21}, kɔn^{13} hau^{21} tshau^{21} miau^{33} zau^{33} nɔn^{55} lui^{21} lɔ^{33}.” hau^{21}dɛ^{13} tiaŋ^{13}
不 的 话, 今 后 就 没 有 人 类 咯。” 弟弟 听

liu^{33} θi^{21} θɔt^{1} miau^{33}zau^{33} phan^{21}vaʔ^{3}, tsi^{33}hau^{33} thuŋ^{55}i^{33} thai^{21}tsi^{33} di^{33} va^{21}
了 实在 没 有 办 法, 只 好 同意 大姐 的 话

lɔ^{21} phuan^{21}. tshau^{21} ku^{55} kɔ^{33} thai^{21}tsi^{33} ben^{33} θiaŋ^{55} ŋet^{3}thau^{55} hɛŋ^{55} nɔt^{5} lu^{21},
娶 伴(结婚)。就 那 个 大姐 变 成 热 头 行 日 路,

tshuŋ^{55}kɔn^{13} zi^{21}hau^{21} mu^{55} nɔn^{55} aʔ^{5} hɔn^{13} ki^{55} ki^{55} tshau^{21} zuŋ^{21} hua^{13}tɔn^{13}
从 今 以后 谁 人 要 看 她 她 就 用 花 针

biu^{13} mu^{55} nɔn^{55} di^{33} ŋan^{33}, hau^{21}dɛ^{13} tshau^{21} ben^{33} θiaŋ^{55} ŋet^{3}uŋ^{13} hɛŋ^{55} za^{21}lu^{21}.
刺 谁 人 的 眼, 弟弟 就 变 成 月翁 行 夜 路。

歌谣—— 廖家荣唱

1. 南 山 风 光 好
nan^{55}θan^{13} vuŋ^{13} kuaŋ^{13} hau^{33}

tɛu^{33}ku^{13} ba^{13}, nɔn^{55} hɛŋ^{55} tai^{21} lu^{21} ki^{55} hɛŋ^{55} θa^{13} nɔn^{55} kɛŋ^{33} tɛu^{33} ku^{13} mu^{55} uk^{3}
鹧 鸪 伯, 人 行 大 路 佢 行 沙,人 讲 鹧 鸪 无 屋

tshɔi^{21} tɛu^{33}ku^{13} di^{33} uk^{3} tshei^{21} nɔn^{55}θan^{13} nɔn^{55}θan^{13} liaŋ^{33}dɔŋ^{33} aʔ^{5} tsi^{13} hua^{13}

住，鹧鸪的屋在南山。南山岭顶一枝花，

phu^{13} tsen^{13} kai^{33}ŋua^{33}muan^{33}kuan^{13}ka^{13} kɔn^{13} ta^{33} kua^{33} li^{55} nɔn^{55} ɛu^{33} mi^{33}

铺砖盖瓦满官家。甘蔗过篱人折尾，

luŋ^{55} ŋan^{33} kua^{33} tshiaŋ^{55}nɔn^{55}ɛu^{33}a^{13}.

龙眼过墙人拗椏。

2. 送郎过海做生意

aʔ^{5} kɔ^{33} bu^{55} lɔŋ^{55} phɔ^{33} kau^{33} hau^{33}, kau^{33} kɔ^{21} bu^{55} lɔŋ^{55} phɔ^{33}θiaŋ^{55} θɔŋ^{13}

一个槟榔破九口，九个槟榔破成升，

lɔŋ^{55} hiaʔ^{3} hau^{33} nuŋ^{21} hiaʔ^{3}hau^{33} lau^{55} hi^{33} liŋ^{33} hau^{33} ka^{33} θen^{55} thau^{55}

郎吃口，侬吃口，留去两口放船头。

kiaʔ^{3} thaʔ^{1} θen^{55} thau^{55} θan^{13} huai^{33} ban^{33} da^{33} ku^{33} tuŋ^{55} tuŋ^{55} jet^{3} θen^{55} hai^{13}

脚踏船头三块板，打鼓咚咚拉船开。

nuŋ^{21} tshei^{21} hɔ^{55} ben^{13}huk^{5}ŋai^{55} ŋai^{55}, θuaŋ^{13} θau^{33} hen^{13} khun^{55} khai^{13} ŋan^{33} lui^{21}

侬在河边哭哀哀，双手牵裙揩眼泪。

hai^{13} hau^{33} mɔn^{21} luaŋ^{55} ki^{33} θi^{55} hui^{55} hau^{33} vuŋ^{13} hau^{33} luaŋ^{21} θan^{13} liŋ^{33} ŋet^{3}

开口问郎几时回，好风好浪三两月，

ɔʔ^{3} vuŋ^{13} ɔʔ^{3} luaŋ^{21} buan^{33} nen^{55} thau^{55} buan^{33} nen^{55} mu^{55} hui^{55} θen^{55} phiu^{13} hi^{33}

恶风恶浪半年头，半年无回船飘去，

i^{55} hua^{13} tshan^{33} tshou^{33} phet^{1} lu^{21} tuai^{13}.

移花铲草别路栽。

3. 野 花 不 比 正 花 好

za^{33} hua^{13} mu^{55} bi^{33} tɔŋ^{33} hua^{13} hau^{33}

aʔ^{5} thiu^{55} θau^{33}pha^{33} tshiŋ^{55} zau^{21} tshiŋ^{55}，duŋ^{13} θɔn^{13} bɛu^{13} van^{21} ni^{33} bɛu^{13} kiŋ^{13}
一 条 手 帕 长 又 长，中 心 包 饭 尾 包 姜。
hi^{33} thau^{33}buan^{33}tuŋ^{13} kai^{33} van^{21} hiaʔ^{3}，hiaʔ^{3} tshiaʔ^{1} kuan^{13}kiŋ^{13} ki^{33} tshiaʔ^{1} niaŋ^{55}
去 到 半 中 解 饭 吃，吃 着 干 姜 记 着 娘。
kuan^{13} kiŋ^{13} mu^{55} bi^{33} θɔt^{5} kiŋ^{13} laʔ^{1} θɔʔ^{5} kiŋ^{13} mu^{55} bi^{33} kuan^{13} kiŋ^{13} hiŋ^{13}
干 姜 无（不）比 湿 姜 辣，湿 姜 无 比 干 姜 香。
za^{33} hua^{13} mu^{55} bi^{33} tɔŋ^{33} hua^{13} hau^{33} tɔŋ^{33} hua^{13} mu^{55} bi^{33} za^{33} hua^{13} hiŋ^{13}
野 花 无 比 正 花 好，正 花 无 比 野 花 香。

4. 红 马 白 马

huŋ^{55} ma^{33} phɛʔ^{1} ma^{33}

huŋ^{55} ma^{33} ŋi^{55} phɛʔ^{1} ma^{33} ŋi^{55} tshɔ^{13} aʔ^{5} tuat^{33} lɔi^{55} tshɔ^{13} ŋi^{21} khi^{55}
红 马 儿，白 马 儿，初 一 捉 来 初 二 骑。
khi^{55} thau^{33} niaŋ^{55} mun^{55}hau^{33} hai^{13} hau^{33} hɔt^{5} θui^{33} niaŋ^{55} tshuŋ^{13} tsha^{55}
骑 到 娘 门 口，开 口 乞 水 娘 冲 茶。
hui^{55}kui^{13} θiŋ^{33} tshiaʔ^{1} niaŋ^{55} θan^{13} hau^{33} den^{33} then^{55} mai^{33} ven^{21} tu^{33} tshen^{13} ka^{13}
回 归 想 着 娘 心 好，点 田 买 园 做 千 家。

5. 广东广西好风光

kuaŋ^{33} duŋ^{13} kuaŋ^{33} θɔi^{13} hau^{33} vuŋ^{13} kuaŋ^{13}

duŋ^{21} duŋ^{21} duŋ^{21} kuan^{13} nɔn^{55} khi^{55}ma^{33} nuŋ^{21}khi^{55} luŋ^{55} kuan^{13}nɔn^{55} khi^{55} ma^{33}

咚咚咚，官人骑马侬骑龙，官人骑马

lau^{13} kai^{13} kua^{33} θɔi^{33} nuŋ^{21} khi^{55} luŋ^{55} θiŋ^{21} kuaŋ^{33} duŋ^{13} kuaŋ^{33} duŋ^{13} kuaŋ^{33}

从街过，小侬骑龙上广东，广东广

θɔi^{13} hau^{33} mai^{33} mɔi^{33} thiau^{13} hai^{1} tsi^{13} kɔŋ^{33} hau^{33} ŋan^{55} zuŋ^{55}

西好买米，挑开珠景好颜容。

6. 天星小小侬袅袅

then^{13} θiaŋ^{13} θɔi^{33} θɔi^{33} nuŋ^{21} niu^{55} niu^{55}

kɔ^{33} daʔ^{1} then^{55} θɔŋ^{55} θɔt^{1} ŋi^{21} thiu^{55} kɔ^{33} daʔ^{1} then^{55} θɔŋ^{55} tuŋ^{33} nɔn^{55} kua^{33}

哥搭田塍十二条，哥搭田塍众人过，

mu^{55} zi^{55} θɔi^{33} nuŋ^{21} kua^{33} ku^{55} thiu^{55} θui^{33} thai^{21} muŋ^{55} muŋ^{55} mu^{55} lu^{21} kua^{33}

不易小侬过这条，水大蒙蒙无路过，

bɛʔ^{3} hai^{13} θui^{33} dɔi^{33} tuŋ^{33} zau^{55} ma^{55} kɔ^{33} tuŋ^{33} zau^{55} ma^{55} muŋ^{21} tuŋ^{33} thau^{21}

拨开水底种油麻，哥种油麻侬种豆，

zau^{55}ma^{55} θɛŋ^{13} tsi^{13} hai^{13} θɛŋ^{13} hua^{13} kɔ^{33} tu^{33} thai^{21} uk^{3} mu^{55} mɛu^{55} kai^{33}

油麻生枝开生花，哥做大屋无茅盖，

uk^{3} ben^{13} tsi^{33} nuŋ^{21} θuŋ^{33} mɛu^{55} lɔi^{55} θau^{33} aʔ^{5} mɛu^{55} thau^{55} tshen^{13} mɛu^{55} kɛʔ^{1}

屋边姐侬送茅来，手拿茅头穿茅夹，

θau^{33} na^{55} kɛʔ^{1}zuŋ^{55} tshen^{13} mau^{21}dan^{33} man^{21} man^{21}θiŋ^{33} lɔi^{55} tsi^{33} nuŋ^{21} tshɔn^{13}

手拿芙蓉穿牡丹，慢慢想来姐侬亲，

hua^{33} θiu^{13}buaŋ^{13} muaŋ^{55} θɔt^{1} nan^{55} kau^{33} tsi^{33} nuŋ^{21} aʔ^{5} kiu^{33} θɔt^{1} nɔn^{55} lɔi^{55}

火烧帮忙实难救，姐侬一救十人来。

附录二

语法研究参考例句

一、含代词的句子

这个： 这个给你好了。ku^{55}kɔ^{21}vɔn^{13}ni^{33}hau^{33}liu^{33}

我不要这个。ŋɔ^{33}miau^{33}iu^{33} ku^{55}kɔ^{21}

这个是什么？ ku^{55}kɔ^{21}θi^{21}mi^{55}di^{33}

这里： 这里有人吗？ ku^{55}lu^{21}zau^{33}nɔn^{55}miau^{33}

这里是你家吗？ ku^{55}lu^{21}θi^{21}ni^{33}kɔʔ^{5}uk^{3}ma^{33}

你放在这里。ni^{33}vuaŋ^{33}tshei^{21}ku^{55}lu^{21}

这些： 这些是什么？ kɔ^{55}dɔ^{13}θi^{21} mi^{55}di^{33}

这些人是汉族人。kɔ^{55}dɔ^{13} nɔn^{55} θi^{21} huan^{33}tshɔʔ^{1}

我不要这些东西。ŋɔ^{33}miau^{33}iu^{33} kɔ^{55}dɔ^{13} duŋ^{13}θɔi^{13}

那个： 那个是你弟弟吗？ ku^{55}kɔ^{21}θi^{21} ni^{33} hɔŋ^{13}thɔi^{21} ma^{55}

那个村子叫水南。nu^{55}kɔ^{21} tshun^{13} han^{33} θui^{33}nan^{55}

你把那个杯子拿来。ni^{33} iu^{33} ku^{55}kɔ^{21} tuŋ^{33} lɔi^{55}

那里： 那里是山区。 nu^{55}lu^{21} θi^{21} θan^{13}khi^{13}

那里的人很有钱。nu^{55}lu^{21} di^{33} nɔn^{55} dɔ^{13} tshen^{55}

你去那里找吧。 ni^{33} hi^{33} nu^{55}lu^{21} lɔ^{21}

那些：那些东西是谁的？ nu^{55}dɔ^{13} duŋ^{13}θɔi^{13} θi^{21} mu^{55}nɔn^{55} di^{33}

那些鱼新鲜一点。 nu^{55}dɔ^{13} ŋui^{55} θɔn^{13}θen^{13} aʔ^{5}det^{1}ŋi^{55}

我就买那些吧。 ŋɔ^{33} tshau^{21} mai^{33} nu^{55}dɔ^{13}

哪个：哪个是你的？ tshi^{33} kɔ^{21} θi^{21} ni^{33} di^{33}

哪个椰子好？ tshi^{33} kɔ^{21} za^{55}tsi^{33} hau^{33}

你买哪个？ ni^{33} aʔ^{5} mai^{33} tshi^{33} kɔ^{21}

哪里：哪里是你的家？ tshi^{33}lu^{21} θi^{21} ni^{33} di^{33} uk^{3}

哪里的水干净？ tshi^{33}lu^{21} di^{33} θui^{33} kuan^{13} tshiaŋ^{21}

你要去哪里找？ ni^{33} aʔ^{5} hi^{33} tshi^{33}lu^{21} lɔ^{21}

哪些：哪些菜是你种的？ tshi^{33}dɔ^{13} tshuai^{33} θi^{21} ni^{33} tuŋ^{33} di^{33}

你说哪些最好？ ni^{33} kɛŋ^{33} tshi^{33}dɔ^{13} khɛʔ^{1} hau^{33}

你要哪些？ ni^{33} iu^{33} tshi^{33}dɔ^{13}

这样：你这样做不好。ni^{33} ku^{55}kɔ^{33} tu^{33} miau^{33} tu^{33}dɛʔ^{5}

要像你这样做才对。iu^{33} thuŋ^{55} ni^{33} ku^{55}kɔ^{33} tu^{33} liu^{33}ku^{55}（才）tshiaʔ^{1}

这样好不好？ ku^{55}ziŋ^{21} hau^{33} miau^{33} hau^{33}

就这样吧，不用改了。tshau^{21} ku^{55}kɔ^{33}，miau^{33} kai^{33} lɔ^{33}

这么：这么好的东西你都不要？ ku^{55}kɔ^{33} hau^{33} di^{33} duŋ^{13}θɔi^{13}ni^{33}lu^{55} miau^{33}iu^{33}a^{55}

不要说得这么快。 mɔʔ^{3} iu^{33} kɛŋ^{33} ku^{55}kɔ^{33} mɛŋ^{33}

你这么说，他大概不同意了。ni^{33}ku^{55}kɔ^{33}kɛŋ^{33}ki^{55}thai^{21}kai^{33} miau^{33}thuŋ^{21}i^{33}

没见过这么好的人！ miau^{33} ken^{33} kua^{33}ku^{55}kɔ^{33}hau^{33} di^{33} nɔn^{55}

给你这么多，够不够？ vɔn^{13} ni^{33} ku^{55}dɔ^{13}，ŋɔt^{1} miau^{33} ŋɔt^{1}

你只有这么几块钱是不够的。ni^{33}zau^{33}ku^{55}ki^{33}kɔ^{21}ŋɔn^{55}θi^{21} miau^{33}ŋɔt^{1}di^{33}

就这么着吧，不用再写了。tshau^{21}ku^{55}kɔ^{33}lɔ^{33}，mɔʔ^{3}θɛ^{33} lɔ^{33}

这么热的天气不出去了。then^{13} ku^{55}kɔ^{33} ŋet^{3} miau^{33} tshɔt^{5} hi^{33}lɔ^{33}

那样： 你不要那样做。 ni^{33} mɔʔ^{3} iu^{33} ku^{55}kɔ^{33} tu^{33}

你那样说太过分了吧？ ni^{33} ku^{55}kɔ^{33} kɛŋ^{33} thai^{33} kua^{33}vɔn^{21} ba^{21}

他那样的想法很好。 ki^{55} ku^{55}kɔ^{33} di^{33} θiŋ^{33} vat^{3} hɔn^{21} hau^{33}

大家都像你那样就好了。liu^{33}liu^{33} lu^{55} thuŋ^{55} ni^{33} nu^{55}kɔ^{33} tshau^{21} hau^{33}

你那样做也行。 ni^{33} nu^{55}kɔ^{33} tu^{33} zɛ^{21} tu^{33} dɛʔ^{5}

那么： 要像他那么做才行。iu^{33} tuŋ^{55} ki^{55} ku^{55}kɔ^{33} tu^{33} ku^{55} hau^{33}

不要那么多。 mɔʔ^{3} iu^{33} ku^{55}kɔ^{33} dɔ^{13}

不要走得那么快。mɔʔ^{3} iu^{33} tau^{33} dɛʔ^{5} ku^{55}kɔ^{33} mɛŋ^{33}

你那么说不对。ni^{33} ku^{55}kɔ^{33} kɛŋ^{33} miau^{33} tshiaʔ^{1}

不要那么说。 mɔʔ^{3} iu^{33} ku^{55}kɔ^{33} kɛŋ^{33}

只给那么几块钱有什么用！ vɔn^{13} ki^{55}kɔ^{21} ŋɔn^{55} zau^{33} mi^{55}di^{33} zuŋ^{21}

路那么远我去不了。 lu^{21} ven^{33} ŋɔ^{33} miau^{33} hi^{33}

哪里： 哪里有鱼卖？ tshi^{33}lu^{21} zau^{33} ŋui^{55} mai^{33}

哪里都一样。 tshi^{33}lu^{21} lu^{55} tuŋ^{55} ziŋ^{21}

我哪里会做呢。ŋɔ^{33}tshi^{33}lu^{21}hui^{21}tu^{33}ni^{55}

你要到哪里去？ ni^{33} aʔ^{5} hi^{33} tshi^{33}lu^{21}

哪里是你的家？ tshi^{33}lu^{21} θi^{21} ni^{33} di^{33} uk^{3}

怎么： 你说怎么办？ ni^{33} kɛŋ^{33} tshiaŋ^{55}（tshɔ^{55}）tshɔ^{55} tu^{33}

你怎么搞的？ ni^{33} tshɔ^{55}tshɔ^{55} tu^{33} nɔ^{21}

我怎么会说他呢。ŋɔ^{33} tshɔ^{55}tshɔ^{55} kɛŋ^{33} ki^{55}

你怎么说他都不相信。ni^{33} tshɔ^{55}tshɔ^{55} kɛŋ^{33} hau^{33} ki^{55} lu^{55}miau^{33} θɔn^{33}

怎么就你一个人来？ tshau^{21} ni^{33} aʔ^{5} kɔ^{21} nɔn^{55} lɔi^{55} a^{55}

多、多么：这里风景多么好啊！ kɔ^{55}lu^{21} di^{33}vuŋ^{13}kɔŋ^{33} khɛʔ^{1} hau^{33}

他有多高？ ki^{55} zau^{33} ki^{33}dɔ^{13} kou^{13}

这个人跑得多快呀。ku^{55}kɔ^{21} nɔn^{55} tau^{33} dɛʔ^{5} mɛŋ^{33}（这个人走得快）

这样做多容易啊。 ku^{55} kɔ^{33} tu^{33} khɛʔ^{1} zuŋ^{55}zi^{21}

几：你要几个？ ni^{33}iu^{33} ki^{33}dɔ^{13} kɔ^{21}

你有几个要几个。ni^{33}zau^{33} ki^{33}dɔ^{13} iu^{33} ki^{33}dɔ^{13} kɔ^{21}

多少：你要多少？ ni^{33} iu^{33} ki^{33} dɔ^{13}

我多少有点儿累了。ŋɔ^{33} dɔ^{13} θiu^{33} zau^{33} aʔ^{5}det^{1}ŋi^{55} hun^{33} lɔ^{33}

不知有多少人啊。（人很多）miau^{33} θɛʔ^{5} zau^{33} ki^{33}dɔ^{13} nɔn^{55} a^{3}

多少也给点儿吧。 dɔ^{13} θiu^{33} lu^{55} vɔn^{13} aʔ^{5}det^{1}ŋi^{55}

这么些：这么些人来做什么？ ku^{55}kɔ^{33} dɔ^{13} nɔn^{55} lɔi^{55} tu^{33} mi^{55}di^{33}

我吃不了这么些。 ŋɔ^{33} miau^{33} hiaʔ^{3} dɛʔ^{5} ku^{55}dɔ^{13} duŋ^{13}θɔi^{13}

这么样：就这么样吧。 tshau^{21} ku^{55}kɔ^{33} lɔ^{33}

就这么样简单？ tshau^{21} ku^{55}kɔ^{33} kan^{33}dan^{13}ma^{55}

这么点儿：这么点儿我不够吃。ku^{55}det^{1}ŋi^{55} ŋɔ^{33}miau^{33} ŋɔt^{1} hiaʔ^{3}

我只要这么点儿就够了。ŋɔ^{33}iu^{33} ku^{55}kɔ^{33} dɔ^{13} tshau^{21} ŋɔt^{1}

怎么样：他考得怎么样？ ki^{55} khɛu^{33} dɛʔ^{5} tshɔ^{55}（tshiaŋ^{55}）tshɔ^{55} ziŋ^{21}

我看怎么样就怎么样吧。ŋɔ^{33} hɔn^{13} tshɔ^{55}tshɔ^{55} ziŋ^{21}tshau^{21} tshɔ^{55}tshɔ^{55} ziŋ^{21}

那么样：就那么样吧，不用改了。tshau^{21} ku^{55}kɔ^{33}，mɔʔ^{3} kai^{33}lɔ^{3}

他那么样做不好。 ki^{55} ku^{55}kɔ^{33} tu^{33} miau^{33} hau^{33}

二、含副词的句子

1. 表示程度的

最：他最高。ki^{55} khɛʔ^{1} kou^{13}

这样分最合理。 ki^{55}kɔ^{33} vɔn^{13} khɛʔ^{1} hɔʔ^{1} li^{33}

他跑得最快。 ki^{55} tau^{33} dɛʔ^{5} khɛʔ^{1} huai^{33}

我最放心的就是他。ŋɔ^{33} khɛʔ^{1} vuaŋ^{33}θɔn^{13} di^{33} tshau^{21} θi^{21} ki^{55}

选最好的人做领导。θen^{33} khɛʔ^{1} hau^{33} di^{33} nɔn^{55} tu^{33} liaŋ^{33}thou^{21}

最糟糕的就是他了。khɛʔ^{1} tau^{33}kau^{33} di^{33} tshau^{21} θi^{21} ki^{55} lɔ^{3}

他最能说话。 ki^{55} khɛʔ^{1} diu^{13}（聪明能干）kɛŋ^{33} va^{21}

我最喜欢喝啤酒。ŋɔ^{33} khɛʔ^{1} hi^{33}huan^{33} hiaʔ^{3} vi^{55}tau^{33}

最不好的就是赌博。khɛʔ^{1} miau^{33} hau^{33} tshau^{21} θi^{21} du^{33}tshen^{55}

很：你很用功。 ni^{33} hɔn^{21} zuŋ^{21} kuŋ^{13} a^{3}

这个人很好/很了不起。ku^{55}kɔ^{21} nɔn^{55} khɛʔ^{1} hau^{33} / hɔn^{21} liu^{33} mi^{33} hi^{33}

这件事很奇怪。 ku^{55} khen^{21} θi^{21} khɛʔ^{1} khi^{55}kuai^{33}

他很不好意思。 ki^{55} hɔn^{21} miau^{33} hau^{33} i^{33}tshi^{33}

我很过意不去。 ŋɔ^{33} hɔn^{21} kua^{33}i^{33} miau^{33} hi^{33}

他很喜欢喝酒。 ki^{55} khɛʔ^{1} ai^{33} hiaʔ^{3} tau^{33}

极：他极不同意你去。ki^{55} hɔn^{21} miau^{33} thuŋ^{55}i^{33} ni^{33} hi^{33}

这样极好/好极了。 ku^{55}kɔ^{33} khɛʔ^{1} hau^{33}

他极为满意。 ki^{55} hɔn^{21} muan^{33}i^{33}

他听见气极了。ki^{55} thiaŋ^{33}ken^{33} khi^{55}（hi^{33}）θi^{33}（气死）

跑得极快也没有汽车快。tshɔ^{55}tshɔ^{55} tau^{33} lu^{55} miau^{33} bi^{33} khi^{33}tsha^{13} mɛŋ^{33}

太：你说得太快了。 ni^{33} kɛŋ^{33} thai^{33} huai^{33} lɔ^{3}

不要走得太快。 mɔʔ^{3} iu^{33} tau^{33} dɛʔ^{5} huai^{33}

太咸了不好吃。 thai^{33} han^{55} miau^{33} hau^{33} hiaʔ^{3}

人太多了，你别去。 nɔn^{55} thai^{33} dɔ^{13} lɔ^{3} ni^{33} mɔʔ^{3} hi^{33}

太好吃了。thai^{33} hau^{33} hiaʔ^{3}

路太远了，一天走不到。lu^{21} thai^{33} ven^{33} lɔ^{3}，aʔ^{5} nɔt^{5} hɛŋ^{55}miau^{33} thau^{33}

算术题太容易了。θuan^{33}thɔi^{55} thai^{33} zuŋ^{55}zi^{21} lɔ^{3}

这个问题太重要了。ku^{55}kɔ^{21} mɔn^{21}thɔi^{55} khɛʔ^{1} tshuŋ^{21} iu^{33}

她太漂亮了。ki^{55} hɔn^{21} hau^{33} ɛʔ^{3}（好看）

2. 表示时间的

才：下午3点才回来。ha^{21}ŋu^{33} θan^{13} den^{33}tuŋ^{13} ku^{55} hui^{55}lɔi^{55}

到今天才完成。thau^{33} kɔn^{13}nɔt^{5} ku^{55} ŋuan^{55}θiaŋ^{55}

他才到家。ki^{55} ku^{55} thau^{33} uk^{3}

刚、刚刚：我刚刚到。ŋɔ^{33} tshi^{21}tshau^{21} thau^{33}

他刚刚出去。ki^{55} tshi^{21}tshau^{21} tshɔt^{5} hi^{33}

我刚想起一个问题。ŋɔ^{33} tshi^{21}tshau^{21} θiŋ^{33} aʔ^{5} kɔ^{21} mɔn^{21}thɔi^{55}

刚才：刚才那个人是谁？ tshi^{21}tshau^{21} ku^{55}kɔ^{21} nɔn^{55} θi^{21} mi^{55}nɔn^{55}

你刚才说什么来着？ ni^{33} tshi^{21}tshau^{21} kɛŋ^{33} mi^{55}di^{33} nɔ^{21}

刚才有人找你。tshi^{21}tshau^{21} zau^{33} nɔn^{55} lɔ^{21} ni^{33}

已经：我已经做好了。ŋɔ^{33} lu^{55} tu^{33} hau^{33} liu^{33}

他已经回来了。ki^{55} zi^{33}kɔŋ^{13} hui^{55}lɔi^{55} lɔ^{3}

我们已经种完了。ŋun^{13} tuŋ^{33} liu^{33} lɔ^{3}

已经承认了就不说他了。zi^{33}kɔŋ^{13} tshɔŋ^{55}nɔn^{21} tshau^{21} miau^{33}kɛŋ^{33}ki^{55}lɔ^{3}

常常：他常常回家。ki^{55} kɔn^{13}θiŋ^{55} hui^{55} uk^{3}

我们常常来喝茶。ŋun^{13} kɔn^{13}tshiŋ^{55} lɔi^{55} hiaʔ^{3} tsha^{55}

大家常常都夸你好。thai^{21}ka^{13} lu^{55} kɔn^{13}tshiŋ^{55} kɛŋ^{33} ni^{33} hau^{33}

随时：你可以随时来。ni^{33} khɔ^{33}zi^{33} θui^{55}θi^{55} lɔi^{55}

这里随时都有人值班。kɔ^{55}lu^{21} mi^{55}di^{33} θi^{55}hau^{21} lu^{55} zau^{33}nɔn^{55}tset^{1}ban^{13}

偶尔：他偶尔回家一趟。ki^{55} hɔn^{21} θiu^{33} hui^{55} uk^{3}

近来我偶尔也看见他。khɔn^{21}lɔi^{55} ŋɔ^{33} ken^{33} ki^{55} kua^{33}（近来我

见他过）

我们偶尔也到外面吃饭。ŋun^{13} zau^{33}θi^{55}hau^{21}thau^{33}ŋuai^{21}men^{21} hiaʔ^{3}tɔʔ^{5}

偶然： 偶然在街上看见他。ŋau^{21}zen^{55}tshei^{21} kai^{13} hɔn^{13}ken^{33} ki^{55}

偶然下了一场雨。ŋau^{21}zen^{55} ha^{21} liu^{33} aʔ^{5} tshiŋ^{55} vau^{33}

偶然遇见多年不见的朋友。thut^{5}zen^{55} tshuaŋ^{21}tshiaʔ^{1} lou^{33} phuŋ^{55}zau^{33}

往往： 他往往到城里开会。ki^{55}kɔn^{13}θiŋ^{55} thau^{33} θiaŋ^{55}thau^{55} hai^{13}hui^{21}

我们往往坐车去。ŋun^{13} kɔn^{13}tshiŋ^{55} tshua^{21} tsha^{13} hi^{33}

他往往说错话。 ki^{55} kɔn^{13}tshiŋ^{55} kɛŋ^{33} tshɔ^{33} va^{21}

立刻： 叫他立刻回去。 han^{33} ki^{55} ma^{33}θiŋ^{21} hui^{55}hi^{33}

大家立刻起来。 thai^{21}ka^{13} ma^{33}θiŋ^{21} kuŋ^{33}θɔn^{13}

从不： 我从不开玩笑。 ŋɔ^{33} tshuŋ^{55}lɔi^{55} miau^{33} kɛŋ^{33} θiu^{33}

他从不迟到。 ki^{55} tshuŋ^{55}miau^{33} tshi^{55}thau^{33}

我们从不讨价还价。ŋun^{13} tshuŋ^{55}lɔi^{55} miau^{33} zau^{33} kɛŋ^{33}ka^{33} van^{55} ka^{33}

先： 你先回去。 ni^{33} θen^{13} hui^{55}hi^{33} / ni^{33}hui^{55}hi^{33} kua^{33}θen^{13}

你先说，我再补充。ni^{33} kɛŋ^{33} θen^{13} ŋɔ^{33} hau^{21} bu^{33}tshuŋ^{13}

要让老师先说。 iu^{33} ŋiŋ^{21} lou^{55}θi^{13} θen^{13} kɛŋ^{33}

就（将要）： 饭就熟了。van^{21} aʔ^{5} θɔʔ^{1} lɔ^{3}

他就到了。 ki^{55} ku^{55}kɔn^{13}tshau^{21} thau^{33}/ ki^{55} aʔ^{5}ha^{21}ŋi^{55} thau^{33} lɔ^{3}

马上就十月了。ma^{33}θiŋ^{21} tshau^{21} thau^{33} θɔt^{1} ŋet^{3}

就下雨了。 tshau^{21} tu^{33} vau^{33} / aʔ^{5} tu^{33} vau^{33}

还没有（尚未）： 现在还没有到七月。ki^{5}kɔn^{13} huan^{55} θi^{21} miau^{33} thau^{33} tshɔt^{5}ŋet^{3}

水还没有开。θui^{33} miau^{33} kun^{33} tshei^{21}

他还没有毕业。ki^{55} miau^{33} bet^{5}ŋet^{3} tshei^{21}

3．表示范围的

都：大家都去。 thai^{21}ka^{13} lu^{55} hi^{33}

全部都同意。tshen^{55}phu^{21} lu^{55} thuŋ^{55}i^{33}

每天都去。 mui^{33} nɔt^{5} lu^{55} hi^{33}

也：我也去。 ŋɔ^{33} lu^{55} hi^{33}

他也是海南人。ki^{55} zɛ^{21} lu^{55} θi^{21} hai^{21}nan^{55} nɔn^{55}

这样也好，也不好。ku^{55}kɔ^{33} zɛ^{21} hau^{33} zɛ^{21} miau^{33} hau^{33}

还：我还有很多。ŋɔ^{33} huan^{55} zau^{33} hɔn^{21} dɔ^{13}

你还要吗？ ni^{33} iu^{33} tshei^{21} miau^{33}

快吃饭了，他还不来。huai^{33} hiaʔ^{3} tɔʔ^{5} lɔ^{3}，ki^{55} tu^{33}tshɔ^{55}miau^{33} lɔi^{55}tshei^{21}

你不对了，你还说什么？ ni^{33} miau^{33} tshiaʔ^{1} huan^{55} kɛŋ^{33} mi^{55}di^{33} tshei^{21}

全、完全：我完全同意。ŋɔ^{33} ŋuan^{55}tshen^{55} thuŋ^{55}i^{33}

全做好了。 tshen^{55}bu^{21} tu^{33} hau^{33}

这里全是我们的人。ku^{55}lu^{21} lu^{55} θi^{21} ŋun^{13} di^{33} nɔn^{55}

只：我只同意你去。 ŋɔ^{33} tshau^{21}（就）thuŋ^{55}i^{33} ni^{33} hi^{33}

我只有一百元。ŋɔ^{33} tsi^{33}zau^{33} aʔ^{5} bɛʔ^{3} ŋɔn^{55}

他只是一个孩子。ki^{55} tsi^{33}θi^{21} aʔ^{5} kɔ^{21} θɔi^{33}tsi^{13}ŋi^{55}

你只说不干。ni^{33} tsi^{33} kɛŋ^{33} miau^{33} tu^{33}

只说好的，不说坏的。tsi^{33}kɛŋ^{33} hau^{33} di^{33} miau^{33} kɛŋ^{33} huai^{21} di^{33}

又：你又来了？ ni^{33} zau^{21} lɔi^{55} lɔ^{3}

说了又说。kɛŋ^{33} liu^{33} zau^{21} kɛŋ^{33}

他又回去了。ki^{55} zau^{21} hui^{55}hi^{33} liu^{33}

你又不是学生。ni^{33} zau^{21} mu^{55} θi^{21} hɔʔ^{1}θɛŋ^{13}

4．表示强调的

一定：他一定是坏人。 ki^{55} aʔ^{5}thɔŋ^{21} θi^{21} huai^{21} nɔn^{55}

我一定准时回来。ŋɔ^{33} aʔ^{5}thɔŋ^{21} tun^{33}θi^{55} hui^{55}lɔi^{55}

你一定要告诉我。ni^{33} aʔ^{5}thɔŋ^{21} kɛŋ^{33} ŋɔ^{33} thiaŋ^{13}

准：他准找不到。 ki^{55} aʔ^{5}thɔŋ^{21} lɔ^{21} miau^{33} tshiaʔ^{1}

下午准下雨。 ha^{21}ŋu^{33} aʔ^{5}thɔŋ^{21} tu^{33} vau^{33}

你准能做好。 ni^{33} aʔ^{5}thɔŋ^{21} tu^{33} hau^{33}

非……不可：你非还给我不可。ni^{33} aʔ^{5}thɔŋ^{21} van^{55} ŋɔ^{33}（你一定还我）

你非回来不可。 ni^{33} aʔ^{5}thɔŋ^{21} hui^{55}lɔi^{55}（你一定回来）

你非去不可。 ni^{33} aʔ^{5}thɔŋ^{21} hi^{33}（你一定去）

特地：我们特地找你商量。ŋun^{13} thɔʔ^{1}thi^{21} lɔ^{21} ni^{33} θiŋ^{13}liŋ^{55}

他特地送给你。 ki^{55} thɔʔ^{1}thi^{21} θuŋ^{33} vɔn^{13} ni^{33}

这顿饭是特地为你准备的。kɔ^{55} dun^{33} tɔʔ^{5} θi^{21} thɔʔ^{1}thi^{21}vui^{55} ni^{33} tu^{33}di^{33}

故意：他故意说给你听。ki^{55} ku^{33}i^{33} kɛŋ^{33} vɔn^{13} ni^{33} thiaŋ^{13}

他故意做错了。 ki^{55} ku^{33}i^{33} tu^{33} tshɔ^{33}

故意打人。 ku^{33}i^{33} da^{33} nɔn^{55}

偏偏：他偏偏不说。ki^{55} tshau^{21}θi^{21} miau^{33} kɛŋ^{33}/ ki^{55} θi^{33} lu^{55}miau^{33} kɛŋ^{33}（死都）

我偏偏不告诉你。ki^{55} tshau^{21}θi^{21} miau^{33} kɛŋ^{33} ni^{33} thiaŋ^{13}（就是）

当然：我们当然不同意。ŋun^{13} duaŋ^{13}zen^{55} miau^{33} thuŋ^{55}i^{33}

我当然拒绝他的要求。ŋɔ^{33} duaŋ^{13}zen^{55} ki^{33}tshet^{1} ki^{55} di^{33} iu^{13}khau^{55}

当然不是他了。 duaŋ^{13}zen^{55} mu^{55} θi^{21} ki^{55}

反正：反正都一样。 van^{33}tɔŋ^{33} lu^{55} aʔ^{5} ziŋ^{21}

你反正要交钱。ni^{33} van^{33} tɔŋ^{33} lu^{55} iu^{33} kau^{13} tshen^{55}

不用怕，反正我不同意。mɔʔ^{3} kiaŋ^{13}，van^{33}tɔŋ^{33} ŋɔ^{33} miau^{33} thuŋ^{55}i^{33}

恰巧：恰巧有人看见。ŋan^{55}tshiaʔ^{1} zau^{33} nɔn^{55} hɔn^{13} ken^{33}

三、含介词的句子

在：白天你在家做什么？ phɛʔ^{1}nɔt^{5} ni^{33} tshei^{21} uk^{3} tu^{33} mi^{55}di^{33}

整天坐在家里。 tɔŋ^{33}nɔt^{5} tshua^{21} tshei^{21} uk^{3}

果子落在地上。kua^{21} lɔʔ^{5} tshei^{21} thi^{21} / tshei^{21} thi^{21} θiŋ^{21}

碗要放在桌子上。uan^{33} iu^{33} vuaŋ^{33} tshei^{21} phuan^{55} θiŋ^{21}

在（作动词）：

你在家吗？ / 他在学校。ni^{33} tshei^{21} uk^{3} ma^{5} / ki^{55} tshei^{21} hɔʔ^{1}kɛu^{33}

在哪里都一样。tshei^{21} tshi^{33}lu^{21} lu^{55} aʔ^{5} ziŋ^{21}

不用怕，有我在呢。mɔʔ^{3} kiaŋ^{13}，zau^{33} ŋɔ^{33} tshei^{21}

人在阵地在。nɔn^{55} tshei^{21} tshɔn^{21}thi^{21} tshei^{21}

空气无所不在。huŋ^{13}hi^{33} thau^{33}tshi^{33} lu^{55} tshei^{21}/zau^{33}（到处都在）

“在天愿为比翼鸟。在地愿为连理枝。”tshei^{21} then^{13} ŋen^{21} vui^{55}bi^{33} zɛʔ^{5} niau^{21}，tshei^{21} thi^{21} ŋen^{21} vui^{55} len^{55} li^{33}tsi^{13}

从：从东到西。lau^{13} duŋ^{13} thau^{33} θɔi^{13}

从小到大。lau^{13} θɔi^{33}thau^{33} thai^{21}

从这里到那里有几里路？ lau^{13} ku^{55}lu^{21} thau^{33} nu^{55}lu^{21} zau^{33} ki^{55}dɔ^{13}lu^{21}

你从哪里来？ ni^{33} lau^{13} tshi^{33}lu^{21} lɔi^{55}

由：这件事由你处理。ku^{55} khen^{21} θi^{21} zau^{55} ni^{33} tshi^{33}li^{33}

由大家做主。zau^{55} thai^{21}ka^{13} tu^{33} tsi^{33}

由不得你了。zau^{55} mu^{55}dɛʔ^{5} ni^{33}

到：水深到腰。θui^{33} θɔn^{13} thau^{33} iu^{13}

从家里到学校有三里路。tshuŋ^{55} lau^{13} uk^{3}thau^{33}hɔʔ^{1}kɛu^{33}zau^{33}θan^{13}li^{33}lu^{21}

你到哪里去？ ni^{33} hi^{33} tshi^{33}lu^{21}（去哪里）

快到老林家里去。huai^{33} thau^{33} lou^{33} lɔn^{55} kɔʔ^{5} uk^{3}

暂时说到这里。 tan^{33}θi^{55} kɛŋ^{33} thau^{33} ku^{55}lu^{21}

向：向东走一里路。hiŋ^{33} duŋ^{13} hɛŋ^{55} aʔ^{5} li^{33} lu^{21}

房子向南凉快。uk^{3} hiŋ^{33} nan^{55} khɛʔ^{1} liŋ^{55}

你向谁说去？ ni^{33} thuŋ^{21} mu^{55}nɔn^{55}kɛŋ^{33}（同）/

ni^{33}mɔn^{21} mu^{55}nɔn^{55}（问）

他向我借钱。ki^{55} thuŋ^{21} ŋɔ^{33} θa^{13} tshen^{55}（同）

用：你用什么写字？ ni^{33} iu^{33} mi^{55}di^{33} θɛ^{33} tshi^{21}（要）

不要用手抓东西吃。mɔʔ^{3} zuŋ^{21} θau^{33} ma^{13} duŋ^{13}θɔi^{13} hiaʔ^{3}

要用筷子夹菜。zuŋ^{21} tshi^{21} kɛʔ^{1} tshɔi^{33}

跟：我跟他说了。ŋɔ^{33} thuŋ^{21} ki^{55} kɛŋ^{33} lɔ^{3}（同）

你跟他熟吗？ ni^{33} θɛʔ^{5} ki^{55} ma^{3}

不跟你玩了。miau^{33} thuŋ^{21} ni^{33} ŋuan^{55}

比：我比你高。（高过）ŋɔ^{33} kou^{13} kua^{33} ni^{33}

今天比昨天好。 kɔn^{13}nɔt^{5} hau^{33} kua^{33} tshi^{21}nɔt^{5}

弟弟比哥哥小五岁。hɔŋ^{13}thɔi^{21} θɔi^{33} thai^{21}kɔ^{13} ŋu^{33} θui^{33}

弟弟比哥哥还高。 hɔŋ^{13}thɔi^{21} kou^{13} kua^{33} thai^{21} kɔ^{13}

种菜比种水稻好。 tuŋ^{33} tshuai^{33} hau^{33} kua^{33} tuŋ^{33} kuk^{3}

连：他连饭也不吃就出去了。ki^{55} miau^{33}zau^{33} hiaʔ^{3} tɔʔ^{5} tshei^{21} tshɔt^{5}

hi^{33}lɔ^{3} / ki^{55} tɔʔ^{5} lu^{55} miau^{33} hiaʔ^{3} tshei^{21} tshɔt^{5} hi^{33} lɔ^{3}

他连我也骂了。 ki^{55} nen^{55}（跟）ŋɔ^{33}lu^{55} nɛu^{21}

不要连皮吃。 miau^{33} hiaʔ^{3} len^{55} phi^{55}

小偷连裤子也偷走。tshɛʔ^{1}ŋi^{55} len^{55} hu^{33} lu^{55} thau^{13}

连小孩一共十个人。bεu^{13}（包）θɔi^{33}tsi^{13}ŋi^{55} aʔ^{5} khuŋ^{21} θɔt^{1} nɔn^{55}

四、含助词的句子

的：三亚的楼房不如海口的多。θan^{13}a^{33} di^{33} lau^{55}miau^{33} bi^{33}hai^{33}khau^{33}dɔ^{13}

海口的马路没有三亚的新。hai^{33}khau^{33}di^{33}lu^{21}miau^{33}bi^{33}θan^{13}a^{33}di^{33}lu^{21}θɔn^{13}

新的工具好用，旧的不好用。θɔn^{13}di^{33}kuŋ^{13}khi^{21}bi^{33}khau^{21} di^{33}hau^{33}zuŋ^{21}，khau^{21} di^{33} ɔʔ^{5} zuŋ^{21}

这是用来喝的水。 kɔ^{55}dɔ^{13}θui^{33}θi^{21}hiaʔ^{3}di^{33} / kɔ^{55}dɔ^{13} θi^{21}hiaʔ^{3}di^{33}θui^{33}

我的书包是红色的。ŋɔ^{33}di^{33}θi^{13}bεu^{13} θi^{21} huŋ^{55}θεʔ^{5}di^{33}

各有各的事。kɔʔ^{3}zau^{33}kɔʔ^{3}di^{33}θi^{21}

各人吃各人的饭。kɔʔ^{3}nɔn^{55}hiaʔ^{3}kɔʔ^{3} nɔn^{55} di^{33} tɔʔ^{5}

他的父亲是你的哥哥吗？ ki^{55} kɔʔ^{5} za^{13}θi^{21} ni^{33} kɔʔ^{5} di^{33} thai^{21} kɔ^{13} a^{5}

赢了球的和输了球的都有奖品。zɔŋ^{55}khau^{55}di^{33}θi^{13}khau^{55}di^{33} lu^{55} zau^{33} tsiaŋ^{21}phɔn^{33}

大家都是一样的。liu^{33}liu^{33} lu^{55}θi^{21} aʔ^{5} ziŋ^{21}

这是最好的了。 kɔ^{55}dɔ^{13} khεʔ^{1} hau^{33}

这是我的还是你的？ kɔ^{55}dɔ^{13} θi^{21} ŋɔ^{33} di^{33} aʔ^{5} θi^{21} ni^{33} di^{33}

得：他走得快。ki^{55}hεŋ^{55}dεʔ^{5}mεŋ^{33}

走得累了。 hεŋ^{55} hun^{33} liu^{33}

看得清楚。hɔn^{13}dεʔ^{5}tshɔŋ^{13}tshu^{33}

洗得干净。luai^{13} dɛʔ^{5} kuan^{13} tshiaŋ^{21}

了：早吃过了。tou^{33} hiaʔ^{3} kua^{33}

吃完了。 hiaʔ^{3} liu^{33} lɔ^{3}

吃过了。hiaʔ^{3} kua^{33}lɔ^{3}

写快了容易出错。θɛ^{33}mɛŋ^{33}mɛŋ^{33} zuŋ^{55}zi^{21} tshɔt^{5} hen^{33} tshɔ^{33}

她有孩子了。 ki^{55} zau^{33}nuŋ^{21} liu^{33}

病好了。phiaŋ^{21} hau^{33} liu^{33}

全打破了。 tshen^{55}phu^{21} da^{33} bɔŋ^{13} liu^{33}

着：你好好看着他。 ni^{33} hɔn^{13} tshiaʔ^{1} ki^{55}

不要看着电视吃饭。mɔʔ^{3} hɔn^{13} tshiaʔ^{1} den^{21}θi^{21} hiaʔ^{3} tɔʔ^{5}

整天都想着你。 tɔŋ^{33}nɔt^{5}lu^{55}θiaŋ^{33}tshiaʔ^{1}ni^{33}

/ɔn^{55}nɔt^{5}thau^{33}huan^{33}lu^{55}θiaŋ^{33}ni^{33}

我正等着你的消息呢。ŋɔ^{33}dɔŋ^{33} ni^{33} di^{33} θiu^{13}θet^{5}

来着：有人找你来着。（刚有人找）tshi^{21}tshau^{21}zau^{33}nɔn^{55}tshɔn^{55}（寻）kua^{33}ni^{33}

你说什么来着?（刚说什么？）ni^{33} kɛŋ^{33}mi^{55}di^{33} nɔ^{21}

谁叫我来着？ mu^{55}nɔn^{55} han^{33} ŋɔ^{33} nɔ^{21}

我想告诉你来着。ŋɔ^{33}θiaŋ^{33} kɛŋ^{33}ni^{33} thiaŋ^{13}

过：我去过上海。 ŋɔ^{33} hi^{33} kua^{33} θiaŋ^{21}hai^{33} / ŋɔ^{33} hi^{33}θiaŋ^{21}hai^{33} kua^{33}

你吃过饭了吗？ ni^{33} hiaʔ^{3} tɔʔ^{5} miau^{33} tshei^{21}

这个问题我们讨论过。ku^{55}kɔ^{21} mɔn^{21}thɔi^{55} ŋun^{13} thou^{55}lun^{21} kua^{33}

这本书我看过了。ku^{55} bun^{33} θi^{13} ŋɔ^{33} hɔn^{13} kua^{33}

五、可能式的表示法

我能爬上去。 ŋɔ^{33} bɛʔ^{5} dɛʔ^{5} θiŋ^{21}

他能吃能干。 ki^{55} hiaʔ^{3} dɛʔ^{5} tu^{33} dɛʔ^{5}

这凳子能坐/坐得三个人。ku^{55} tsiŋ^{13} θuaŋ^{55} tshua^{21} dɛʔ^{5} θan^{13} kɔ^{21} nɔn^{55}

他很能聊。/他很能说。 ki^{55} kɛŋ^{33} dɛʔ^{5} / ki^{55} diu^{33} kɛŋ^{33}

我可以参加吗？ ŋɔ^{33} dɛʔ^{5} tshan^{13}ka^{13} miau^{33}/ mɛ^{55}

你可以回去了。 ni^{33} hui^{55} hi^{33} lɔ^{3}

我可以进来吗？（进得来） ŋɔ^{33} zɔt^{5} dɛʔ^{5} hi^{33} mɛ^{33}

六、表示否定的方式

不去/不要/不是/不高 miau^{33}hi^{33}/miau^{33}iu^{33}/mu^{55}θi^{21}/miau^{33}kou^{13}

他昨天没有来。（缺席） ki^{55} tshi^{21}nɔt^{5} miau^{33} lɔi^{55}

他昨天不来，今天来。ki^{55} tshi^{21}nɔt^{5} miau^{33} lɔi^{55} kɔn^{13}nɔt^{5} lɔi^{55}

他没有按时来。（迟到了） ki^{55} miau^{33}khɔt^{1}θi^{55}lɔi^{55}

他还没有来。（尚未到）ki^{55} miau^{33} lɔi^{55} tshei^{21}

为什么他不来？ ki^{55} tu^{33} mi^{55}di^{33} miau^{33} lɔi^{55}

为什么他还不来？ tu^{33} mi^{55}di^{33} ki^{55}miau^{33} lɔi^{55} tshei^{21} ni^{5}

会还没有开完。 hui^{21} hai^{13} miau^{33} liu^{33} tshei^{21}

会没有开完不要离开。 hui^{21} hai^{13} miau^{33} liu^{33} tshei^{21} mɔʔ^{3} li^{55}hai^{13}

他没有说完不要插嘴。ki^{55} miau^{33} kɛŋ^{33} liu^{33} tshei^{21} mɔʔ^{3} tshɛʔ^{3} tui^{33}

我还没有写信呢。 ŋɔ^{33}miau^{33} θɛ^{33}θɔn^{33} tshei^{21}

我没有说过。 ŋɔ^{33}miau^{33} zau^{33} kɛŋ^{33} kua^{33}

我没有看见他。 ŋɔ^{33} miau^{33} zau^{33} hɔn^{13} ken^{33} ki^{55}

我没有给他写信。ŋɔ^{33} miau^{33} θɛ^{33} θɔn^{33} vɔn^{13} ki^{55}

盒子打不开。（不打得开） ku^{55}kɔ^{21} huat^{1} ŋi^{55} miau^{33} hai^{13} dɛʔ^{5}

一人干不完。（不干得完） aʔ^{5} nɔn^{55} tu^{33} miau^{33} liu^{33}

表示否定的否定——

我不是不同意。 ŋɔ^{33} miau^{33} θi^{21} miau^{33} thuŋ^{55}i^{33}

我不能不批评你了。ŋɔ^{33} miau^{33} dɛʔ^{5} miau^{33} phɔi^{13}phɔn^{33} ni^{33}

你不还给他不行。 ni^{33} miau^{33} van^{55} nɔn^{55} miau^{33} tu^{33} dɛʔ^{5}

我不得不去。 ŋɔ^{33} miau^{33} dɛʔ^{5} miau^{33} hi^{33}

我没法不去啊。ŋɔ^{33} miau^{33} phan^{21}vaʔ^{3} miau^{33} hi^{33}

他没有理由不还。ki^{55} miau^{33} zau^{33} li^{21}zau^{55} miau^{33} van^{55}

他说非她不娶。ki^{55} kɛŋ^{33} vɔi^{13} ki^{55} miau^{33} lɔ^{21}

我不是非要不可。 ŋɔ^{33} mu^{55}θi^{21} vɔi^{13} iu^{33} miau^{33} khɔ^{33}

他不是不想给你。 ki^{55} mu^{55}θi^{21} miau^{33} θiŋ^{33} vɔn^{13} ni^{33}

这件事不是与你无关。ku^{55} khen^{21} θi^{21}mu^{55}θi^{21} thuŋ^{21} ni^{33} miau^{33} kuan^{13}

我不会无功受禄。ŋɔ^{33} mu^{55}θi^{21} miau^{33} kuŋ^{13} θau^{21} luk^{3}

他说话没有一次不撒谎。ki^{55} kɛŋ^{33} va^{21} miau^{33} zau^{33} aʔ^{5} tshen^{33} miau^{33} kɛŋ^{33} ka^{33}va^{21}

七、表示疑问的方式

你去不去？ /你去不？ ni^{33} hi^{33} miau^{33} hi^{33} / ni^{33} hi^{33} miau^{33}

你去还是不去？ ni^{33} hi^{33} aʔ^{5}θi^{21} miau^{33} hi^{33}

你去吗？（不知道去不去）ni^{33} hi^{33} miau^{33}

你真的去吗？ ni^{33} tɔn^{13} di^{33} hi^{33} a^{5}/ ma^{5}

是他吧？（可能是）hau^{33} tshɔt^{1} ki^{55}（好像他）

下午开会不开会？ /下午开不开会？ ha^{21}ŋu^{33} hai^{13}（hui^{21}）miau^{33} hai^{13} hui^{21}

你同意不同意？ /你同不同意？ ni^{33} thuŋ^{55}（i^{33}）miau^{33} thuŋ^{55}i^{33}

你习惯不习惯吃面？ ni^{33} θɔt^{1}kuan^{33} miau^{33} θɔt^{1}kuan^{33} hiaʔ^{3} men^{21}

你买书不买？ /你买不买书？ ni^{33} mai^{33} miau^{33}mai^{33}θi^{13}/ ni^{33}mai^{33} θi^{13} miau^{33}

你吃饭不吃？ /你吃不吃饭？ ni^{33} hiaʔ^{3} tɔʔ^{5} miau^{33}

你去看电影不去？ / 你去不去看电影？ ni^{33} hi^{33} hɔn^{13} iaŋ^{33}hi^{33} miau^{33}（影戏）

你听得懂听不懂？ ni^{33} thɛŋ^{13} dɛʔ^{5} duŋ^{33}miau^{33} duŋ^{33}

你爬得上去爬不上去？ ni^{33} bɛʔ^{5} dɛʔ^{5} θiŋ^{21} hi^{33} miau^{33}

反诘语气——

难道是他？ nan^{55}thou^{21} θi^{21} ki^{55} ma^{5}

怎么会是他呢？ tu^{33} tshɔ^{55} θi^{21} ki^{55} ni^{5}

怎么不会是他呢？ tu^{33} tshɔ^{55} miau^{33} θi^{21} ki^{55}

你以为不是他啊？ ni^{33} nɔn^{21}vui^{55}miau^{33} θi^{21} ki^{55} ma^{5}

你还用问吗？ ni^{33} aʔ^{5} mɔn^{21} tshei^{21} a^{5}

八、动 – 宾 – 补的次序

我说不服你了。ŋɔ^{33} kɛŋ^{33} ni^{33} miau^{33} vɔʔ^{1}

你打不过我。ni^{33} da^{33} miau^{33} kua^{33} ŋɔ^{33}

谁也叫不动他。mu^{55}nɔn^{55} lu^{55} han^{33} miau^{33}dɛʔ^{5} thuŋ^{21}ki^{55}

怎么也抬不起它。 miau^{33} den^{13} dɛʔ^{5}ki^{55} kuŋ^{33}θɔn^{13}（不抬得它起来）

人家看不起你。 nɔn^{55} hɔn^{13} miau^{33} hi^{33} ni^{33}

他打死一条蛇。（*他打一条蛇死。）ki^{55} da^{33} aʔ^{5} tsiaʔ^{3} θa^{55} θi^{33}

打蛇不死有后患。 da^{33} θa^{55} miau^{33} θi^{33} zau^{33} hou^{21} huan^{21}

洗干净衣服再出去。luai^{13} θan^{13} tshiaŋ^{21} ku^{55} tshɔt^{5} hi^{33}

九、双宾语的语序

我给他一块钱。 ŋɔ^{33} vɔn^{13} aʔ^{5} kɔ^{21} ŋɔn^{55} vɔn^{13} ki^{55}（我给一块钱给他）

/ŋɔ^{33} vɔn^{13} ki^{55} aʔ^{5} kɔ^{21} ŋon^{55}

分给他五块钱。 vɔn^{13} ki^{55} ŋu^{33} kɔ^{21} ŋon^{55}

借给我一把刀子。θa^{13}aʔ^{5} ba^{33} dou^{13} vɔn^{13} ŋɔ^{33}（借一把刀子给我。）

我给了你三个了。ŋɔ^{33} vɔn^{13} ni^{33} θan^{13} kɔ^{21} liu^{33}

十、主谓结构 / 谓主结构

这个人眼睛大。 ki^{55} tsiaʔ^{3} nɔn^{55} thai^{21} ŋan^{33}（这个人大眼睛。）

这只鸡尾巴长 / 这只鸡长尾巴。ku^{55} tsiaʔ^{3} kɔi^{13} tshiŋ^{55} mi^{33}/ mi^{33} tshiŋ^{55}

你说话声音太大。ni^{33} kɛŋ^{33} va^{21} di^{33} θiaŋ^{13} thai^{21}

他脾气真好。 ki^{55} hau^{33} phɔn^{33}（他好品）

你事情很多。/ *你很多事情。ni^{33} di^{33} θi^{21} dɔ^{13} / ni^{33} dɔ^{13} θi^{21}

右手比左手力气大. tɔŋ^{33}θau^{33} bi^{33} phui^{21} θau^{33} thai^{21} lɛʔ^{5}

这些米粒儿大。ku^{55}kɔ^{21} mɔi^{33} hɔn^{21} thai^{21}

这孩子个儿很小。ku^{55} tsiaʔ^{3} θɔi^{33}tsi^{13}ŋi^{55} θɔi^{33} tsiaʔ^{3}（那只细支儿细只）

这盘肉块儿大。 ku^{55} phuan^{55} nɔʔ^{5} thai^{21} huai^{33}（这盘肉大块。）

十一、“多”与“少”的位置

可以多开几次会。 hai^{13} dɔ^{13} ki^{33} tsen^{33} hui^{21}（开多几次会。）

最好多买三四个。kɛʔ^{1}hau^{33}mai^{33}dɔ^{13}（少用：dɔ^{13}mai^{33}）θan^{13}θi^{33} kɔ^{33}

多收了人家两块钱。 dɔ^{13}θau^{13}（θau^{13}dɔ^{13}）liŋ^{33}kɔ^{21} ŋon^{55}

大家少说两句吧。 thai^{21}ka^{13} θiu^{33} kɛŋ^{33} liŋ^{33} ki^{33}

一天少吃一两饭。aʔ^{5} nɔt^{5} θiu^{33} hiaʔ^{3} aʔ^{5} liŋ^{33} tɔʔ^{5}

十二、“到”“去”“上……去”

明天我要到上海去。 miŋ^{55}nɔt^{5} ŋɔ^{33} hi^{33} θiŋ^{21}hai^{33}

到我家去。/* 去我家。thau^{33} ŋɔ^{33} kɔʔ^{5} uk^{3}/hi^{33} ŋɔ^{33} kɔʔ^{5} uk^{3}

你上哪儿去？ ni^{33} hi^{33} tshi^{33}lu^{21}（你去哪儿？）

他上街去了。ki^{55} hi^{33} kai^{13} lɔ^{3}（他去街了。）

十三、有……的

街上有卖的。kai^{13} zau^{33} mai^{33}（街有卖）

明天有看的。miŋ^{55}nɔt^{5} lu^{55} zau^{33} hɔn^{13}（明天都有看）

那里有吃的，有穿的，不用愁。tshi^{33}lu^{21} zau^{33} hiaʔ^{3} di^{33} tsiaʔ^{3} di^{33} mɔʔ^{3}au^{13}

不用怕，有你吃的。mɔʔ^{3} kiaŋ^{13} zau^{33} van^{21} ni^{33} hiaʔ^{3}（莫惊，有饭你吃）

很多书，有你看的。aʔ^{5} dui^{13}θi^{13} vɔn^{13} ni^{33} hɔn^{13}（一堆书给你看）

十四、重叠动词表示短暂或持续

给我看看。 vɔn^{13} ŋɔ^{33}hɔn^{13} aʔ^{5} ha^{21}

这里坐坐，那里走走。ku^{55}lu^{21}tshua^{21}tshua^{21}，nu^{55}lu^{21}hɛŋ^{55}hɛŋ^{55}

擦擦桌子吧。tshɔ^{33} phuan^{55}

他走着走着，不一会儿就到了。ki^{55} hɛŋ^{55} aʔ^{5} ha^{21} ŋi^{55}tshau^{21} thau^{33}

他说着说着就睡着了。ki^{55} kɛŋ^{33} kɛŋ^{33} tshiaʔ^{1} tshau^{21} bɔi^{33}（闭，睡）

参考文献

[1] 陈波:《1984 海南岛语言种种》，载(香港)《语文杂志》，1984 年第 12 期。

[2] 陈海伦、林亦主编:《粤语平话土话方音字汇》(第一编：广西粤语、桂南平话部分)，上海：上海教育出版社，2009 年。

[3] 丁邦新:《儋州村话 —— 海南岛方言调查报告之一》，台北："中央研究院"历史语言研究所，1986 年。

[4] 黄谷甘:《海南省三亚市汉语方言的分布》，载《方言》，1991 年第 4 期。

[5] 黄谷甘、李如龙:《海南岛的"迈话"——一种混合型方言》，载《广东民族学院学报》(社会科学版)，1986 年第 1 期。

[6] 江荻、欧阳觉亚、邹嘉彦:《海南省三亚市迈话音系》，载《方言》，2007 年第 1 期。

[7] 黎祖辉 (提供)《黎氏族谱》(1985 年续修)。

[8] 梁猷刚:《广东省海南岛汉语方言的分类》，载《方言》，1984 年第 4 期。

[9] 刘新中:《海南岛的语言与方言》，载《方言》，2001 年第 1 期。

[10] 罗美珍、林立芳、饶长溶主编:《客家话通用词典》，广州：中山大学出版社，2004 年。

[11]欧阳觉亚、邹嘉彦、江荻:《三亚迈话的归属问题》，香港第十届国际粤方言研讨会（2005 年12月12日 —14日，香港中文大学中国语言及文学系主办）论文。

[12]钱志安、邹嘉彦:《从海南岛三亚迈话探索粤语“动-补”结构的发展》，第十四届国际中国语言学学会年会暨第十届中国境内语言暨语言学国际研讨会联合会议（于2006年5月25—28日在台北举行）论文。

[13]三亚市地方志编纂委员会:《三亚市志》，北京：中华书局，2001年。

[14]吴英俊:《海南省儋州方言单字音表》，载《方言》，1988年第2期。

[15]谢建猷:《广西汉语方言研究》，南宁广西人民出版社，2007年。

[16]詹伯慧、张日升主编 :《珠江三角洲方言词汇对照》，广州：广东人民出版社，1988年。

[17]张惠英:《海南方言的分区》,《方言》2006年第1期79-89页。

[18]中国社会科学院语言研究所、中国社会科学院民族学与人类学研究所、香港城市大学语言资讯科学研究中心《中国语言地图集》(第2版)，北京：商务印书馆，2012年。

[19]邹嘉彦、江荻、欧阳觉亚、钱志安:《三亚迈话族群的语言使用状况》，南宁第十一届国际粤方言研讨会（2006年12月8日 —10日），于广西大学文化与传播学院举行）论文。修订稿载《中国民族语言学报》第二辑，北京：商务印书馆，2018年。

后 记

2004年3月，值第一届亚洲自然语言处理国际会议期间，香港城市大学语言资讯科学研究中心邹嘉彦教授邀约江荻往三亚市区周边崖城等地了解当地民族语言和汉语方言分布状况。当年4月，邹教授邀请江荻到香港城市大学做学术访问。根据对三亚语言的摸底，邹教授建议合作立项开展三亚语言调查。经商议决定约请欧阳觉亚教授主持调查工作。

2004年7月暑假期间，欧阳觉亚和江荻陪同杜冠明和艾拉（Graham Thurgood & Ela Thurgood）前往三亚调查回辉语，然后开展迈话调查，得到邹嘉彦教授同意。从7月15日开始，我们两人去了三亚市地方志办公室，得到市地方志办公室领导的支持，馈赠我们《三亚市志》作为参考。每天我们从三亚市区到羊栏村走访有关领导，物色合作人，开展记录工作。半个月的时间，初步调查了迈话的一般情况并搜集了相关语言素材。2005年5月我们再次来到三亚，对迈话做补充调查。邹嘉彦教授和钱志安博士先后也来到三亚，他们的主要任务是对三亚各地小学生做社会语言学方面的调查。2005年10月，我们第三次来三亚对迈话做补充调查和协助邹教授所做的社会语言学方面的调查。2006年4月中下旬，我们第四次来到三亚对迈话进行补充调查并完成录音等工作。2007年3月中下旬和2008年4月中旬，欧阳觉亚、郑贻青到三亚，对迈话进行补充调查核对材料，录制长篇语料，并参加社会语言学方面的调查。

参加迈话调查主要是欧阳觉亚、江荻、邹嘉彦三人，钱志安、郑贻青先后也参加过几次协助调查。

我们在调查迈话的同时，对迈话周边语言或方言进行了解，对三亚市语言和方言做概貌性调查。其中包括对三亚市榆港和南海两个地区疍家话进行了解，基本确定疍家话属于粤语系统，是水上渔民的语言。根据老辈表述，来自广东汕尾地区，来到三亚的历史较短，一百余年。从其他方面了解到，他们对三亚其他汉语方言基本没有影响。羊栏村周边尚有客家话村子，但村民属于新近移民，对羊栏迈话没有多大影响。

近20年来，随着三亚的社会发展，邻近的回辉村与羊栏村都逐渐扩大居住地，两个村子的民房完全相连，地域上已经相互融合成一片。但是，由于民族、语言、宗教、生活习惯和行政区划所属的不同，他们处于零距离，语言间也有一定的接触和影响，现实生活中他们采用海南话交流，因此这种接触仍处在浅层。

现在年轻一代羊栏话居民的语言发展过程是首先掌握羊栏迈话，然后在学校学习普通话，其次随着年龄增大再掌握海南话。羊栏居民在与其他民族或族群接触过程中主要采用海南话，有时也采用黎族哈方言、回族回辉话、儋州话。羊栏村迈话群体与崖城军话群体、三亚城疍家话群体、苗语群体的来往较少。

2008年后，迈话调查研究已告一段落，由欧阳觉亚执笔写成《迈话调查研究报告》书稿，交邹嘉彦教授带回香港争取经费出版。但直至2018年，可能因为邹嘉彦教授几次转换任职学校，十年过去了，出版研究报告之事一直延宕至今。

2018年初，欧阳觉亚和郑贻青应邀参加海南三亚市海南热带海洋学院举办的“海南民族历史文化暨黎文创制60周年学术研讨会”之际，与学院有关领导和教学人员取得联系，双方希望采用合作方式整理、出版20世纪50年代由中国社会科学院民族研究所人员搜集到的民间故事、歌谣。为了培养民族学专业师资队伍，学院领导聘请欧阳觉亚作为海南热带海洋学院人文社会科学学院客座教授。

海南热带海洋学院杨兹举副院长、民族学学科学位点负责人郑力乔教授、人文社会科学学院方礼刚副院长、智宇晖老师、研究生处张侨副处长等人对三亚迈话的调查研究十分重视，本书的出版得到学校民族学重点学科建设经费资助。该学科的吴艳老师为本书的出版做了许多安排和联系工作，并帮助录入部分故事材料。对此，我们一并表示衷心的感谢。最后，我们要感谢羊栏村地方政府和领导的支持，尤其感谢黎祖辉和王运华先生给我们调查提供的帮助，黎先生承担了大量语法和故事的发音讲述，真心感谢他们。

十余年过去，三亚社会发展变化巨大，原来的凤凰镇羊栏村已改为三亚市天涯区羊新社区，相邻的回辉村改名为回辉社区。2019年初，江荻参加博鳌会议途经三亚，再次去拜访黎祖辉先生，老友相见难免感叹社会变迁。本书所用的材料是在2008年前搜集的，其中有些情况现在也许发生了一定的变化。读者在使用时希望考虑到这一情况。

本书在调查、搜集材料阶段曾得到香港城市大学语言资讯科学研究中心 CTU1003/ 05H 及7001720研究项目的资助。

欧阳觉亚 江荻

2019年1月